《中华现代学术名著丛书》

【第一辑 四十种】

马氏文通	马建忠
国故论衡	章太炎
王国维文学论著三种	王国维
吴梅词曲论著四种	吴 梅
中国中古文学史 汉魏六朝专家文研究	刘师培
中国文学批评史（上、下）	郭绍虞
甲骨文字释林	于省吾
中国俗文学史	郑振铎
汉语语音史	王 力
红楼梦辨	俞平伯
中国韵文史	龙榆生
汉魏六朝诗论丛	余冠英
台湾通史（上、下）	连 横
秦汉史	吕思勉
中国史学史	金毓黻
史学要论	李守常
中国通史简编（上、下）	范文澜
国史大纲（上、下）	钱 穆
中国史纲（一、二卷）	翦伯赞
春秋史	童书业
魏晋南北朝史论丛	唐长孺
明清社会经济史论文集	傅衣凌
西夏史稿	吴天墀
中国伦理学史（外一种）	蔡元培
新唯识论	熊十力
东西文化及其哲学	梁漱溟
科学与玄学	罗志希
中国艺术精神	徐复观
论逻辑经验主义	洪 谦
九朝律考	程树德
比较宪法	王世杰 钱端升
中国法律与中国社会	瞿同祖
中国民治论	鲍明钤
中国官僚政治研究	王亚南
通货新论	马寅初
中国经济思想史	唐庆增
中国厘金史	罗玉东
北平生活费之分析	陶孟和
论社会学中国化	吴文藻
第四种国家的出路	吴景超

【第二辑 三十种】

目录学发微 古书通例	余嘉锡
积微居小学金石论丛	杨树达
现代中国文学史（外一种:明代文学）	钱基博
等韵源流	赵荫棠
诗言志辨 经典常谈	朱自清
话本小说概论（上、下）	胡士莹

司马迁之人格与风格 道教徒的诗人李白及其痛苦	李长之
明清史讲义（上、下）	孟森
国史要义	柳诒徵
中国南洋交通史	冯承钧
通史新义	何炳松
魏晋清谈思想初论	贺昌群
中国救荒史	邓云特
认识论	张东荪
科学方法论 科学概论	王星拱
中国哲学史大纲	胡适
知识论（上、下）	金岳霖
法相唯识学	太虚
陈康：论希腊哲学	陈康
康德的知识学	齐良骥
中国文化的展望	殷海光
中国道教史	傅勤家
监狱学	孙雄
中国法制史概要	陈顾远
新政治学大纲	邓初民
财政学	何廉　李锐
中国之棉纺织业	方显廷
中国田制史	万国鼎
南洋华侨与闽粤社会	陈达
文化人类学	林惠祥

【第三辑 三十五种】

中国小说史略 （外一种：汉文学史纲要）	鲁迅
现代吴语的研究	赵元任
古典新义	闻一多
谈艺录	钱锺书
唐诗综论	林庚
中古文学史论	王瑶
中国近三百年学术史（新校本）	梁启超
通鉴胡注表微	陈垣
隋唐制度渊源略论稿 唐代政治史述论稿	陈寅恪
中国古代社会研究	郭沫若
古史辨自序（上、下）	顾颉刚
安阳	李济
绿营兵志	罗尔纲
东汉的豪族	杨联陞
佛道散论	蒙文通
中国哲学史（上、下）	冯友兰
艺境	宗白华
西方美学史（上、下）	朱光潜
近代唯心论简释	贺麟
康德学述	郑昕
历代刑法考（上、下）	沈家本
中国商事法	刘朗泉
中国近百年政治史	李剑农
中国政治思想史（上、下）	萧公权
中国国民所得（一九三三年） （外一种：国民所得概论）	巫宝三
中国棉纺织史稿	严中平
当代中国社会学	孙本文
乡土中国 生育制度 乡土重建	费孝通
滕固美术史论著三种	滕固
中国古代服饰研究	沈从文
A GRAMMAR OF SPOKEN CHINESE	Yuen Ren Chao
中国话的文法	赵元任

MODERN DEMOCRACY IN CHINA	Mingchien Joshua Bau
中国民治主义	鲍明钤
THE GOVERNMENT AND POLITICS OF CHINA	Ch'ien Tuan-sheng
中国的政府与政治	钱端升
THE POST-WAR INDUSTRIALIZATION OF CHINA, INDUSTRIAL CAPITAL IN CHINA	H. D. Fong
战后中国之工业化 中国之工业资本	方显廷
LAW AND SOCIETY IN TRADITIONAL CHINA	T'ung-Tsu Ch'ü
中国法律与中国社会	瞿同祖

【第四辑 三十种】

中国旧小说考证	胡 适
文心雕龙札记	黄 侃
卢前曲学论著三种	卢 前
孟姜女故事研究及其他	顾颉刚
中国目录学史	姚名达
校雠学	向宗鲁
唐五代西北方音	罗常培
中国文法要略	吕叔湘
清史探微	郑天挺
中国文化史（上、下）	陈登原
中国文化与中国的兵	雷海宗
佛学研究十八篇（校点本）	梁启超
中国景教	朱谦之
德国古典美学	蒋孔阳
神学四讲	赵紫宸
法律哲学导论	居 正
民国司法志	汪楫宝
国际法大纲	周鲠生
罗马法原论（上、下）	周 枏
马克思的政治思想	吴恩裕
欧美各国现行宪法析要	龚 钺
经济史：历史观与方法论	吴承明
从古典经济学派到马克思	陈岱孙
中国历史上的基本经济区	冀朝鼎
中国教育改造	陶行知
平民教育与乡村建设运动	晏阳初
中国教育制度沿革史	郭秉文
COTTON INDUSTRY AND TRADE IN CHINA	H. D. Fong
中国之棉纺织业	方显廷
KEY ECONOMIC AREAS IN CHINESE HISTORY	Ch'ao-Ting Chi
中国历史上的基本经济区	冀朝鼎
THE CHINESE SYSTEM OF PUBLIC EDUCATION	Ping Wen Kuo
中国教育制度沿革史	郭秉文

【第五辑 三十种】

词史	刘毓盘
元白诗笺证稿	陈寅恪
上古音研究	李方桂
从诗到曲（上、下）	郑 骞
训诂学概论	齐佩瑢
唐代进士行卷与文学 古诗考索	程千帆
南朝文学与北朝文学研究	曹道衡
先秦政治思想史	梁启超
中国史学通论	朱希祖
隋唐史	岑仲勉
中国地理学史（先秦至明代）	王成组
中国妇女生活史	陈东原
基督教与中国文化	吴雷川
中国天主教传教史概论	徐宗泽
道教史	许地山
论道	金岳霖
文化与人生	贺 麟

寄簃文存	沈家本
中国婚姻史	陈顾远
中国法律在东亚诸国之影响	杨鸿烈
孔门理财学	陈焕章
上海工业化研究	刘大钧
乡村建设理论	梁漱溟
中国经济原论	王亚南
金翼	林耀华
幼稚园教材研究 幼稚教育新论	张雪门
近代中国留学史 近代中国教育思想史	舒新城
THE ECONOMIC PRINCIPLES OF CONFUCIUS AND HIS SCHOOL 孔门理财学	Chen Huan-Chang 陈焕章
THE GROWTH AND INDUSTRIALIZATION OF SHANGHAI 上海工业化研究	D. K. Lieu 刘大钧
THE FINANCING OF PUBLIC EDUCATION IN CHINA 中国教育财政之改进	Ronald Yu Soong Cheng 陈友松

【第六辑 四十种】

齐如山国剧论丛	齐如山
先秦文学 中国文学史讲义	游国恩
中国文学批评史（上、下）	罗根泽
中国文学发展史（上、下）	刘大杰
宋元明讲唱文学	叶德均
晚照楼论文集	马茂元
汉书窥管	杨树达
欧化东渐史	张星烺
西域史地考古论集	黄文弼
中国疆域沿革史	顾颉刚 史念海
先秦诸子系年	钱 穆
古器物中的古代文化制度	徐中舒
中国社会之史的分析（外一种：婚姻与家族）	陶希圣
唐代长安与西域文明	向 达
古代神话与民族	丁 山
小屯、龙山与仰韶	梁思永
中国史纲	张荫麟
岳飞传	邓广铭
胡惟庸党案考	吴 晗
等不等观杂录	杨文会
欧阳竟无内外学	欧阳竟无
中国佛教史	蒋维乔
中国宗教思想史大纲	王治心
理学纲要	吕思勉
汉魏两晋南北朝佛教史	汤用彤
两汉经学今古文平议	钱 穆
墨学源流	方授楚
中国哲学大纲	张岱年
中国伶人血缘之研究 明清两代嘉兴的望族	潘光旦
中国乡约制度	杨开道
藏族宗教史之实地研究	李安宅
中国封建社会	瞿同祖
法律教育	孙晓楼
财政学总论	陈启修
社会主义经济论稿	孙冶方
变态心理学派别	朱光潜
旧石器时代之艺术	裴文中
中国教育财政之改进	陈友松
THE SYSTEM OF TAXATION IN CHINA IN THE TSING DYNASTY, 1644-1911 清代中国的税收制度	SHAO-KWAN CHEN 陈兆鲲
VILLAGE AND TOWN LIFE IN CHINA 中国的乡村与城镇生活	L.K.Tao Y.K.Leong 陶孟和 梁宇皋

中华现代学术名著丛书

职业教育论

黄炎培 著
谢长法 编

图书在版编目(CIP)数据

职业教育论/黄炎培著;谢长法编.—北京:商务印书馆,2019(2023.6重印)
(中华现代学术名著丛书)
ISBN 978-7-100-17505-0

Ⅰ.①职… Ⅱ.①黄…②谢… Ⅲ.①职业教育-中国-文集 Ⅳ.①G719.2-53

中国版本图书馆 CIP 数据核字(2019)第 094516 号

权利保留,侵权必究。

中华现代学术名著丛书

职业教育论

黄炎培 著

谢长法 编

商 务 印 书 馆 出 版
(北京王府井大街36号 邮政编码100710)
商 务 印 书 馆 发 行
北 京 冠 中 印 刷 厂 印 刷
ISBN 978-7-100-17505-0

2019 年 7 月第 1 版　　　开本 880×1240　1/32
2023 年 6 月北京第 2 次印刷　印张 10½　插页 1
定价:59.00 元

黄 炎 培

(1878—1965)

出版说明

百年前,张之洞尝劝学曰:"世运之明晦,人才之盛衰,其表在政,其里在学。"是时,国势颓危,列强环伺,传统频遭质疑,西学新知亟亟而入。一时间,中西学并立,文史哲分家,经济、政治、社会等新学科勃兴,令国人乱花迷眼。然而,淆乱之中,自有元气淋漓之象。中华现代学术之转型正是完成于这一混沌时期,于切磋琢磨、交锋碰撞中不断前行,涌现了一大批学术名家与经典之作。而学术与思想之新变,亦带动了社会各领域的全面转型,为中华复兴奠定了坚实基础。

时至今日,中华现代学术已走过百余年,其间百家林立、论辩蜂起,沉浮消长瞬息万变,情势之复杂自不待言。温故而知新,述往事而思来者。"中华现代学术名著丛书"之编纂,其意正在于此,冀辨章学术,考镜源流,收纳各学科学派名家名作,以展现中华传统文化之新变,探求中华现代学术之根基。

"中华现代学术名著丛书"收录上自晚清下至20世纪80年代末中国大陆及港澳台地区、海外华人学者的原创学术名著(包括外文著作),以人文社会科学为主体兼及其他,涵盖文学、历史、哲学、政治、经济、法律和社会学等众多学科。

出版说明

出版"中华现代学术名著丛书",为本馆一大夙愿。自1897年始创起,本馆以"昌明教育,开启民智"为己任,有幸首刊了中华现代学术史上诸多开山之著、扛鼎之作;于中华现代学术之建立与变迁而言,既为参与者,也是见证者。作为对前人出版成绩与文化理念的承续,本馆倾力谋划,经学界通人擘画,并得国家出版基金支持,终以此丛书呈现于读者面前。唯望无论多少年,皆能傲立于书架,并希冀其能与"汉译世界学术名著丛书"共相辉映。如此宏愿,难免汲深绠短之忧,诚盼专家学者和广大读者共襄助之。

商务印书馆编辑部
2010年12月

凡　　例

一、"中华现代学术名著丛书"收录晚清以迄20世纪80年代末,为中华学人所著,成就斐然、泽被学林之学术著作。入选著作以名著为主,酌量选录名篇合集。

二、入选著作内容、编次一仍其旧,唯各书卷首冠以作者照片、手迹等。卷末附作者学术年表和题解文章,诚邀专家学者撰写而成,意在介绍作者学术成就,著作成书背景、学术价值及版本流变等情况。

三、入选著作率以原刊或作者修订、校阅本为底本,参校他本,正其讹误。前人引书,时有省略更改,倘不失原意,则不以原书文字改动引文;如确需校改,则出脚注说明版本依据,以"编者注"或"校者注"形式说明。

四、作者自有其文字风格,各时代均有其语言习惯,故不按现行用法、写法及表现手法改动原文;原书专名(人名、地名、术语)及译名与今不统一者,亦不作改动。如确系作者笔误、排印舛误、数据计算与外文拼写错误等,则予径改。

五、原书为直(横)排繁体者,除个别特殊情况,均改作横排简体。其中原书无标点或仅有简单断句者,一律改为新式标点,专名号从略。

六、除特殊情况外,原书篇后注移作脚注,双行夹注改为单行夹注。文献著录则从其原貌,稍加统一。

七、原书因年代久远而字迹模糊或纸页残缺者,据所缺字数用"□"表示;字数难以确定者,则用"(下缺)"表示。

目　录

职业教育基本理论

江苏今后五年间教育计划书 …………………………… 3
学校教育采用实用主义之商榷 ………………………… 9
《教育研究实用主义问题》叙 ………………………… 15
调查美国教育报告 ……………………………………… 17
东西两大陆教育不同之根本谈 ………………………… 34
职业教育实施之希望 …………………………………… 38
日本菲律宾之职业教育 ………………………………… 44
南洋之职业教育 ………………………………………… 56
职业教育析疑 …………………………………………… 59
职业教育谈 ……………………………………………… 60
职业教育设施法 ………………………………………… 64
职业教育 ………………………………………………… 67
提出大职业教育主义征求同志意见 …………………… 71
办职业教育须下三大决心 ……………………………… 74
吾人为何从事职业教育 ………………………………… 77
我来整理整理职业教育的理论和方法 ………………… 81

职业教育机关惟一的生命是怎么 …………………………… 85
怎样办职业教育
　　——敬告创办和改办职业教育机关者 …………………… 89
义务教育与职业教育 ……………………………………………… 99
《教育与职业》复刊词 …………………………………………… 102
职业教育的基本理论纲要 ………………………………………… 104
战后职业教育重估价 ……………………………………………… 111

区域职业教育

草拟河南职业教育进行计划 ……………………………………… 115
改进安徽职业教育办法案 ………………………………………… 120
对于云南职业教育进行之意见 …………………………………… 124
江苏职业教育计划案 ……………………………………………… 129

农村职业教育与职业补习教育

农村职业教育 ……………………………………………………… 137
"工业补习教育运动"专栏"弁言" ……………………………… 140
工业补习教育运动后短时期内之所得 …………………………… 141
徐公桥乡村改进史的最初一叶 …………………………………… 143
为徐公桥试验乡村改进期满留赠地方接管诸公 ………………… 148

职业指导

《职业实验谈》弁言（1920年4月29日）……………………… 153
《职业指导号》的介绍语 ………………………………………… 155
《职业智能测验法》序 …………………………………………… 157

《职业指导实验》序 · 158
小学职业陶冶
　　——序杨鄂联君、彭望芬女士合著 · · · · · · · · · · · · · · · · · · 159
关于职业指导
　　——《如何办理职业指导》序 · 161

中华职业教育社

中国职业教育社宣言书（1917 年 3 月） · · · · · · · · · · · · · · · · 165
中华职业教育社成立五年间之感想 · · · · · · · · · · · · · · · · · · · 170
十一次中华职业教育社大会追忆 · 173
中华职业教育社宣言（1934 年 3 月） · · · · · · · · · · · · · · · · · · 177
为中华职业教育社年会敬告四川各界 · · · · · · · · · · · · · · · · · 181
从困勉中得来
　　——为纪念中华职业教育社二十四周年作 · · · · · · · · · · · 185
中华职教社三十周年宣言 · 195
中华职业教育社奋斗三十二年发见的新生命 · · · · · · · · · · · 198

职业教育办学实践和历史发展

财政部补助职业学校经费 · 217
设施职业教育新标准 · 219
办理职业学校之商榷 · 221
职业教育该怎么样办
　　——中华职业学校十五周年纪念 · · · · · · · · · · · · · · · · · · · 223
中华职业教育社创设比乐中学意旨书 · · · · · · · · · · · · · · · · · 234
民国十年之职业教育 · 239

目录

三十五年来中国之职业教育 …………………………… 243
中国职业教育简史 …………………………………… 261
二十年来服务职业教育的回想 ………………………… 285
《中国职业教育三十年来大事表》弁言 ………………… 290

黄炎培先生学术年表 ………………………… 谢长法 291
黄炎培:为职业教育与时俱进的一生 ………… 谢长法 307

职业教育基本理论

江苏今后五年间教育计划书

炎培既被命佐省长掌教育行政，自顾无所似。第念十年来所业无不与教育为缘，自参与省议事机关，乃得稍稍窥江苏省教育行政现状。任调查事，奔走江南北，复得稍稍窥江苏地方教育现状。光复以还，毗陵、云阳后先开府，炎培皆尝佐理其一部分之教育行政。从公之暇，尝窃窃有所计。今且尽贡之于省长，于吾父老兄弟，求是正焉，可乎？

今之时代，临时政府时代也。吾人即偶居一日之官，要不可不为地方谋百年之计。况政府即属临时，民国必期永久。使执政者藉临时政府为名，竞以敷衍了事，始基一坏，虽有善者，莫能为之后矣。教育之事，至繁且赜，引之不一其绪，挈之必于其纲。苟不熟察社会、国家所需，确定缓急先后之序，而或专就今兹现状，为维持应付之谋，或博搜异国成规，为东涂西抹之举，皆无当也。今愿就省行政能力所及，江苏财力所及，审其所需，应其所要，以今后五年为期而规划之。

小学教育为凡百教育基本。省行政机关，宜负督促进行责任矣。进行之的有二：曰未设者谋其扩张也，曰已设者谋其进步也。要皆于经费与人才有必要关系，则求达其的，非先从斯二者下手不可。于经费则整理之，教育费与其他自治费，宜有界也。教育费属县与属市、乡，属此市、乡与彼市、乡，宜有界也。界明而责专、而争息。更为列举筹款法,以待地方议会斟酌而采行焉,规划而支配焉。于人才则养成之:一方以完全方法期其远到,一方以简易方法应其急需。由前之说,规划全省师范学校地点,尽先筹设是也。由后之说,订定甲、乙两种师范讲习所规程,限令各县认设一种或两种是也。皆所以为督促张本也。由是而督促其扩张,则限期举办调查学龄儿童也,限期规划推广设置小学地点也。督促其进步,则令每县认定小学一二所,凡教授、管理、训练,务臻于密,不必标模范之名,而有其实,俾为各校改良先导也。凡此种种,县知事、市乡长其手足也,而省视学其耳目也。

中等教育,省所直接担负责任者也。请析言之。

(甲)师范学校 师范学校之宜尽先筹设,上既言之矣。依教育部令,由省规定其校数及地点。计吴县设第一师范学校,上海设第二师范学校,无锡设第三师范学校,江宁设第四师范学校,江都设第五师范学校,清河设第六师范学校,铜山设第七师范学校,灌云设第八师范学校,南通则认私立南通师范学校为代用,全省凡九所。将来级数、名额逐渐扩张,以增至校各十级,学生达四百名为限。女子师范学校,江宁为第一校,吴县为第二校,俟女子高等小学发达,毕业生日多,酌量增设焉。

(乙)中学校 自府直隶州废,而全省公立中学校虚悬而无薄,事务既莫为之监督,经费尤莫为之担荷,实吾省教育进行一大障碍。迨部颁中学校令,定为省立,即拟由省接收,而续奉部令,俟省议会通过预算后实行。今依规程,由省规定其校数及地点。计江宁设第一中学,吴县设第二中学,华亭设第三中学,太仓设第四中学,武进设第五中学,丹徒设第六中学,南通设第七中学,江都设第八中学,清河设第九中学,铜山设第十中学,东海设第十一中学。

接收而后，始之以整理，继之以扩张，增至校各八级，学生达四百名而止。

（丙）农业学校　省所直接负责者，中等教育也，则对于农、工、商教育应尽先筹设甲种学校。况吾国农业发达较早，村夫野老朝亲畚锸，暮祝篝车，不知有改良，安望有进步？而一般高谈学理者，或且叹不如老农焉。则欲以教育改进农事，非全力注重实验，确有把握博其信仰不可。故与其悉全省财力设一高谈学理之高等农学校，何如分其财力，先设若干趋重实验之甲种农学校。今已设属于农业之学校五：江宁第一农业学校、吴县第二农业学校、清河第三农业学校、吴淞水产学校（吴淞校舍未竣工，暂设上海）、浒墅关女子蚕业学校，皆甲种程度也。第一农校设农科、林科，第二农校设农科、蚕科，第三农校设农科、畜牧科，仍视土地所宜、人事所需，随时增益之。先布置完密，后规划扩张，而一以注重实验为目的。

（丁）工业学校　工业教育，大致可分为三种：曰普通工业教育，专授工艺上浅要之知识与技能，俾藉劳动以遂其生活，此姑勿论；曰高等工业教育，所以养成技师，俾学与术悉臻完美；曰中等工业教育，所以养成技手与职工长，须在工业稍进后方有效用。盖无明于高等学理者为之指挥，虽有善良之职工，无所施其技。今世盛行机器工业，或高或下之人才彼此相助以成，莫可偏废，此则与农、商较异者也。故甲种工校与专门工校非同时并举不可。况教育者，其一部分之责任，为审察当世需要之人才而豫储之，以应用者也。江苏水利问题亟待解决，扬子江之下游、江北之淮黄沂沭、江南之太湖诸支流，警告频来，岁辄数起。江苏而无政治则已，苟言政治，第一急要莫如治水，第一需要莫如治水专门人才。横流满地，四顾无人，乃至借材他邦，糜金无算，此亦教育行政之羞矣。本省现设工校二:江宁第一校,为机械科,为电机科;苏州第二校,为纺织科,为染色科,为土木科,皆非专门也。于是有组织高等工业学校,特设土木专科,注重河海工程,分设织染、电机、机械诸科之议,在进行中。他若化学制造,用途最广,烛、皂、香水、牙粉、皮革日常应用之品,触手皆是,则应用化学科宜增设三;吴文秀其民,于美术最宜,工艺之精必根于绘事,则图案科宜增设;工业愈进,用铁愈繁,制铁人才亟须储备,则冶金科宜增设;民国肇新,印刷业之发达,一日千里,物自我作,利不外溢,则制版科宜增设。苟为社会所急需,则皆推广所必及者也。

（戊）商业学校　　江苏既占太平洋西岸商战之中心,商业教育断不可忽。立校地点,舍上海其谁归?高等以待中央,甲种宜先筹办。期以民国二年成立。此外,法政专门学校、医学专门学校各一所,均先设立,非财力能有余而为此也,当世之所渴需,而中央筹划之所未及,不得不勉承之耳。

江苏以病文弱闻久矣,习也,非性也。海滨故老谈五十年前轶事,秋冬农隙,无少壮辟场习拳,若徒手,若械执,呼群揎袖,意气不可一世,村相望也。自鸦片行,此风无复有存焉者。宜立体育总机关,专授各种体操、射击、中外柔术、弓术、剑术、马术、水泳、漕艇、各种游戏之属,俾中学校、师范学校体操教师悉出于是;渐进及于各县,立分机关,俾小学校体操教师悉习于是;渐进及于一般社会。

生活教育要矣,而其关系尤亲切者,莫如女子教育。以日本之盛唱贤母良妻主义,而西方觇国者犹病其倾向于高等教育,结果将至动摇家庭基础,间接以贻弊害于国家。盖知识日增,欲望日高,而生存之能力不伴以俱进,徒令厌苦其寂寞之家庭,奋欲脱之,而实莫能名一艺以自适于天演界。谈女子教育者,盖不可不审矣。

故女子职业教育,吾所绝对主张者也。本省既渐次推广女子师范学校,俾群趋于教育事业。复设女子蚕桑学校,俾一部分趋于蚕桑事业。复筹设女子艺术学校,授烹饪、裁缝、刺绣、绘画等等,俾娴于家事手工,各赡其身家而有余。凡皆一主义之所演也。生活教育之宜注重,宁惟女子。昔之为政,养民而已矣。不教徒养,养之功安得而不穷?教使自养,即教即养,教之功又安有穷乎?故寓职业教育于初等教育,亦吾所绝对主张者也。第功有先后,事有准备,入手方法,令各师范学校就土地之宜,加设农、商科,责生徒必修焉。令甲种农、工、商学校,择末学年生徒自愿为教员者,设农、工、商业教员养成所养成之焉,由是而小学教员苟毕业师范,即能授农、工、商必要之技能与知识,由是而得推广各种初等农、工、商学校,由是而得励行工商业补习教育其庶几乎?

以吾国高等教育之未能发达,派遣留学之举断非可废。虽然,亦须有方针、有规划,就国家、社会所急需,而现尚未有留学或留学人数较少者,规定其学科及名额,用竞争试验法取之。岁一举行,随时加以考察,定期责以报告,觇其所志与所学如何而掖进之,必使吾之精神足以贯注留学生之身心而为之约束焉,鼓舞焉。彼任意派遣,滥给费用,以之市惠而徇私,为教育前途计,为公家经济计,窃所痛戒者也。

一年以来,谈社会教育者盖夥,未闻有利用两大利器而克尽其长者。两大利器维何?曰戏剧,曰小说。今社会种种不可思议之心理与其现象皆二者魔力构成而已矣。故利用之以改良社会,浚民智而扶民德,殆犹反掌。此非行政机关所宜直接办也,而或发帑以奖励之,或悬金以募集之,此外设立图书馆、博物馆,组织模范讲演团,购造幻灯影片,搜集通俗教育资料等等,次第行之,惟力是视焉耳。

江苏光复以前，省教育费岁额银百六十余万两，约当二百四十万元，增之不能，减之未可。今后五年间，姑岁以是为率。旧时各校设备，既未完全，建筑又不如式，自经光复，屋宇器物，毁失尤多，及此学级未全，留其有余，用之于建筑与其他设备。设备渐完，学级渐增，则悉数用之于经常。异日高等教育费、留学费划归中央，俾得以全力扩充中等教育庶有豸乎。

创业非难，用人为难。况教育之为事，感化最神，有如影响。欲养成何等人物，一视养之者之为何等人物。尝以为得一踔厉风发之士，而任之见异辄迁，见难辄沮，宁得一悃愊无文、沉毅有力、不轻任事亦不敢玩事者，授之的而完其权，尽其所长而去其所困，事十九举已。炎培之愚，窃愿悬朴诚两字为用人标准。一学校之兴，一校长之举，虽旬月踟蹰所勿恤也。

凡上所述，非规永久也，亦今后五年间所当行所可行者而已。弗敢侈也，矧敢饰也，谨布区区，愿承明教。

（原载《江苏教育行政月报》第 1 号，1913 年）

学校教育采用实用主义之商榷

教育界诸君子鉴之。吾今借此短帙,欲与诸君子有所商榷。间尝窃议今之学校教育,殆未尽善。教育者,教之育之使备人生处世不可少之件而已。人不能舍此家庭绝此社会也,则亦教之育之,俾处家庭间、社会间,于己具有自立之能力,于人能为适宜之应付而已。析言之:即所谓德育者宜归于实践;所谓体育者求便于运用;而所谓智育,其初步一遵《小学校令》之规定,授以生活所必需之普通知识技能而已。乃观今之学子,往往受学校教育之岁月愈深,其厌苦家庭鄙薄社会之思想愈烈,扞格之情状亦愈著,而其在家庭社会间,所谓道德身体技能知识,所得于学校教育堪以实地运用处,亦殊碌碌无以自见。即以知识论:惯作论说文字,而于通常之存问书函,意或弗能达也;能举拿破仑、华盛顿之名,而亲友间之互相称谓,弗能笔诸书也;习算术及诸等矣,权度在前弗能用也;习理科略知植物科名矣,而庭除之草不辨其为何草也,家具之材不辨其为何木也。此共著之现状,固职教育者所莫能为讳者。然则所学果何所用,而所谓生活必需者,或且在彼不在此耶?

自社会困于生计,于是实业教育问题惹起一世之研究。一般论者,谓将以教育为实业之先导,不得不以实业为教育之中心。其道维何?曰多设实业学校也;曰于普通学校加设实业科也;曰提倡实业补习教育也。潮流所趋,几不闻有歧出之论调。余亦推荡此潮流之一人也。进而思之：诚将以实业为教育中心，则一切设施必求悉与此旨相合。苟于普通诸学科不能使之活用于实地之业务，此外，管理训练亦未能陶冶之，使适于实际之生活，而徒专设学校，增设学科，譬犹习运动者，感觉袍大，服之不适也，特制一种运动用衣，袭于其外，乃其里衣之宽大如故，可乎哉？夫里衣苟犹是宽大也，将何从袭此特制之衣？袭矣，亦安能达其适于运动之目的？彼不从事于普通诸学科之改良，而徒专设学校增设学科，何以异是？

十年以来，吾国民思想界不可谓无开拓活动之进步，而独至物质文明，则奄然无生色。识者忧之，谓殊与救国之道相背驰也。今夏美教育家孟罗博士东来，既觇吾国教育现状，语余曰："贵国未尝无优良小学校，第以余所见一般学校，理化等科程度去欧美太远，殊无以为富国之本。"又曰："贵国地层以上之农产，地层以下之矿产，如此天然大富源，加以民俗习于勤俭，苟能于教育注意此点，以余辈外人观之，致富强易易耳。君其善为之。"余聆此语，未尝不感孟罗君之厚意，颇欲于小学注意输入理科知识以植其本。虽然，今小学校未尝废理科也，而若此，毋亦其所取之材与所用之法不能使之应用于实地之业务使然耶？

凡此诸念，郁勃于余胸际久矣。频年所见所闻，皆若诏余以所倾向之未尝谬，而益增余之郁勃也。犹忆两年前，赴某省之某埠，参观某师范学校，以有所亲肄业，得索观各科讲义，不禁喟然感叹。所最可诧者，教育科讲义，于理论刺刺不已，中间罗列教育家姓氏学说，亘数十纸未尽，至各科教授法，实习教授，全未暇及，而去毕业仅数月矣。其他学科，大率称是。余以所亲故，感愤倍至。反而思之：余辈往日执业于学校，凡所设施，果能使来学者所得确实否？适于应用否？果不见憾于生徒亲属否？此亦五十步之于百步。吾过矣,吾过矣,自忏之不暇,而敢诅人乎哉?

今岁某君贻余书,述某校教科之缺点,节其语如次,愿与诸君共读之。

近见师范教育有一种危机,请研究之。某师范某科三年毕业,问其课程,则修身讲伦理学;国文读极高深之古文;教育科心理学一大本,讲述时黑板上列举外国人名无数,叙沿革极详;教育理论,仅总论一篇,已印有二十页之讲义;博物则用中学校教科书之最详密者;理化大讲方程式;算术外又学代数,滔滔论因子分解法二三周。而调查其成绩,则伦理学名词难记;心理学概念、观念不能区别,意志二字不能解释;教育理论但知外国人名,而学说之取义未明;理化方程式,但识外国文记号,氧气性质如何,居室通气法如何,均未能用;代数算术习题,均待教师板演而抄之。

自读此书,使余改良学校教育之念大炽。夫此等学校,在今日已算难得,其病坐太过。以视夫校长教员相率怠废职务者,奚止加人一等?然而专事注入,不顾生徒之程度与其来学之目的,流弊所至,即诸生中容有天姿超拔、能自领会者,未必尽如某君书云云。顾欲以之应用于小学教育,难矣。设此一般师范生,即以所受不顾程度不问目的之教育,转而施诸将来之小学校生徒,教育前途,尚可问乎?

今秋,以事至南汇,遇故人马君亦昂。马君前十年在乡共演说提倡设学校兴新教育者。极言今兹学校教育方法之未善,学子自入学校,起居饮食,无一不与家庭与社会相扞格,寄宿者尤甚。往往毕小学业,习农则畏勤动之多劳,习商则感起居之不适。而自实际应用上观之,其所学固一无所得也。循是不变,学校普而百业废,社会生计绝矣。言次,不胜其愤慨,谆嘱余设法改良,心为怦然。

此皆促余提出改良意见者。往者尝就小学各教科,假定以实用为目的,而设改良之方法如次。

修身　注重偶发事项及作法。

国文　读本材料,全取应用的。作文力戒以论人论事命题,多令作记事、记物、记言等体,(记物,置实物于前为题,或令写实景。)尤多作书函(正式书函、便启、通告书均备。)或拟电报,(书函兼授各种称谓及邮政章程。电报兼授电码翻译法、电报价目表等。旧时《宧乡要则》,今之《官商快览》,以及坊间印售之日记册附载各种,实包有无数适于应用之好资料。)习写各种契据式。书法注重行书。

历史　除近世大事择要授之外,全不取系统的,授以职业界之名人故事等。

地理　多用画图,少用文字。画图必令自习,兼与手工科联络,制为图版,(如京津间所售知方图等。)上绘山脉、河流、道路、都邑、区域,注明各种名称及物产,时就运动场划为各种地形,令之熟习。

算术　演算命题,多用实事或实物。习诸算必备各种度量衡器,使实验之。关于土地面积,则令实地量度,兼授珠算簿记,(并宜略授各种新式簿记。)示以钞票钱票式样及各国货币,并授验币法。(或疑此类于商业学校,非普通学校,然试以验币一事论,孰不用银币,而真赝错出、随处售欺,则虽认验币为普通必要之技能可也。)

理科　其材料一以人生普通生活所接触所需用为断,时利用事物到吾眼前之机会而教授之,绝不取顺序的。(如先植物、次动物、矿物、生理、卫生,又次及理化,此法绝不取之。)教授务示实物,遇不得已时,济以模型标本。必令实验,切戒专用文字,凭空讲授。尤多行校外教授,修学旅行。

图画　虽简单之形体,亦参用实物写生。如绘笔示以笔,杯示以杯,鸟示以鸟之类,(或用标本。)尤励行联络他科方法。

手工　宜与图画联络无论矣,尤宜置实物于前,令仿造之。其材料、其方法,务求他科策应,但仍须适合于生徒程度。

体育　采用锻炼主义,兼视地方情形,令习生活必需之特种运动,如陆则骑马,水则游泳等。

如习外国语,注重会话。

如上所述,未敢云悉当也。一言蔽之,即打破平面的教育,而为立体的教育。易言之,盖欲渐改文字的教育而为实物的教育。此非创论也,当世教育家,固有先我而研究者矣。

去今千八百年前,罗马塞南加(Seneca)氏有言曰,青年之于学校,为生活而学,非为学校而学。近世博爱派之教育学者,如白善独(Besedow)氏、康丕(Compe)氏、柴之孟(Salzmann)氏,亦大鼓吹此实用主义。自裴斯泰洛齐(Pestalozzi)氏出,益主张生活教育,务使学校教育与实际的生活渐相接近,准此而教育方法一变。盖从来一般之教授,仅恃生徒听官之感觉以为输入之梯,自直观教授行,乃进而利用生徒视官之感觉。今且更进而利用筋肉之感觉,不惟使生徒目睹此事物而已,直令其一一自行实验。由是而论知识,则观念益明确,论技能,则修炼益精熟,以是谋生处世,遂无复有扞格不入之虑。此种教育，在欧美不仅著为学说，且见诸实行矣。日本人西行考察教育者归，亦辄以是提倡，而未为政府特别注重。今观吾国教育界之现象，虽谓此主义为唯一之对病良药可也。

余之于教育，愧未尝为系统的研究，偶服政务，益卒卒鲜读书暇。比者，宁垣难作，庶政停滞，端居多暇，思夫今兹扰扰，所以酿成此好乱易动之社会。凡坐生计耳，将普养之，毋宁普教之。顾今之教果足以为养地否？观夫受教者之不能自养，而前途危矣。因世变之亟，使余一缕思潮，辗转起伏以达于此"实用主义"之一点。誓将贡其所见于教育界同志诸君，辄复辑录关于实用主义之著述二种，附供参究，藉知吾说之非无所据。诸君子对于此主义，其有乐为研究者乎？窃提出简单之问题二：

一、今日吾国教育是否宜采用此实用主义？

二、对于实用主义之批评。

诸君无论赞同或反对，如有所见，惟冀惠我以书，苟后此续继有得，且将并诸君惠书，择要刊布，为第二回之商榷，以备施行。

凡此嘤求，聊为喤引。伏候垂教。

（原载《教育杂志》第 5 卷第 7 号，1913 年）

《教育研究实用主义问题》叙

教育杂志社将教育采用实用主义,发为问题,征求海内意见,得书若干,辑为临时增刊见示,且告余宜有所言。余于此主义,为言夥矣无已,请将期月以来,所闻见,所感触,凡关于此问题,尽掬以示读者诸君,可乎？

余之提出此主义于教育界,在去岁八月。实则怀抱此意,良非一日,盖积年所闻见所感触之社会现象、教育现象与夫自身执业经历体验之所得,在在足使余倾向于此实用之一途。而所谓某氏有此言某派有此说,不过临文翻检破箧旧书,猎取一二以证余说之非创,而初非从教育学说上研究发明得来。此宜据实供认于教育界诸同志之前者也。自商榷书刊布,纷纷投书,表示其对于此问题之意见,纵横案头,盖亦盈尺。今岁二月,乃有第二回商榷书之作,附刊于"实用主义小学教育法"后,比复有投书讨论此"小学教育法"所列各种实施方法者。

方余共杨君保恒辑译"小学教育法"成,未出版。属有旅行各省考察教育现状之举,所至殆无不以此问题为谈话资料。或环坐讨论,或对众演说,大抵各方面间不免有所迟回者,则十分赞同此主义,而苦弗能十分了解其实施方法。此则未获读"小学教育法"者之思想然也。而独有一事,为余所感想不置。则参观所至,欧美人在吾国所办学校,虽未必尽合我国国情,而其所设施,几无不含有此主义。如依实用主义,图书最重图案及写生,而观欧美人所办学校,大抵先图案,次写生,几于非此二者不课,虽初等小学课写生焉。又如女学注重缝纫,其材料注重实用物。又注重儿童勤务,男女小学咸督励,不少假借。欲求之一般学校,转非易易。独其国文算术。以弗明吾国国情故。未尽切于实用,无可为讳,度非其本意也。

天濒暑,告归,适上海有小学校成绩展览会之设,以评判事相诿诼,得遍观成绩品。觉今兹有稍稍异于往昔者,而新流行之一种日用文件,尤直刺余眼。若书简、便条、明信片、各种簿记、各种广告、各种票据、各种规条、电报、请帖、签条、谢帖之类,陈此最多者。若省立第二师范附属小学、万竹小学、巽舆小学、时化小学、农坛小学、江境小学、浦东中学附设小学。而若陈列书简、便条之学校,盖占全体十之八九焉。巽舆小学复令儿童为实地之家用簿记,每日归,为父母记家庭一日之用度于簿,而上之教师,为订正其文字计算之谬误。据所说明,颇受一般学生父兄之欢迎。诸君子殆能实施此实用主义者也。

自此册刊行吾知此主义又将进一步,何则?今后之实用主义脱离商榷采用时代,进而入于研究实施时代,盖可知也。民国三年六月黄炎培。

(原载《教育杂志》第 6 卷"临时增刊",1914 年)

调查美国教育报告

（1916年1月15—17日，本文为节选）

鄙人于教育一事经验甚少，今岁上半年随同实业团赴美时，曾蒙前总长汤先生委托，调查美国教育状况。至调查之目的不外两种，一为职业教育之状况，一为职业教育与普通教育联络问题。夫在美国调查此种教育，实最为相宜。弟此次随同实业团前往，于调查教育一层，殊难十分详尽，今承总长之嘱，不得不勉为报告，诸君曾经留学美国者甚多，如有不到之处，仍希大家纠正。

此次游美凡经26省，又在旧金山居住一月，他人调查工厂。鄙人则独在教育馆调查教育。据鄙人意见，美国教育之发达，较之中国实不可以道里计，而其尤注重者为职业教育，此盖美国办教育者研究之结果也。职业教育之科目，不外四大端：即工、农、商与家政是也。职业教育之施行，实在中等以下之学校。博览会中所列，近十年来中等以下学校受职业教育之学生数，1904年为176,088人，至1914年即为346,760人。所谓中等以下学校受职业教育之学生，即农、工、商、家政之四种学生也。此四种学生十年之内已加一倍，可谓发达，然美国办教育者仍力谋扩充。至美政府补助此种学校之经费，据其国会议案，自1916年起至1924年止，其经费分为三部分：一部分为养成教员之用，一部分为农业学校之用，一部分为工、商业学校之用。初年每部凡50万元，以后逐渐增加；至末年，每种已增至300万元，其扩充可谓速矣。该议案中尚有办法，其办法维何？即由教育界、行政界与社会连合设一机关，专司其事。其职务一为调查国内外教育状况，二为规划，三为视察。内中条目甚多，不及备录。今其成绩已甚可观，但美国人之心理，尤以此为未足也。依美国之地位，农业较工、商尤当注重，故又有一议案于1914年5月8日提出，名为斯密斯、立浮议案乃议员斯密斯与立浮两君所提出者，亦最有名之议案也。此案专在提倡农业，第一节添设农业学校，第二节办校外农业教育，皆由行政机关与教育界联合办理。第一年政府津贴每省一万元，美国全国48省，凡48万元；以后逐年加增，至1922年，此项津贴为数至458万元。至校外农业教育之办法：一、为校外农业学校组织，一般职员在校外教导改良农业之法，凡改良种子、改良畜牧等事皆属焉；二、为临时流通学校，以农业教员至各村宣讲，并附设农业俱乐部，为一般农人研究之所；三、为改良农家会议，每至农家收成时，究其收成之结果及必须改良之处，并印刷许多书报杂志等类流行社会，以提倡改良之方法。又于各学校中特设通信处所，每学校以一人专司其事，为农家问讯之用；各校教师又须日往各村劝导。其设备可谓善矣。至一切经费则由中央担负之。每一省会设一总机关，以便联络；而各县所设者则为分机关，受总机关之支配；其组织则由地方行政与学校联合办理。此斯密斯、立浮议案之办法也。现在已办者，都1100县，凡此情形，足见美国对于职业教育特别注重矣。至于生计问题，则中美相差甚多。中国地未辟，而人若多，故失业者甚众；美国地多开辟，而人尚稀少，故无业之人甚不多见也。美国最贵者为工价，平常之时，泥水匠之工资，每日可拿美金四五元；至特别时，如博览会期中，每日工资必须10元，合之中国凡25元，可谓贵矣！即常雇之工人，平常亦须二三元一日，较之中国殆不止一与十之比例矣。最可异者,工人之价值虽极昂贵,而文墨人之价值乃远不逮焉,如小学教员之薪资,普通不过四五十元一月,即中学教员每月亦不过八九十元,较之中国不过美金与华币之差而已。工价既贵,工人之生活遂与中国大不相同。每日农人赴田,工人入厂,皆乘摩托车往,从无徒行者,可谓豪矣。且不独工价与生活之高而已也,即社会上视此等人之身分亦甚高贵。设有教育家与工业家同在一聚会之中,则工业家必占教育家之上,足以见社会之趋向矣。我国向来贵士而贱工,学生毕业有为工者,人必以为降格。美国则不然,学生毕业后如为工人,则声价顿高数倍矣。习惯如此,故足以辅助职业教育之发达也。然美国从前贵工贱工之习,亦与中国无异,不过顺世界之潮流逐渐更变,故能有今日之结果耳。闻美国人云,从前大学之中,文科较理科为高尚,今则反是,其明征也。现在吾人欲将不适宜之习惯渐渐变更,殆非提倡职业教育不可也。职业教育于大学无甚关系,而以中学校为中心。故鄙人此次游美,于大学仅调查4处,而调查中学则有19处之多焉。美国教育与中国最不同者莫若中学校,兹将其中学校之组织约略言之:(一)年限,美国学制变更甚多,从前小学系九年毕业,后改为小学八年、中学四年,合为十二年;现又变更为六六制,即小学六年,中学六年是也。然各省不同之处甚多,六六制为一种,八四制为一种,又有六二四制,即小学六年,中学与小学间之承接学校二年,中学四年是也。又有六三三制,即小学六年,中学与小学间之承接学校三年,中学三年是也。夫美国教育制度,所以不惮屡次更改者,亦不过为生计计耳。盖学生必须升入中学校,乃能受职业教育。而一般教育家,遂嫌小学之八年为太长,而又嫌中学四年所受之职业教育不能完备,不若自小学八年内腾出二年受职业教育,故有六六制之规定。然又有以中学六年为太长,乃于其间设承接学校,受一种预备职业教育,故有六二四及六三三之制度。(二)学科,美国中学与中国不同之处甚多,而其最不同者为分科之法。试举一中学以为例:其课程凡十二科,由学生之父兄自由选择;每一学生每年只认主要科目四种,以一科目读满一年为一点,每年四点,四年满十六点即为毕业。故其学校课程虽多,实则必修之科每学生每年只认四种科目而已。鄙人对于其制之善否,固不欲遽加评断,而反观我国学生,则大有所悟矣。现在我国学生最苦之事,即是功课太多,几乎无从下手,办学者或不尽知,知者又不肯说。据学生言,每一种科学,其难习者,自修之时间须二小时以上,如一日有数种难习之科学,则无法预备,不得不含糊了事矣。夫学生之父兄,谁不望其子弟学业成就,然每一学校之学生至多不过三分之一学成而已,可胜叹哉。方其入学之初,人人有上进之心,继而功课太多,脑力不足以副之,则自暴自弃而已,否则其体育必不能发达。而遍观中国学生,其学业佳者,体育必不能佳;体育佳者,学业必不能佳。办学者不知,学生又无处告诉,上下情意之隔阂岂独政界乎。

中学分科之大概既如上所述,兹再报告中学校所分之科目。盖无论何校,在男校必设农或工或商,在女校必设家政、或商。其分科之法甚细,如工科之中功课分为机器、手工、金木工等之类,商农各科亦皆如是。其分科之法亦与中国大有不同,中国办学之法,大抵每种学校由政府规定出十种或十余种之功课,令学校于其中挑选若干种施行教授,绝不能于此外另设科目;美国则不然,学校之科目皆由各地方自由选择,其分科纯乎看各地需要之情形办理,殆无一不可设之科目也。至于乡村之中,则中小学课程多有相连的,谓之中小学连合学校。盖乡村人口太少,故制度亦特别也。在此等处,则中学之科目不能如他处之完备,惟皆特别注重农业,故乡间无甲种实业学校,其甲种实业学校即中学校也。鄙人曾有一种疑问,询问美国学界中人,谓彼等中学毕业后,如欲升入大学,则普通学太差,殆未免吃亏矣;彼等答谓,在中学校中普通科学虽不完全,然各科之基础普通科学,则固未尝缺乏也。鄙人又有一种疑问,以为美国学校凡学一种专门学者,其专门之技术虽甚可观,普通知识究嫌太少;然美人之意见,以为学生普通之知识并不在高,只要适用而已。某省中学校长某君,素有名望之职业教育家也,曾谓鄙人云:从前美国中学校,对于各种科学注重阐明原理原则,现以科学中之原理原则,非中等以下学生所能领悟,故只注重阐明用途,不问原理原则矣。即如学校中设置之理化仪器,亦只求其适用;非若中国学校不知所应用者,为何种仪器,但往商店购置其全部,以致许多仪器买来后多永远用不着也。此于经济上既不合算,于教育上亦非所宜,似非改良不可。纽育有一小学,专教铁工做螺丝钉,吾曾问其教几何学否,其教员答云:可以算教,可以说不教,盖仅教其几何书中铁工应用之一部分也。至美国学校教授之内容,亦专讲实际,与吾国大不相同。其设备不类学校,大似工场,其学生亦绝似工人,而教员亦与工头无异;且不独工科之学生然也,即其余学科之学生,其精神亦复如是。夫美国素重自由者也,然其学生乃极活泼而又极驯良,殊可怪也。鄙人在旧金山见一卖报之童子,问其每日得钱几何,答谓一元;问交报馆几何,答一半;问自何时卖起,曰于今二年;问赢余几何,曰尚未计算也;问其钱是否用尽,曰存在银行;问是否父兄为之存储,抑自己存储,曰自己存储。以一童子而能如此独立,不亦大可嘉乎。又问将来之用途,曰吾现在小学不须学费,迨升入中学亦不须学费,吾将以此为将来中学毕业后,升入大学之学费,或作工商之资本耳。鄙人闻之,殊为满意,是非其教育之良结果乎?反观我国学生,有如是思想乎?不独小学生然也,即大学之学生,亦非常驯良。鄙人在旧金山所赁屋其旁有饭店,许多大学生居于此间为佣工,盖美国学生之半日读书,半日作工,固常事也。饭店佣工有长工短工之分,长工之地位较短工为高。此饭店之佣工领袖为一女子,是常雇之长工;而各大学学生,则仅暑假时在此佣工,皆短工也,故受此女子之指挥,且不独受普通之指挥,并须受特别之指挥。某日,鄙人食毕,无人收拾家具,久之此女工至,见家具未曾收拾也,即将在其侧之大学生大加申斥,曰:此尔应为之事,非我应为之事也。此大学生状有愧色,然竟俯首受教,毫无抵抗,其驯良可见一斑矣。我国学生之气势嚣张,几乎不可向迩,故一旦出学界而入社会,必多失败。彼美国之学生在学校时,能低首下心如此,故一旦毕业后,在社会任事自无往而不利也。我国办教育者尚其子此注意焉。至于职业学校之功效,鄙人亦曾询问美之教育家,谓其学生毕业后是否皆有相当职业,彼答以虽未必然,然大多数皆能有相当之职业。盖美国有一种介绍机关,学生毕业后可以由其介绍职业;不独此也,即学校之校长亦能为学生介绍职业,盖学校校长之介绍信,在社会上最有信用。每学生毕业后,由校长作一介绍信,将其在校时之学业、品行列入信内,毫无讳遇;某公司或某机关用人时,学生执此信以往,即可酌量录用。又如公司之总理等,亦可作介绍信,如学生先在甲公司供职后,欲去往乙公司,必要甲公司之总理出一保证书,持往乙公司,必蒙录用。夫其介绍信之所以有信用社会者,大概皆以诚实无欺之故,善者固为之扬,恶者亦不为之隐,故用人者无不凭此为取舍也。然我中国亦非无荐信,乃往往无甚价值,则不实在之故也。中国素以隐恶扬善为厚道,若以恶为善,而漫为扬之,则无信用无价值之弊遂此生矣。吾等欲矫此弊,此后必须直道而行方可。更有进者,美国学生毕业后有事与否,并非毕业后之关系,实毕业之前关系,当学生在学校时,其学业行为已为外人所注意矣。即如修理器具及汽车、自行车等事,学校与工厂之技术,盖不相上下,而价乃较廉,往往为社会所欢迎。其制造器具亦然,学校平日令学生造作器具,而择其最善者留为成绩品,余者悉数卖出。故学生之在校读书,实与在工厂工作无异,其技之优劣已为人所熟知,一旦毕业在即,必有许多之职业家前来问询,而其技之优者各职业家已争先罗致矣。此种办法不独于学生毕业后有莫大之利益也,即在学校亦有许多之利益。曾见某女子中学校所作之帽子,鄙人问其能卖钱几何,答以少则三四元,多则五六元;问原料所值若干,答一元;问几日可以作好,答约须十日以外。今即以两星期作一项计算,每一女学生于课余之暇,每星期已能赚华币四五元之谱矣。所赢余之款,为学生、教师等所分得。一面读书,一面可以赚钱,其乐境为何如乎。又如某学校之家政烹饪科,使学生作成许多食品放在瓶内卖钱,闻之某校女生云:去年一年,此种食品共卖美金480余元,但其原料由学校之公款购买,故所获赢余不能学生自得,乃将此款设备一教室,极为完备;闻现又有余款若干,将来可分与学生矣。此种办法颇足以提起学生兴味。反观我国学生,除呆板读书外,无所事事,自觉索然无味,此皆其提倡职业教育之功也。现在我国教育上最可虑之事,莫如学生毕业后之失业。鄙人前曾调查江苏全省中学校,学生毕业后之状况,大抵一百分中有二十五分升学,三十分得有相当职业,而其余则皆失业之人。可叹之至。若再细细研究,则升学者不能作为有职业观也,即大学毕业生中亦何尝无失业者？故此等学生最后之结果，失业与否，仍属一问题。若再调查其有事者，所就者究是何等事业，大抵为教员者居多数，其次为各行政机关人员，而为生利之农工商者竟无一人，可见讲教育若干年仍是毫无效果。外国上下一心，提倡职业教育；而我国何如，可胜叹哉。美国之所谓家政者，不外烹饪、裁缝、练习家事等类。即练习家事一门而言，其设备亦非常完备，每一学校有一模范家庭，内有模范食堂、模范寝室、模范会客室等之设备。其模范食堂，以本校学生为主人，以教员等为客人，即侍者、仆役等亦皆学生充之，会食毕后，由教员等品评其菜味之优劣，侍者侍奉之如何，以便改良。至模范寝室、模范会客室之设备，皆择一班学生，各出其所学者悉心布置。习画图者则绘出图样，习屋内妆饰者则妆饰屋内，各出心裁，不加限制，由教员等评其优劣。每一礼拜，则更换一班学生，更出新法，从新布置。凡事无一不从实际上着想，故其学生毕业后，管理家政自能井井有条也。夫美国之教育注重实际，故无不适于实用。反观我国教育，乃纯乎为纸面上之教育。所学非所用，所用非所学，不谋改良，何能有良好之效果乎？惟鄙人有一言奉告者，则改良之道，不独须从方法上研究，更须在思想上研究也。何以言之？类如中国学校亦有手工，然一般学者之思想，以为学校之手工不能与工场相同，必须精致华美，方合学生身分。就缝纫科而言，所制之衣服必使之特别美丽，或特别式样。假使学校令学生做家常之衣服，其学生必不肯如此，以为如做家常衣服，又何必入学校也。故美国学生所做之手工皆普通的，而我国所做之手工皆特别的，究竟普通的适用乎，特别的适用乎？此思想上之差误也，万不可不加以研究。吾人当知教育之宗旨，所以使人人适于生存，乃社会上普通之事，非特别之事，惜乎此种思想，中国学者尚未领悟。

故鄙人谓改良之方，须在思想上研究也。总之，欲推行职业教育，千头万绪，极宜研究，但切不可责备社会，何以不信任教育，只须实力进行，必不难达到圆满之目的。其未尽之意俟明日再行报告（以上十二月十五日报告）。

　　昨日所报告者，为中学校职业教育之状况；今日当报告职业教育与普通教育之联络办法。盖美国之教育，不独职业科新奇之事甚多，即普通科亦与我国有许多不同之点，盖二者关联之处甚多，有互相依赖、互相调济之功。如普通教育不改良，则职业教育亦不能改良也。即如图画一门，与我国学校所授者已大不相同。我国教授图画，最初用描摹法，继而临画法，后来提倡写生画与图案画。现在写生画尚不多见，即有之亦在中学以上之学校。有人谓写生画非中学以下之学生所能也。我国南省学校教授图画之情形如此。乃鄙人此次游美所见者，竟为从来所未见，盖以写生画与图案画联合所生出之新法也。鄙人曾询问其教师，究竟此种图画之名称为何？彼答以此种图画在美国亦甚新颖，盖三年前在德国某博览会所见，归而效法者。现在美国此种图画尚未能一律通行。鄙人遂访查美国向德国传习此种图画之人，并索得许多标本，现陈列在此，请诸君研究之（黄君手执图画一纸）。此画第一步为写生画，以一龟为模形，令学生先将此龟之形状画出。第二步，再照龟身上之花纹自由变化，不加限制，凡变化四次，即成一极美丽之图案画矣。第三步，然后用作各种美术上之装饰（黄君又手执图画一纸）。谓此画乃以一鱼为模型，先以写生画法，画一鱼之形状；然后再看鱼身上之花纹，令学生变化，凡变化六次，又成一极美丽之图画矣。以此类推，有用动物之骨骼为模型者，有用花草及各种之天然物为模型者，要皆以写生画与图案画相合，而成一适用之图画也。其目的为应用，其方法乃不用人造之模型，而以天然物为图案画之蓝本。又有以古时建筑为模型，参以心思以为美术之装饰品者。若细细研究，则此事并非若何奇特，盖吾人之所以能制造物品者，皆以能取法于天然物，为吾人之用也。特吾人之思想易于束缚，而不能发达耳。天然之物品，既足以活泼吾人之心机，古时之建筑常带一种浑噩之气象，皆可以利用之，为吾人之助力。德国发明此种方法，开图画界之新途径。昨日曾报告女学校所制之衣服，此次在博览会见有一种衣服上之装饰，至为美丽，盖以一天然之花为模型，第一步绘成五色之花，在第一格内；第二步，以五色粉笔，将花之五种颜色分晰明白，在第二格内画成五道；第三步，自小箱中衣服之原料内，选出与花之颜色相同者五种，照其颜色分为五条，贴在第三格内。第四步，在第四格内预先画一未着色之女子，而以花之五种颜色支配其全身：黑者为鞋、深绿者为裙、白者为上身、红者为帽、浅绿者为带。女子手中亦持一花，其花之模型与颜色，均与第一格之花相同，不过缩小而已。所奇者，以一女子全身之装饰，而取法于一花，凡所支配无不妥当，一画之中具有如此匠心，殊可佩也。鄙人在博览中，曾偕一女学生同观，所见种种图画，凡二十四种之多，类皆足以应用，非徒饰观而已。后知上述图画为美国南省某女学校校长所作，乃致函该校索其成绩品，已得其复函允为寄来，现在不知已否寄到。但渠之复函，意欲向鄙人索取我国女学校之图画或美术成绩，鄙人殊无以应命，诚可惭愧。总之美国学校中之科学，不外以应用为目的，与我国适成一反比例，美国教育之良在此，我国教育之不良亦在此。然吾人欲求教育改良，却不可徒仕方法上着想，必须能从思想上研究，方能有济。思想要活泼，要切实，果能如此，未必不能媲美他人。至于美国小学校之图画，亦与我国大不相同，如广告画之类是也，大抵美国初等小学教写生画，高等小学则教应用画。所谓应用画者，凡分两种：一图案画，如物品之装饰等类；二广告画，如商业广告之类。现在美国盛行一种印花法，即于布或纸上印成方格，内绘种种花式是也。其作法，乃以铜板或木板或皮革刻成花样，其花样即由图案画变化者，吾人对于图案画，现在尚未能施之实用。至写生画，则以为不过描写形状而已，殊不知其能为若许之变化，有莫大之作用也。有人以写生画不能在小学校教授，今至美国，则岂但小学，即幼稚园亦教授写生画，盖几乎无画不写生，有画皆写生矣。鄙人在美最后一月，闻加利福尼亚大学开游戏学校，乃往参观，亦增长无数见识。盖该校每于暑假时开游戏学校一次，其期限约两星期，其办法乃召集各小学校幼稚园之学生，教以种种科学上之游戏，以活泼其天机。其地址在屋外，如露天学校。然此校为临时的，故设备甚为奇特，盖皆利用天然物品或废物等，欲其惠而不费也。参观时，见有童子甚多，游戏物亦不胜枚举，其中如秋千架、升降板等，皆吾人所习见之物，不足为奇，所奇者即在能利用天然之物品也。如以一木板置于坡上，下临一无水之沟，令一童子坐木板上，一童子推之使溜下入于沟内。复取上，又推之使溜下，如是循环不已，谓之溜板。又以铁环六具，用绳系于树上，第一环最低，以次加高；一童子先执其最低者，使身体摇荡乘势执其较高之环，以次递升，迨升至最高之环，然后次第降至原处，谓之悬环。又有平行杆、踩软索等类游戏，皆不费一钱，又无危险，洵绝妙之游戏也。此外，则有所谓沙盘者，其作用尤非常之大。其法，以沙盛于盘内，令学生等随意撮弄，作种种之变幻，为教育上之作用，如教地理，则将沙或撮为山，或画为河，由教师一一指示，或更以纸剪成人、马、房屋等模型，置于其上。教历史亦然，即教授算学、国文等，亦皆可以利用之。此种游戏不独游戏学校有之，即各幼稚园亦无不有之，诚最善之教育品。盖幼童之脑力甚为薄弱，加以文字教授，则多所困难，惟用此法，既足引起彼等之兴味，且永远无遗忘之虑。教授幼童之法，莫善于此，较之我国只知以书本教授，相去诚不可以道里计矣。又有一种游戏之法，乃置一木箱于树林之内，箱中藏零星不规则之木料，有长者，有方者，有圆者，有三角形者，令学生作木工，就木料之形式随意做成器物。如方者置作桌，长者置作凳之类，以引起儿童工作之思想。或在沙盘内，以碎木积成塔形或各种建筑物之形，以教授之，区区一沙盘，乃可以作教授游戏、地理、历史之作用，可谓奇矣。树林之内，又有一教师，令童子作送茶敬客之游戏。盖所以教之礼节，使知送茶须自客之左手进，为他日应世之预备，盖于游戏之中寓有习礼之意焉。又有十余儿童，踞地围坐，中有教师手持草花一茎，令童子照之绘画。问诸童子之某童所画之花善否，诸童子乃批评之，批评毕，即将其画钉于树上，更以他童子之画，一一令诸童子批评之，然后一一钉于树上，任人观看。此等游戏之法，各游戏学校及各幼稚园盖皆有之。可见图画一事，自幼稚园起，即求其有裨实际矣，何至有不适用之患乎。此次游美，所得教育成绩甚多，不能一一报告，兹请撮其大要为诸君报告之。大抵小学校及幼稚园中最要之课程，莫如图画。盖图画与其他科学皆有关联，如教历史则历史为图画题目，谓之历史画，即绘画历史上之人物，或其人所作之事业，或其人出产地，类皆是也。教作文，则上面绘一图画，下面国文即述其所绘。教算术，则上面画若干物件，下面则加减或乘除之。故各种功课所命之题，皆根据于上列之图画。至于方格板之印花画，则图画手工更打成一片，谓之图画可，谓之手工亦可。盖所以使学生科学之实在用处也,其研究可谓无微不至矣。又有所谓贴纸画者,则先画成各种物件,然后施以手工,剪成其物之模型,而贴于他种图画之上。如先绘一房屋,然后度量某处应有桌子,某处应有椅子,则将贴纸画之桌子,粘贴某处,椅子粘贴某处。盖尤恐寻常图画失之呆板,不能启发儿童之心思,故绘出后复用剪剪下,随其意向贴置何处,使脑与手可同时练习其作用也。既收训练之功,更启灵明之性,其功效诚非浅鲜。鄙人此次游美,见其教授上有兴趣之事极多,一时难以列举,惟自惭科学根柢浅薄,不能全悉其作用。美国教育,于美术一门亦甚注重,但其所授者皆为应用之美术,而非徒饰美观之美术。其美术之分科:一、金类细工,二、陶器,三、屋内装饰画,四、衣样画,五、美术画,六、广告画。凡此各科,其成绩均能尽态极妍,各臻其妙,然无不合于实用者,无一非美术,无一非应用,此其所以可贵也。鄙人此次所得纽育各小学之成绩照片,如木工、机器工之类甚多,不能一一报告。惟美国小学校教室中之设置,与我国迥乎不同,请为诸君报告之。中国小学教室之设备,除黑板一两块外,几于空无所有,以为教室为学生授课之所,不宜他物混乱学生之脑筋也;美国则不然,其小学教室之中,四周墙壁遍挂黑板,绝无隙地,因不独教师需用之,即学生亦需用之。中国小学校教授之法,大率教师在讲台之上讲解功课,半步不离;美国则不然,其小学教师并不呆立于讲台之上,每授课时先令学生将功课画于黑板之上,或讲解,或绘图,由教师巡视指正之,故需用之黑板多也。鄙人曾参观某学校教授历史,趣味横生,其法:由教师令某某学生讲解某课,于是学生中有二人同时起立,互相答辩,所说者无非历史上之话,每至得意处则手舞足蹈,非常高兴。其教授学生之法如此,故不独永无遗忘之理;且学生时时学古人之言,法古人之行,于古人之嘉言懿行自能领悟,较之呆板教授,不可以道里计矣。且教室之内不独四壁无隙地而已,即上面亦几无隙地。盖每一教室必安设许多壁架阁板之属,其上遍置学生之成绩品及模型等,且有盆花与笼鸟等物,每上课时,书声琅琅,呜呜嗜嗜,此在我国必为妨害学生之功课矣。殊不知其中实有莫大之益处,盖使学生常看天然之物品,既足以活泼其天机,又可以作图画或作文之题目;即模型成绩等,亦皆可作教授之题目,固非漫然设置也。其教室之布置大都如此。鄙人今日特因报告成绩品,而连类及之耳。鄙人曾参观加利福尼亚幼稚园之游戏手工,以为非常奇妙。盖一儿童自木箱内取出各种不规则之木料,将一椅子放倒,以类似马匹之木头,置于椅子之前,系之以绳,如马车驾马然;一童子坐于其上,作乘坐马车状,又于椅子之两旁安置木块,假作汽车上之坐位,二童子坐于其上,作乘坐汽车状。此虽游戏之事,不足深道,然美国经济素裕,幼稚园中何不可置买各种精巧之玩品,乃使学生以此种不规则之竹头、木屑为游戏之资料也,此何故乎?据鄙人之意见,以为此种游戏实含有两种意思:一教授科学须从物质上入手,一所以养成儿童之自动力,使于制造物品上得极大之兴味。鄙人在旧金山,曾见有一种布景画,为吾国向来所见,乃模型与图画混合而成者:盖以制成之纽约市模型一具,于其上安设种种之马路、电灯、楼房、树木等物,或为模型,或为纸剪之图画,观者非细看竟不辨其孰为模型,孰为图画也。美国图画教授之功效,于此可见一斑矣。

鄙人所欲报告于诸君者,本为中学,今特连类而及于小学耳。然而教育之事,千头万绪不胜枚举,兹请撮其大要,为诸君言之大概。美国教育自种种方面看来,可一言以蔽之曰,求其有益于实用生计而已。美国中学之于此道,久已惨淡经营不遗余力,小学为中学之预备,其目的亦不外辅助人民之生计耳。至于教授方法上,与吾国不同之点,则美国用个别制,吾国用划一制;吾国守旧,美国求新是也。譬如习字必用颜、柳、欧、苏之字帖,作文须读八大家之文章,在中国几乎全国一致,则划一而又守旧之明证。盖人人如此,是划一;事事只求企及古人,是守旧也。美国则不然,凡发明一种器物,固为人所崇拜,然人人有自出心裁发明新器之思想,则各别而又求新之明证也。鄙人曾调查美国一年内所发明之器物,经农商部批准者有四万种之多,其未经批准或未经呈请者,尚不计也。电学大家安地生君,一人发明之器物多至 900 种,则美国发明新器物之多,可想见矣。谓非教育之功效而何故?鄙人此次调查美国教育,所得之结果有两大端:一为生活主义,一为个别主义。此大端又可一言以蔽之:则鄙人向所主持之实用主义是也。盖实用主义内可以包括此两种主义,而实用二字,又可以一实字包括之。鄙人向曾有实用主义之商榷书征求意见,吾人宜大家研究,以期其成功。方今世界竞争日益剧烈,一国之教育非注重生计,绝不适于生存。而人之资质各有不同,又非用各别教授之法,不能尽其所长。如学校用同一之教授书,命同一之题目,与削足适履何以异乎?此我国教育之亟宜改良者也。而改良之方法,仍须自提倡师范教育始。盖吾人自己既未受适宜之教育,焉能当改良教育之重任?必须设法造就师范人材,方能收良好之结果。然吾人却不可将此担负完全诿之他人,仍须大家竭力研究,以求一改良之善法。尤要者,此后办理教育,切不可不改从前之习气,工作宜求应用,不求美观;作文宜求通俗,不求深奥;而行政上尤须确定方针,竭力提倡,方能有济。盖美国教育之所以能发达者,行政界提倡之功,实居多数。更当因地制宜,不可拘泥。如宜农省分,宜注重农业;交通利便省分,宜注重商业;以及有特别之情形者,须有特别之规定。如美国规定某省之小学应如何办理,某省一部分之中小学校应如何办理之类是也。总之,改良教育千头万绪,欲求成绩千难万难,惟行政者主持于上,学校与社会通力合作于下,然后能收效果耳。现闻我政府已有命令,准学校领附近之荒山荒地,此诚至可喜之事。美国从前办教育者,亦以经费不敷为虑,幸其政府于某年下令国中,准学校之办有成绩者,请领荒地,于是学校争领荒地以为基本。其政府又规定,凡所领之荒地已垦熟者,准其出卖几分之几。于是学校将地垦熟,则售其若干为建筑费,而留其余者为基本金。故同时教育既兴,荒地又辟,诚最善之法也。中国能明此理,何患教育之不兴乎? 抑美国教育之所以能发达者,尚有一绝大之原因:则政府与社会、学校合并组织机关,以谋教育之进行也。其职务:一为调查,二为规划,三为视察。其会议方法甚为简单,议决之后,由行政机关发布,由学校实行,由社会辅助,分任其职,各尽所长,故能蒸蒸日上也。不独此也,每一学校必设一会,聚各种职业家及教职各员,共同研究本学校宜设何科,本地所需者为何种物品,以谋改良之方法。故其学校所授者,即为其社会之所需,又何患无进步乎? 闻美国此种良法,发明未久,当其未发明之先,其教育之状况亦与中国无异。如十数年前,美国之棉苦不甚佳,其政府乃注重农业,令各学校每日特授二小时之农业。然行之数年,仍无进步,方悟理想空谈无裨实际,最后由政府延聘一发明改良棉业之人,请其编辑实用之教科书,然后农业乃大发达,现在美国棉业已环球知名,可见教育非实用不为功矣。吾人现已效法美国前半截之法矣,尚须效法其后半截之法方好。更有一言,为我国教育家之所当注意者，即越去书本教育之阶级，而进入实用教育之阶级也。至于政府，既须与学校社会通力合作，更须多派有经验之教育家往外国考查，藉作他山之助，然后教育可期尽善尽美也。惟鄙人尚有最后之一言，则人生之目的，并不仅在生活而已，道德尤为人类所必不可少者，重生活而不重道德，则逸居无教，无所不为，其患有不可胜言者。故此后之教育，须一方面注重生活，一方面仍注重道德。道德非空谈学理之谓，必当有一标准，其标准为何，即良知是也。但人无恒产，则无恒心，故提倡道德，须有一种维持之法，其法为何，生活是也。盖人必先能生活，然后能讲道德。鄙人之所以再三注重生活教育者，正所以为维持道德计，并非舍道德而专重生计也。以上十六日报告。

（北洋政府内务部档案）

东西两大陆教育不同之根本谈

今岁余有新大陆之游。既归,朋辈纷然叩余所见彼国之教育状况,亦既稍稍以口舌自效矣。顾其所述,大都针对听者之境遇,以求吾说之易印于其脑海,而见诸其行事。以故,偏于具体,而缺于抽象;杂陈枝叶,而罕及本根。自余言之,其说盖犹客观的,非主观的也。十稔以还,吾固谈教育者,颇不嗛于所得诸东邻者,而务求知识于世界。以太平洋之交通便利,地理人事上之关系,国民交际上之感情,于是争欲一觇美利坚之教育。设其国情,其地位不无万一之相类,则今兹论题,或幸不致见弃于听者,而我之对于社会亦正不宜缺此一篇文字上之正式报告也已。

余之考察教育,所兢兢于心者不敢忘一"我"字。盖考察者我也,非他也。我之所以考察,亦为我也,非为他也。以故足迹所至,苟有觃闻尺见,其所发第一念即"于我之比较如何",其第二念即"我之对此当如何"。蓄之心者既深,一启口而莫能自易。我之为此题,不简直报告彼国教育状况,而必挈两方以为比较,此物此志也。

两大陆国力之强弱,生事之厚薄,民力之开塞,有不可同日语者。虽然,此现象也,果谁为之,而孰令致之耶?将必曰教育矣。夫彼之教育,曰以利人群也,福国家也。我之教育,亦岂有异趣者,而何以所获若是其悬绝?此其因果相仍,至微极复。吾何敢率尔下断语？第就两方教育以观其不同之要点，可得而言焉。虽然，初非敢漫有所臧否于其间也。

其一曰：彼之教育，大都取自然，而吾取强制也。譬如男女之际，我国则内言不出，外言不入。一授受，虽嫂叔不相亲；一饮食，虽姊妹必异席，古训昭然。今虽日以凌替，然犹以防闲隔绝为整饬风纪惟一方法。彼则大不然。自小学以至大学，皆男女同校，青年交际之场出入相偕，游息与共，比肩握手，视为常事。夫制定婚姻以维社会秩序，东西国目的宁有或异？然一则纯取积极的方法，俾相习而漠然平视；一则纯取消极的方法，俾相隔而不与往来。究之桑中蔓草之行，为社会玷者，在彼未见独甚，在我亦未能绝无。则夫彼此所收之效果，未尝远殊；而惟彼此所采之手段，截然大异耳。（东方学校讲生理至生殖器官，大都故略其词。吾参观美国克利和兰中学校，校长语余特向女学生讲明男女交合之原理，与夫生理上、卫生上种种关系，颇有效云。吾不得不叹东西施教育者落想之大异。虽然，此不过述吾所闻，非谓可卒尔仿行也。）他若家庭父兄之于子弟，学校师长之于生徒，在彼纯以开发性灵、激励志趣为事，使有高尚进取之气概，而不屑为恶；在我纯以约束思想，防检行止为事，使有绳趋矩步之素养而不敢为恶。有此自然与强制两点之不同，而教育上一切设施皆缘之大异矣。

其二曰：彼之教育，大都取各别，而吾取划一也。试观其建筑，通都大市，阛阓如林，无一屋之同式。试观其衣服，公园碧草，游女如云，无一冠之同样。试观其器物，迎宾之厅事，修业之书斋，朝夕起居之所御，瓶罍花石之所陈，形式无一相同，安置亦殊错落。非如吾国宫室、衣服、器物，一切制度与其位置不必陈于吾前、寓于吾目而可以冥想得之。吾国虽学校名称，亦烦政府规定诸法令，彼无是也。虽学生衣服,亦烦政府制定其色样,彼无是也。他若读书必取齐声,作画必用范本,而彼皆无是。有此各别与划一两点之不同,而教育上一切设施又缘之大异矣。

其三曰:彼之教育,最重改造,而吾惟重模仿也。沟犹瞽儒横亘,一今不古若之谬见,开口黄唐,闭口三代,既群嗤之矣。虽然,此普通之心理,亦复在在可睹:药师调药,必曰遵古方;陶人范土,必曰仿古制。人方以新发明博文明之声誉,我乃以善模仿为不二之法门。思想背驰,一至于是。父之海其子、冀其贤则曰:式谷似之,否则曰不肖。师之教其弟若方伎术数,更秘其传,不使人学;或传其术,不尽其长。即舍社会而论学校,作文犹斤斤于汉、魏、唐、宋八家;写字犹规规于颜、柳、欧、苏诸体,临摹仿效,但求能及古人便为大快。彼新大陆教育,在物质上绝不拘守高曾之规矩,在精神上但欲发挥后起之文明。譬如学校手工,务勖其自出心裁,而不令一具范;但冀其堪为世用,而不必有所师。以故,美利坚一国而发明新器物年至40,000种,安迭生一人而发明新器物多至900种,我未有一焉。盖教育为之也。

其四曰:彼之教育,最重公众,而我惟重一己也。试论道德,彼未尝不守私德,而终不及公德之尤重;我未尝不谈公德,而终无私德之尤严。彼以服务社会为人生最大之责任;我以束身寡过为处世最稳之方针。盖彼之教人,重在为善;而我之教人,重在不为恶也。试论知识,彼之学成,必尽所学以用世,故工焉而人给其用,农焉而人仰其食;我之学成,取位号以自娱而已。苟非生事所驱,几不欲有所自效。其汲汲求效者,求自食者也,非食人者也。盖彼之教人,教之克尽其对于公众之责任;我之教人,教之克尽其对于一己之责任。夫人人而尽其对一己之责任,岂不至善?虽然,人人仅尽其对一己之责任，所谓亿万人惟亿万心是也。人人克尽其对于公众之责任，所谓三千人唯一心是也。

凡此不同之点，皆本于其思想，而方法从之。故方法不足究，亦不胜究也。愿治教育者究其本而已。

（原载《教育杂志》第 8 卷第 1 号，1916 年）

职业教育实施之希望

以东方教育辞典向所未载之职业教育一名词,今亦既嚣嚣于口,洋洋于耳矣。美葛来和博士语余:"职业教育之注重,非凭学识,乃社会要求,使不得不出此。"诚哉,是言!以因果律推之,吾敢知今后中国数年之间,民生尚不已其穷蹙,变故尚不已其纠纷,教育非不逐渐扩张,而其无补于社会、国家最困难之生计问题,将日益显明,其显明之区域将日益推广;而社会、国家一节现象所以表示其对于改革教育之要求,将日益迫切,其迫切之程度,将日益增加。因而使教育讲演者不得不大发挥职业教育,著作者不得不大揭橥职业教育,可断言也。虽然,说食其能饱耶?何可眩于言论而盲于实行也。

将欲实施职业教育乎?第一,须确立职业教育之制度。若德、若日,判划职业教育于普通教育之外;若英、若美,参加职业教育于普通教育之中。盖前者列职业教育于旁系,而后者列之正系。何去何从,此可研究者也。凡欲解决制度问题,不宜沾沾于各国制度利害得失之比较,必一以吾国历史与现状为根据而研究之。吾国现制,甲、乙种实业学校含有职业意味者也,中小学则为纯粹的普通教育。依统计,全国中学403所,而甲种实业学校仅94;高等小学7315所,而乙种实业学校仅230。就余所闻,中学毕业力能升学者,或不及十分之一;高小学毕业力能升学者,或不及二十分之一。

升学者数若是其少，谋生者数若是其多，乃为学生升学地之中学、高等小学数若是其多，为学生谋生地之实业学校数若是其少，供求不相剂如此。今一时欲仿德、日，于中学、高等小学外广设种种包含职业性质之学校，俾适合乎十分之一、二十分之一中学、高等小学毕业生升学者与谋生者之比，不惟财力将有所不胜，即进行亦无乃过骤。若采英、美制，于高等小学、中学各酌设职业科，其设置本偏于郡邑市乡，则因地制宜，尤为利便。其有特别状况者，仍酌设职业学校。孰得孰失，孰难孰易，必有能辩者。今岁全国教育会联合会议决中学自第三年起，就地方情形酌授各职业教科。此制度余所深赞同者也。

第二，须审择职业之种类与其性质。吾尝谓职业有其至普通者，有其至特别者。男子木工、金工也，普通商业也；女子缝纫、烹饪与夫家事也；皆不离乎衣食住者，近是所谓普通者也。黄河之鲤、松江之鲈、新会之橙、青州之柿，以及太湖区域宜蚕，东南沿海宜棉，察各地特别之产物，因而制造之；特别之需要，因而供给之；所谓至特别者也。德国一职业学校，分科至三百余种。美国黑人实业学校，凡房屋以及房屋附属物与一切家具、马车以及车之附属物、马之豢养，各种食物之制造与夫牲畜之豢养及屠宰，无一非出学生手。分科愈细则愈切，致力愈专则愈精。美瑟娄博士有言："苟予我六十万金办中国职业教育，我必以二十万金充调查费。"虽然，方今在中国办职业教育，其困难之点尚不在此。盖社会积习重士而轻农、工、商，贵劳心而贱劳力，千百年养成之，非一朝一夕所能返。流毒至极，人人以安坐享食为荣，非甚贫苦，不肯施其一手足之烈。以故农之子恒为农，工之子恒为工。而毕业于农、工、商学校者，乃至舍而求为官；不得，则求为师，以自慰。往往有学生父兄,其境遇已不能不使子弟自食己力,乃其希望犹欲使子弟坐享虚荣。处此社会而欲提倡职业教育,诚戞戞乎其大难!不得已,惟有一方从贫民教育下手,成效渐见,使人人知向所卑视之者,可以得食;而对于中流社会,先酌授以向所不甚鄙夷之种类,成效惭见,使其对于职业教育,津津有味,渐近而授以其他。又一方,极意提倡职业神圣之学说,发挥职业平等之精神,务先于普通教育植其基础,庶几有效乎!吾今希望于各方面,本此意旨,就其所处之地位、所具之能力,而谋所以实施之。

其一,议会。 今国会方审议宪法之不遑,省会方竞争选举之不暇,以此责望,无乃隔阂。虽然,议会诸公无日不以利国福民号于人,吾何敢不以利国福民之事责望之?苟从根本上解决所谓最大多数之最大幸福问题,尚有过于提倡职业教育者乎?英国职业教育之发达,在苏格兰,自1909年议会通过允以公款组织职业指导局案始;在英伦,自1910年议会通过选择职业教育案始。若美国国会,最近更通过职业教育大扩张案,以国家费提倡职业教育。自1916年起,九年之间逐年补助,自150万元递增至700余万元。以彼国民富力之充,其提倡犹若是其汲汲,我国当复何在?或曰:如国家无此财力何?则应之曰:子亦知1905年美国麻省省长集多数专门学家、职业家组织职业教育委员会,其调查讨论之结果何如乎?其宣言曰:"为此职业教育无论需费多少,如不举办,其损失必更巨。"今吾所望于议会者,不敢奢也。但须仿苏格兰办法,许地方公款酌量补助职业教育。苟更从国库岁出七万万元中,以十万元提倡奖励之,闻风者奋起矣。

其二,政府。 上所谓确立职业教育制度,此政府事也。今教育部即鉴于各省、区社会状况之不齐,教育程度之不一,不欲遽以命令颁布职业教育制度而强迫行之,亦当申告国人以兹事重要,畅发其前途利害之关系,明示以各国潮流之趋向,唤起其注意,因而宽其束缚,许其试行。否则各地中学、高等小学虽欲分设职业科,而沮之者尚得以违反规程责之;欲求特许于中央,惧以无据而见斥。且即所谓职业学校者,亦未尝见之规程也。论吾国今日教育行政,拘束虽不当过严,提倡要何可弗力;诚不宜范诸一式,讵可不示以方针?而在地方行政机关,尤宜审其土宜与物产,考其供给与要求,确定一具体的适于该省之职业教育政策。如中学毕业生,江苏经实地之调查,去年升学者得百分之二十三,今年得百分之三十九,此外大都无业,或有业而非正当,各省据教育联合会代表报告,升学者或仅及十之一,或不及十之一。若夫高等小学毕业生。江苏今岁得4983人,而收容于各中学校者计不及四之一。凡此皆有以善处之,非行政者之责而谁之责也!

其三,学校。 首欲为教育当局告者,曰:凡校长与教员之责任,决非仅教学生至毕业为止,而毕业出校以后可置弗问者。今青年毕业于学校、失业于社会者,比比皆是。苟长此不已,教育愈发达,失业者愈多,满地皆高等游民,成何世界!此其责任不得不由教育当局负之。盖所学非其所用,所供非其所求,其又奚咎?曷以救之?其在中小学校,当局者须知,百十学生,力能升学者占至少数。苟谋大多数学生之便利,惟有采用下列方法:依学生志愿,就地方情形,酌授各职业教科,一也,设各种职业补习科,二也;于普通教科,务选授日常生活所必须者,于平时训练,务养成社会服务所需者,三也。其在职业学校与含有职业性质之学校,尤必于平时一切设施,使学校与社会沟通,乃可望教育与职业接近,于功课切不可重理论而轻实习;于训练万不可长惰性而废服劳。否则,其结果仅存职业学校之虚名，按其实际，学校自学校，职业自职业耳。

其四，学生。 今之学生有通病焉：志大言大，不屑屑事家人生产。其下焉者，仅仅博得一纸文凭为荣；其上焉者，亦惟升学是求，虚名是务。而凡父兄培植之财力、自己生活之能力足与不足，举非所知。迨夫阅世日深，谋生日迫，始悔所学之莫可以为用，嗟无及矣！夫立宪之国，莫贵乎公民；而公民资格，以独立为必要条件。孔子曰："己欲立而立人。"未有不能自谋其生而可与谋国家生存、世界幸福者。故立志愈大者，立身宜愈稳。受职业教育，所以谋立身之稳，以为服务社会、戮力国家地步者也。美利坚青年最尊重职业；美之治菲律宾，其所定制度，不论何人皆须受实业教育。吾青年其熟思而善自处焉。而凡骄养之风，游惰之习，浮夸之气，足为职业累者，必尽划除之。猛下一番自克功夫，一生受用，正复不尽。青年受社会诟多矣，愿比往者一洒之。

其五，职业界。 今职业界亦感人才之难矣。求事者纷纷，合格者绝少。所谓不合格有二：国文不能应用于写信，算术不能应用于记帐，则普通知识与其技能之缺乏也；青年之志气日高，欲望日增，不适于指挥，而反艰于待遇，则职业道德之缺乏与夫气习之不良也。今若扩张职业教育而改良之，且并普通教育而改良之，此予取予求，习商者投之商，习工者投之工，其学识足适于新事业，其道德无间于旧社会，所以助成职业之改良与进步，俾得与列国竞争，而不至为天演淘汰，岂不甚善？而苟欲达此目的，其将何道之适？美国职业学校之组织，有所谓顾问委员会者。如为农也，其委员为农夫，为牛乳制造家，为房屋保管员。如为工、商也，为商店职员，为制造家，为机械师，为房屋保管员，为匠人。委员会之职权，会同办学者与学校教师，商榷劝导，督察指示，而不负执行之责。盖学校不与社会联络,微特职业学校必无良好之成绩,即普通学校,安望其教授,其训练一一适用于实际?故此责不惟教育界负之,当与职业界共负之耳。

夫吾人之所以大声疾呼,切望职业教育之实施者,岂多事哉?今之教育,不能解决社会、国家最困难之生计问题。有心人阴忧有年者,至是而情见势绌,为可危也。抑岂惟不能解决而已,且将重予关于解决生计问题之莫大障碍,为重可危也。苟吾人而不自谋解决,将有代我解决者,至此遂永无复有自谋解决之余地,为更可危也。往岁有友旅行南满,车次,晤某国人所设学校之中国教员与学生,津津乐道某国人待遇华学生之优厚,其一免费,其二毕业以后不予以官,而必为之谋一业。此何事也?有谋国者,既于上海立医工学校,分设各级,包含专门教育与职业教育,复待耗巨金立伟大之工业学校于汉口,此又何事也?夫以人之所最迫切之生活问题,乃丐他人为之借箸,数年而后,德泽旁敷,讴歌四起,飘摇之国运,遂并几希之人心而去之,尚何及哉,尚何及哉!

(原载《教育杂志》第 9 卷第 1 号,1917 年)

日本菲律宾之职业教育

此行考察,以职业教育为主,所得亦较丰。尽写之,则资料难于贯串,文字将失之繁芜,不得已,尽载诸炎培另编考察日记,而于此设为问答,俾容量扩充,而端绪仍明晰。阅者鉴之。

问:考察职业教育,特至日本、菲律宾,有说乎?

答:有。往岁至美国旧金山,观巴拿马太平洋万国博览会,见菲律宾教育出品与种种图表,知其大注重职业教育,以为同处亚洲,必有可取法者。若夫日本教育制度,夙为西方教育家所诋,从前教育辞典,尚未有职业教育名词。然以比年时局之剧变,新潮之推荡,岂无适应于今世要求之新趋向,是不可不一考察也。

问:然则日本之于职业教育果何如者?

答:东京高等工业学校生徒监杉田氏言:"诸君谈职业教育乎,幸在中国。若在日本,今日开会所标揭之题目曰为实业教育也,教育家席为之满。若曰为职业教育,则中流以上社会决无往者。"此可见其社会思想之一斑。虽然,外感于世界潮流之推荡,内迫于社会现况之要求,教育家之具远大眼光者,早见及此。观昨年六月出版之《职业教育之研究》(现由商务印书馆译出改名《职业教育真义》)书,盛称日本值此欧战以后,速宜于经济上大觉悟、大准备,所谓大觉悟、大准备者何物也,公民教育与职业教育是矣。教育家佐佐木吉三郎氏、工业教育家手岛精一氏余辈特访谈,皆承认职业教育之重要。

问：日本之于职业教育，有所设施否？

答：有之。就余所见，若大阪育英高等小学，以小学校而分设职业科者也。广岛高等师范附属中学，以中学而分设职业科者也。大正四年十二月，全国中学校长会议，提出中学分科问题者甚多。讨论之结果，先从事调查。逮去岁中学校长会议，决定于第四年起，酌加实业功课，每周三小时，可见其近今趋势矣。

问：广岛高等师范附属中学之设施如何？

答：该中学分两部，第二部依现制，第一部以研究为目的，于通行各学科外，设农业、商业、手工三科。农业第四、五年课绪论、重要作物、栽培作物、病虫害、造林、水产、蚕业、园艺、畜产、土壤、肥料、农业经济法规。商业第四、五年课商事要项、商业簿记。若夫手工，非手工也。木工课指物、涂物、雕刻、辘轳、金工课锻工及板金，第四年更课考案、制作、工业讲话、工业发达史，实已入于工业范围。观其工场设备，殆宛然一甲种工校，而其制作品，悉切合于实用。其办法令全部生徒于农、工、商三者，各以志愿选习其一。即其附属小学，亦有特殊之设施。其第二部高小男生设农、工、商三科，令任择其一，各三年毕业，授以各该科之大要，而注重实习。女生则于理科授以家事之大要，而亦注重实习，各分组行之，皆余所亲见者。

问：育英小学之设施如何？

答：广岛高师附属小学分设农、工、商科，不过职业教育之预备而已。若育英小学之设施，乃系正式之职业教育。校在大阪市南区鳗谷东町，其编制示如下：

内地商业科　　　　八级

海外商业科	二级	
生产业科	二级	
普通学级甲	二级	重工业
普通学级乙	二级	重商业

各二年毕业，以其志愿占定之。生产业科，工业科也，其不称工业科称生产业科者，不惟授以关于工事之技能，兼注意于经济故也。

叩校长本多氏以特别编制之宗旨、与其经历之顺序。答：世界经济之竞争，日迫一日，教育不可不着眼于此。从前小学卒业生，无适当之出路，不得不将文部省定制稍稍变通之。余在此二十年，深知非此不能适合地方需要，而满足学生父兄之希望。全国惟我一校，有此特别编制。编制仅及一年，然调查已费两年。因地方之实况，以定学科，因各科之需要，以定教授要目，因要目以定细目，其材料除实地调查外，取之于新闻纸之记载。复叩以各科教授材料有别否？答：修身、体操、唱歌三项无所别，其他依各科性质定之。如生产科之手工，与普通学级之手工大有别，前者不惟课之作业，且使晓然于原料之性质与其效用价值，且使调查本国原料，加以人工，而为之计算，而后者则在发达其身体与脑筋之能力，但期养成工商界之人格而已。不惟手工有别，即他科亦有别，如算术其为内地商业，则略笔算而重珠算，其为普通学级，则在养成算数的基础，其他各科准是。校长又言，吾校注重严格训练，仅强制的服从命令，不如养成其自决心与自制力。故每日将儿童应为之事，列为要目，令于隔夕就寝之先，思维一遍，以为明日实行地步，于养成人格上，大有关系。校外分七区，每区设同窗会，俾共从事于作业的生活。参观手工、图画课，凡手工制作，必先令绘图，图画与手工，

大阪府大阪市育英高等小学校一览表

大正五年四月末日调制

设置负担区	町数	大阪市南区长堀桥筋外十一町		内地商业	480	银行会社员	37
	户数	54,693		海外商业	40	官公吏其他	44
	人口	209,146		工　业	211	旅馆饮食业等	54
	区内寻常小学校数	11		建筑及土木业	11	其他	53
			儿童保护者职业别				

编制			一学年		二学年	
	编制别	学级数	儿童数	加设教科目	儿童数	加设教科目
	内地商业	4	251	商业	230	商业
	海外商业	1	65	商业	66	商业
	生产业	1	70	手工	69	手工
	普通学级甲	2	98	手工	63	手工
	普通学级乙	1	68	商业	67	商业
	统计	9	552	商业6 手工3	495	商业6 手工2

47

无不相联者。理化实验室，分组试验，每组六人，各种器物均备六具，多学生自制者。若矿物标本注重铜、铁、宝石等商品，若各种度、量、衡器，若电铃之各种原料，便学生试装。若商品打包模型，多米、糖、面粉之类，此外物品甚多，大都工商界应用者。历史一级课题为东洋殖民会社，则海外商业科也。一级为大阪之商人，则内地商业科也。珠算令一生速唱数、速算，他生依之速算，一生报得数，他生证其误否。另设商工补习学校，于夜间授业，分英语科、珠算科、商业科、簿记科、工业理化科、读书作文习字科、制图科（内分普通制图、建筑制图、机械制图）、算数科，各六个月毕业，每周授十二时至十八时，各以其志愿选习一科或二科。本多氏又谓此辈受工业补习教育之生徒，极可怜，须乘其工作余闲为之，得此余闲甚不易，须得其主人之许可，故本校专施恳切之训练，全体教员相约以最温和之空气，涵濡若辈之身心。

问：此外尝参观职业学校否？

答：东京府立工艺学校、共立女子职业学校，皆尝参观。

问：请语我以东京府立工艺学校。

答：是校系甲种程度，分金属细工科、精密机械科、家具制作科，各四年毕业。以外间需此数科甚亟，故无失业者。从前学校与社会无甚联络，近年机械科与芝浦制作所及各电气机械厂联络，金工科与御木本工场、瓦斯株式会社、各种美术工艺厂、玩具输出品工厂联络，木工科与三越加工部联络，凡需人者皆向校长要求介绍，而学校兼奖励自行谋事，独立经营者亦渐多。上所谓联络，皆各科科长任之。学生在修学期内，制成品不得钱。积若干时期开展览会一次出售之。其价悉归校，因消耗之材料悉由校备，故需费亦甚巨。选科收年龄较大者，或由工厂选送来习。研究科限由本校卒业生，无定期。

问：共立女子职业学校如何？

答：此校设于东京，其目的在授女子以适切之技艺，并养成其常识与诚实勤勉之美德。其编制分甲部、乙部，甲部内分本科、受验科、高等师范科。乙部内分本科、受验科、家庭科。甲部皆三年卒业，乙部皆二年卒业。甲部各科于裁缝、编物、刺绣、造花四种，令选习二种。乙部各科但令习一种，此校得宫内省之赞助，历年进呈制作品，售出多至一万一百三十元。昨岁遣造花科数员，赴法国里昂留学，其进步殊无限也。

问：日本师范教育，有关于职业科之设施否？

答：此层颇加注意，访悉千叶师范加设农科，青山师范加设商科，故皆尝往观。不意青山师范，近因商科教员退职，另聘未得，暂行停止。盖日本高商毕业生，往往入实业界，不愿为教员，故觅教员不易也。千叶农科颇有可观。其农科主任何野一平氏言，每生令各借地一坪自营耕作，而师指导之，除资本外年入五、六角，平常农村一坪之所入，仅约二角五分耳。但此校之目的不过为农业之准备，唤起其对于农业之趣味，实修时间少，而讲义时间多。故实修往往在校外，盖仅属职业陶冶性质，而非正式的职业教育也。大抵日本师范学校加设农、工、商科多类此。

问：工业教育家手岛精一氏对于职业教育之议论如何？

答：与氏谈话极长，择要述之，则第一节，论实业界与实业教育家不联络，各国皆然。日本二十年前，与今中国略同。其原因自学校言，教师对于本国状况，未能十分明了其所主张，往往不合实际之需要；自实业界言，则墨守祖传之知识与经验，不思改良，此为通病。惟德国两方最为接洽，加以政府之助力，为两方谋种种便宜联络之法，故成绩独佳。东京高工（氏即此校老校长）附设职工学校，卒业生不足应用。现谋与工厂订约，三年生一周入厂实习，一周回校修业，亦是实行联络之一法。第二节，论实业专门教育与职工教育之比较。日本从前偏重于技师教育，但成绩不佳。社会对于技师，不如对于职工之尤感缺乏。须知社会需职工多，需技师少。故学校养成职工宜多，养成技师宜少。惟技师不可偏于理论，亦宜重实习，虽非亲为职工，苟无职工之技能，不能指挥职工也。第三节，论普通教育宜注意养成职业之基础。如算学、理化等科为职业的基础知识，不可不注意输入。尚有两事：一将为职业教育之准备，不可不注重人格修养。二师范卒业最好再受工商教育，适宜于为职业教师。总之，氏意对于职业教育，认为必须提倡，且甚憾日本各大学，文法科生多于他科，其结果成为高等游民，为违反教育本义云。

问：今请示我菲律宾之职业教育矣。

答：百闻不如一见。凤闻菲律宾大注重职业教育，仅知其趋向而已，及实地参观，方知其所定种种设施方法，诚有足令人惊叹者。菲岛教育之宗旨，曰普及、曰统一，职业教育之设施，亦即依此以定方法。惟统一，故职业教育之总关即在中央教育局。局分六科，第一即为实业教育科。科分四股，其一为花边与刺绣股，其一为普通贩卖股，其一为普通图案股，又其一为实业管理股。以实业教育一科，而关于职业者占其四之三，可见其重心之所在矣。

问：菲岛现行学制，对于职业教育，有特别注重之点否？

答：有。初等小学四年，高等小学三年，中学四年，大学二年至七年不等。自初小起即设职业科，自高小起即分设农、工、商及家事科，中学分设农、工、商、家事等。各校能升学者授普通，不能升学者授职业，为各级所一致。自初小起，规定职业科为二十八类而每类又析为若干种，规定某学年男子习何种，女子习何种，又规定各种艺术品之教授顺序，全岛一致，故教者易教，而学者亦易学。其时间则小学职业科，常占总时间四之一或五之一，高小分科。则时间之偏多于职业，更不待言。

问：小学职业科之实况如何？

答：小学校学生之食事，恒由女生担任，食品简单，规定每件若干，令女生兼习售卖。尝见梅雪克小学，广场设栏，栏内有桌，设各种食品，女生之经理此事者立于此，男生立栏外，钱物授受，彼此贸易，极有秩序。又于汤度高等小学，见课烹饪。一女师教女生十余人，或执炊焉，或给料焉，或涤器焉，或供使令焉，或售卖焉，分功任责，相习而绝不相紊。其园艺亦甚好，男教师率男生，分任灌溉种植，其形状固一群农夫也。木工能制成器物，其工具简单。

问：菲律宾农业学校如何？

答：最令我不忘者，中吕宋农业学校。校建于大片荒地，学生370人，初小高小毕业生，皆得入之。其事为耕作、为畜牧、为农事机械，如打米、锯木之类，半日上课，半日实习。实习分两种，普通法，每生给地一方，令以同等、同量之种子及肥料自行种植，而以收获之多少，定其成绩。特殊法，选学生之有能力者，名曰学生农夫，每二人为一组，给以荒田十五亩，自筑茅屋而居之，亦以收获之多少，定其成绩。农产品即由学生出售，夕阳西下，载运累累十余龄之儿童，各呼此其所驾之牛马，以适于市，则皆学生终岁勤动之所得也。校舍除始创用数椽外，余皆学生所建，校给工资。工厂则学生出资本，公家给以机器及一切用具，获利以十之四归学生，十之六归公家。余辈留宿于校，饭于校长所，校长夫人司中馈，而往来给事者皆学生。有银行、有邮便局、有警察、有裁判官悉以学生充之，盖特别之自治制也。察其经济上之报告，开办仅六年，已垦熟二千二百余亩，农夫、工人之直接、间接恃此校以生活者六万人。而此校常年经费，除教员薪水二万元外，悉以土地所获充之。而开办费仅十五万五千菲金，即垦费六万、牲畜费二万、建筑费二万五千也。

问：其工业学校如何？

答：马尼拉有工艺学校一所，收高小毕业生，分八科即铁工、木工、建筑、机械画、摩托车、机械预备、航海、测量是也。皆半日上课，半日实习。观其出品，价廉物美。凡学生制造，必须注意于经济之计算，务使其工料合计，定为价格，等于市价，或更廉于市价，而其物不失为美观、适用、耐久，方为好成绩。吾国学校出品，间亦有良好者，而价格太昂，遂难出售，此校大注重此点。学生课内工作，每小时以银五分计，但仅于定价时依此计算，并不给予学生。课外工作则视其手段之高下，分为一角、一角五分、二角、二角五分四等，而如数给予之。嘉年华会场，有陈列教育品之屋一所，即为是校建筑科学生所建。余辈偶行市上，见摩托车一乘，如飞而过，上坐学生四人，即是校摩托车科学生之实习也。

问：商业学校如何？

答：菲律宾商业学校在马尼拉，此校开办至今，毕业生殊鲜，盖社会需要极多，学生未及修了，已被聘而去也。全校学生700人，分70级，依各生各科程度而分。惟分级如此之多，故程度相当，无过或不及之患。尝观其实习打字，某公司出一书悬赏，谓有能用打字机抄此书，一字不误而又最速者，奖以打字机一座，于是学生奋其全力以竞争。述至此，乃联想及于养豕竞争中，吕宋农校每一学生养豕一头,硕大无朋。因有某农具公司悬赏,设有能养成一最大之豕,奖以农具一副。此等事欧美常有之,实业家施其广告手段以利招徕,而在教育上藉此鼓其竞争练习之兴味,可云各得其所,而实业界与教育家从此获沟通之机会矣。

问:师范教育与职业教育之关系如何?

答:此点甚要。菲岛之中央,设一师范学校,分普通科、工艺科、家事科、体育科。工艺科由通常学科外,课制篮、园艺、木工、竹工、制鞋、制帽、刺绣、花边、缝纫、家事、烹饪等科。家事科由通常学科外,课家事、烹饪、裁缝、各种工艺。此皆职业科教员之所由养成也。即普通科各学年亦课工艺,每日一、二小时不等。其教授方法,各项工艺定为若干种类,限于若干时间内制成。如编物47种定为必修,有余力乃许习其他。此47种为一套,毕业后充教员,即以此为教授标本。裁缝规定各种衣服用途,一为自己,一为父母,一为将来之丈夫,一为将来之儿女,都凡21套,限于二年内制成,有余力乃许制其他。他科大率类是。故凡毕业师范者,无一非具有职业科教员之资格者也。

问:社会教育与职业教育之关系如何?

答:菲岛教育局长麦夸氏语余,本岛之办职业教育,重在普及,故有两要点:一、与家庭联络。学生在家所修功课,苟学校察知其合格,亦予以承认,给以分数,作为成绩品。且教员时至其家,扶助指导之。全岛受职业教育者60万人,有48万人在家自营农工。其二,与商业联络是也。各区设工艺品发卖所,非仅经理学校出品,且经理家庭出品(参看另表)。有所谓家庭工艺传习所者,集一二十家之妇女,合组传习手工,由学区委员长派遣巡回教员往教之,而经理其出品之销售,督促其改良与进步,设专门视学随时往察之。此项传习所已设者19省,共130所,传习之妇女3000人。又有所谓家事讲习所者,组织法略同,联合研究家庭社会应行改良之事,盖彼之职业教育,虽谓其大部分属于社会教育可也。

问:教育局与各学校职业教育上之关系,可列举之否?

答:可列为四事。一、编订课程及教材。二、养成教员,前皆述之矣。三、指导改良。教育局聘专门家若干人,专司创制新式之图样,而各教员亦得创为新样,以候教育局专门家之审定采用。又虑职业科教员之技术久而陈旧不适用也,设巡回教员,由专门家以时教授之,转以传授于各教员,故人惟求旧,而法必翻新。四、经理发卖。上述工艺品发卖所,置中央机关于首都,全岛三十五区皆有之。凡各学校与各地家庭出品,悉归其经售。教育局一室若干人,司制品之收发,一室若干人司广告与装运,仅篮类一项,每月运美销售十吨乃至十五吨。故教育局者,与其谓为行政机关,不如谓为商业公司之近似也。

问:菲岛关于职业教育之设施美矣、备矣,究其功效若何?

答:菲岛职业教育之功效,吾乌能测其所至。就现状论之,所共见共闻者,市无游民,道无行乞。国多藏富之源,民有乐生之感而已。盖其教育以生活为基础,同时提倡道德教育,文化教育进步之不已,骎骎乎将合东西两大洋文明而融会之,少年菲律宾,诚可羡也。

菲律宾六个月间学校工艺品出售数一览表
(1916.8—1917.1)

品　　名	数　目
篮类　BASKETRY	24,488.49
绣货　EMBROIDERY	41,825.29

续表

品　名	数　目
花边　LACE	67,724.22
线结物　CROCHET	6,991.02
拖鞋　SLIPPERS	751.16
帚及刷　BROOMS AND BRUSHES	62.76
织物　TEXTILES	180.00
木工　WOODWORK	1,118.25
席　MATS	7,073.40
统计	144,214.59

（原载《考察日本菲律宾教育团纪实》，商务印书馆1917年版）

南洋之职业教育

今岁二月，游美属菲律宾。五月，游英荷属群岛。所见华侨学校，几及百数。华侨之在海外，舍实业更无立脚地，因之职业教育基于自然趋势，而成为一大问题。余之献议欲以职业教育与国民教育定为侨学两大宗旨，诚以离社会无教育，处何种社会施何种教育，非可苟焉已也。请就所见撮而述之：

南洋需要职业教育之确证。 所至每闻人述学生父兄言，在外国学校读书毕业后，谋事易、薪水多，中华学校不及。可见家庭之希望，多数在毕业后之谋生，而非在升学，此需要职业教育之证，一也。参观菲律宾中西学校，学生之中途退学者甚多，比游英、荷两属此风更甚，几于各地一致，甚有以一学期而退学至四分之一者。究其原因，随父兄转业他埠与转学他校者少，而中途退学而习业者多也，此需要职业教育之证，二也。

南洋先觉者之注重职业教育。 在苏门答腊晿领事张步青君，一见即述注重职业教育之意见，并承其叔耀轩君鸿南之命，将所创敦本学校，改办实业学校商科。其宣言书云："南洋群岛一实业场也。华人侨此者率业贸迁，间事工作。子弟成年，大半以能世父业为贤。在才而资者，固不难遄返本国，肄业专门大学；而无力者，势不能不从事个人生计，以图自存。普通中学之程度，以语高深，尚待精进；以云事实，未切日常；有心人至有养成高等游民之消,岂尽虚哉。本校总理张公耀轩,知侨学不能不求深造,尤不能不求实用,特将本校改办甲种实业商科,附设高等小学,其经费仍由总理独力担任"等语。张君鸿南为一方之雄,其富至莫得而数,曾游南洋者,莫不震惊其功业,而景仰其为人。是书论南洋社会状况与教育方针,深切著明,以见老于其间者之舆论。

南洋职业教育现有之萌芽。 所见各小学,几莫不设商业科,然间有仅读几册教科书,而缺乏相当之设备与实习功课者,窃虑其收效之不易也。乃若新加坡养正学校,有学生储蓄银行,启发学校有商业实习,柔佛宽柔学校有五七公司,吉隆坡尊孔学校有益群公司,坤成女学有职业实习部,怡保育才学校有学生贩卖部,三宝垄中华学校有学生营业部,皆以学生为之,使实习商业。泗水中华学校附设夜学,授以音乐、制皮鞋等课。此外未及见、与见而未及记者,尚所在多有。

余对于职业教育未来之希望。 观于南洋天产之丰富,吾华侨生齿之浩繁,与土人之蠢愚而短于工作,以为南洋之职业教育不惟重商,尤当重农工。各地于商业学校外,宜兼设农工学校,或于普通学校分设农工科,余之希望一也。商业教育,必备种种相当之设施,若商品陈列室、若商事调查、若商业实习,庶使技能归于切实,余之希望二也。农、工、商职业教育,一以实用主义为基础,凡普通教育各科,咸使改良,以为职业之准备,余之希望三也。而最人之希望,尤在本国宜组织·发展华侨一切事业之中心教育机关,或即利用暨南学校,一方养成师范及农、工、商各种教员,以应南洋各埠之需要;一方收容南洋各校毕业生,予以国民教育,及适应于南洋需要之农、工、商教育;使毕业后活动于南洋社会,为中国增拓未来之富源,世有热心研究南侨教育者,当韪斯言。

(原载《教育与职业》第 1 期,1917 年)

职业教育析疑

自职业教育论倡始以来,赞许者实繁有徒,怀疑者亦间所不免。余既偕同志创立职业教育社,于怀疑者义当有以释之,于赞许者亦颇冀其反复研究,必达夫深知确信之程度而后已。凡理愈辨析愈明确,余之致欢迎于怀疑者,较赞许者为尤至也。爰诠次平日答问语如下。

或问问:"子之倡职业教育,为欲解决社会生计问题故。顾往尝闻实业教育论矣,今乃言职业教育,究竟二者之性质有别乎?抑否乎?请以最正确之解释语我。"

答:"实业教育与职业教育,二者皆以解决生计问题为目的,然其范围不同。实业教育之高焉者,高等专门实业亦属之;其下焉,仅为职业之预备者亦属之。故论其长,可谓过于职业教育。英语 industrial education 之名词,依其本义,仅限于工业教育。东方译为实业教育,亦仅限于农、工、商三种,而医生、教师等不与焉。职业教育 vocational education,则凡学成后可以直接谋生者皆是。故论其阔,又可认为不及职业教育。"

……

(原载《教育杂志》第 9 卷第 11 号,1917 年 11 月)

职业教育谈

一

或问于余曰:"谈职业教育者夥矣,请质言其旨,可乎?"曰:"可。职业教育之旨三:为个人谋生之准备,一也;为个人服务社会之准备,二也;为世界、国家增进生产力之准备,三也。"

或曰:"是三说者,于古有征乎?"曰:"有。言治莫古于《尚书》,禹谟三事,曰正德、曰利用、曰厚生。为个人谋生,厚生之说也;为世界、国家增进生产力,利用之说也;有群而后有道德,服务社会,德莫大焉,职业教育为之准备,非正德而何?"

二

自本杂志第一册以幼儿画饭具揭于面,一时议论蜂起。称之者曰:"善哉!今后之学了,其得啖饭地矣。"诋之者曰:"鄙哉!乃以职业教育为啖饭教育也。"二说背道而驰,果孰非而孰是乎?请得而释之。吾人在世之目的与天赋之责任,其决非仅为个人生活明矣。虽然,苟并个人生活之力而不具,而尚与言精神事业乎?而尚与言社会事业乎?职业教育之效能,非止为个人谋生活,而个人固明明藉以得生活者。以啖饭教育概职业教育,其说固失之粗浮,高视职业教育,乃至薄啖饭问题而不言,其说亦邻于虚骄。

三

余听农校长王君舜成报告调查日本教育现况,揭其要点如次:

一、彼之补习教育,今将定为义务教育矣。

二、从前彼之补习教育,是教育家之事,今彼之补习教育,是实业家之事。

三、彼之国民教育,内包适于个人生活及地方状况之实业教育。

四、彼鉴于欧战之新潮,大注重理化学,以国库金补助各校关于理化之设备。

五、彼学校儿童之手,前为墨污,今复为泥污矣。

六、彼之教育家,从前但闻研究如何可使教授法改良,今但闻研究如何可谋生活进步。

七、彼之农学校教员,各尽校外之责任,谋可以改良农家之父兄。

四

某毕业生求事,余函复之。其言或为一般学生谋职业者所宜注意也。

谋事甚难,学生出路问题久悬未解。此固社会事业寂寥,对于学生信用淡薄所致。然行远自迩,升堂有阶,在学生方面亦宜先求其应尽之道。窃谓学生毕业,第一,须依其夙所研究之学科,调查社会上关于该科之现况,谋增进其知能。譬如习师范,应调查教育现况;习师范而注意研究国文,应调查国文教科之现况。第二,须发表其心得与疑问,或以笔或以舌,就正于先辈,亦藉使社会知有某某其人。第三,须随时利用机会,注意社交。若株守家园,与世隔绝,而欲待机会之叩门而至,毋乃大难。此三者中,以前二者为大要。为用人者计,苟未深知其人平日学行如何,能力如何,其不敢贸然畀以位置,亦人情也。

五

张君士一自美国纽约古仑比亚大学来书云:"私意在美,先就美国最长之处研究,拟十分注意于心理学一门。心理于教育关系极大,美国人之研究,比德国更重实验。此间言职业教育者,渐注意于职业心理学,使儿童得习其性所最近之技术,此亦余所拟加研究者"等语。

研究职业教育,注重于职业心理学,此可谓为世界思潮之新趋向。吾国此时职业教育,诚在萌芽,倘能于下手时,即根据职业心理,为倡导之标准,必且易于收效。已函复张君,请其搜采资料,随时见告。

六

各国方大致力于战后教育之研究。质言之,则所谓战后教育者,生产教育而已:如何可使土地增加其收获;如何可使人力增加其效能;制造也,如何使之更精;运输也,如何使之更捷。或谋事后弥补疮痍,或谋乘机发展国力,虽地位不同,要其心光、目光所凝聚之一点,惟"地"与"人"与"物"、生产能力之增进问题而已。夫欲解决"地"与"人"与"物"、生产能力之增进问题,舍职业教育,尚有他道邪?故吾敢断言,欧战终了以后,正职业教育大发展之时期也。

吾国今兹地位,非常困难。战事终了,所受影响如何,殊难逆料。虽然,弱国有弱国之战后教育。以土地如此之大,人口如此之多,苟不亟亟焉自谋所以增进其生产力,他人将有代为谋者。是故,吾国之战后教育,更舍职业教育无所为计。所以图存者在此,所以图强者亦在此。谋教育而有国家思想、有世界眼光者,定不河汉斯言。

(原载《教育与职业》第 3—6 期,1917—1918 年)

职业教育设施法

将欲设施职业教育,必须于全国或每一区域,设立机关,担负调查、研究、设计、指导、视察、推广出路种种责任,所谓职业教育行政是也。此为吾人第一希望。

今设有一地方,并未得行政上之种种助力,而有意创立职业学校,将如何进行乎?兹拟程序如下:

(一)**分类** 吾所欲办之职业学校,农乎,工乎,商乎,抑家事乎?此问题应视地方情形而定。大概城市以工商为宜,乡村以农工为宜,家事则两宜也。

(二)**性别** 吾所欲办之职业学校,女子乎,男子乎,抑男女子兼收乎?大抵农较宜于男子,工之大部分宜于男子,但手工并宜于女子,商则男女皆宜;但如地方女子从事商业者不多,则以男子为宜。至家事当然属于女子。

(三)**择地** 在城市办工商业学校,如为商业,其地以较近市廛中心为宜。如为工业,地点不妨稍偏,但交通须谋利便。职业教育,以救济贫苦社会为尤宜,如确定贫民工艺性质,则其地以接近贫民所居为尤宜。

如在乡村办农工学校,则其择地时应注意之点:1. 较易取得实习场地者。2. 交通便利者。3. 较易招收学生者。而地方治安亦宜注意。如办女子职业学校,则以设在居户密集之地为宜。如办补习学校,则农宜在农村,工宜近工厂,商宜在商场,以愈接近为愈宜。

(四)定名 既决定农,或工,或商,或家事矣,如专办一类,可称农业学校,或工业学校,或商业学校,或家事学校。(如因工之中专设铁工科而称铁工学校,专设木工科而称木工学校,专设缝纫而称缝纫学校均可。余仿此。)如兼办两项以上,或预定将来兼办两类以上,均得称职业学校,或虽专办一类,而其性质属于普通技能,较远于专门学理者,亦得称职业学校。(例如教制鞋织带等,虽属工业之一种,但只宜称职业学校。)

至其程度不必于定名内标明,如初等高等之类。因职业学校不宜划分等级,即或招生资格,有所分别,以数种程度兼收为宜,无取划定。若专收已在职业界办事者,而予以补习教育,宜定名为某种补习学校。如在中学校分设农工商等科,则其原有中学名称,无须变更,如特设高级或初级中学内之一种职业科,而划定其程度者,亦得称某级某科中学校。如两科以上,得称某级职业中学校。

(五)分科 既决农或工或商矣,究于农工商之中分设何科乎?农工商每类之中,必须认定分设何科。其分科之标准,宜简单,宜切要,俟其收效,逐渐推广。如于农之中分科,应视其土性气候之所宜与地方状况而定,如工先视地方生活状况而定其为机器工或手工,更于机器工或手工中视其地方富于何种原料及需要何种出品,而定为何种工艺。如商应视地方情形而定普通商业或特种商业。

分科必须根据调查,其方法或从地方各种实业,调查其营业状况,以其营业之盛衰,而知现有之职业孰为发达,未来之职业孰为需要。或调查地方历年工价物价,以其价格之逐年升降,而知何种职业为求过于供,何种职业为供过于求,其较简便之方法,则就地方一般学校而调查其学生父兄之职业孰为多数,与其服务之状况;从前毕业生所就之职业孰为多数,与其服务之状况。

分科时,更须审察是项职业,是否堪供是等学生将来之生活,又须审察学校财力,是否能为该科相当之设备。

(六)**设备** 无论自行设备或利用他方现有之设备,必须充分。但关于起居之设备不宜过远于是等学生平日之习惯。否则学成出校,将无地自容。

(七)**教师** 教师最好选聘学理与经验兼长者。如不可得,无宁偏重经验。参观《中华职业教育社与中华职业学校》中华职业学校五年来之经过篇第九节。

此外如有问题,甚愿贡其所见。请随时通讯上海西区方斜路中华职业教育社可也。十二年八月黄炎培附志。

(原载《新教育》第 7 卷第 2、3 期,1923 年 10 月)

职业教育*

兄弟初次来到山西,素钦贵省的教育,尤其是钦慕贵省的职业教育,但为研究实际而避空论的原故,于日前两日参观各处,得到两种感想:(一)规模宏大;(二)办事切实。这两点实他处所未有,真可以表示晋人的特性,及当局长官的热心。他处的通病是父母供他的儿童从小学校毕业之后,小学生不愿做工务农,而他的父母也不再望他们来做些事,是教育发达生产反日见减少;不知贵省亦有这情形否?山西的义务教育与职业教育差不多已算普及,从此可知阎督办之眼光甚高,而特注重这两种教育。教育苟不发达,固宜提倡职业教育,即发达亦仍宜提倡,不然这是很危险的。兄弟履晋对于此虽不能有具体的贡献,然愿把我一得之愚说与诸君。

(一)职业教育之宗旨在使无业者有业,有业者乐业。能如此实行,不但山西没有问题,中国也将没有问题,世界也可以没有问题,这真是天下太平之极致。但如何才能这样,这方法是不可说,且绝对的不能说。因为各地方的不同,所以只可说其原则:

(二)设施职业教育之原则

(甲)职业教育之设施,须绝对的因地制宜,因材施教——这八个字是人人知道的,实在是各种教育的原则,尤在于职业教育。各

---

* 本文为黄炎培在山西的讲演,记录者张福丙、冀承泽、曲廷瑞。

地的职业教育所以失败的原故,大都如此;如同上海所设之中华职业学校,备有机器科、珐琅科等科,各地来参观者,咸赞为仿行之,然适于此者未必即适于彼,故不免有各种原料缺乏之苦。所以研究适合于地方情形而设施职业,因人施教,至关重要。人性各不相同,活动的宜于为商,心细的宜于学机器工,迟钝的宜于农等等,使能利用人的个性的,谓之"职业教育之指导"。还有一层,各校校长于学生毕业之后,宜负责任研究学生毕业后无业的缘故;或由无社会职业习惯,或由缺乏好的训练,或由在校不能使学生发达信仰职业教育,这都是应当明白而留心改良的。

(乙)职业教育须向职业社会里去设施——从前的学校、职业、社会是不相关的,这是各校的通病。正如飞机之航空,不适于平地,这种"飞机式的学校"是兄弟认为最痛心的,也是教育界最危险的!所以办职业教育的人须向职业社会里去设施才好。这个原则是各国所共认,言易行难,积极去做的。如外人于农、工、商各校,设种种方法,以求与社会一致融洽,就是这个意思。至于所用的方法,就是第三个原则。

(丙)职业教育宜从平民社会入手——我们看我的学校,都是平民以上的教育,而大多数的平民犹无教育之可言,这实在可惜,实在可怜。上海有一句俗语说:"烧香要到枯庙里",这话虽俗,却很有价值。这个原则,就是此意。至于入手的手续有二:(一)为己谋生;(二)为国服务。这两句话,第一是人人必须谋生活;第二是人人应当谋生活。

总之,有教育而无职业,则生产减少,反之则生产增加。一反一正,相差甚远。我们中国的至宝,就是我们四万万同胞的"八万万只手"我们如能利用此宝,则前途幸福无穷。如不能利用呢,则有四万万人口的消耗实在危险啊！方才所言不过是三种原则，至于详细的具体办法，以后暇时再谈。

兄弟说了这一会，似乎也是空谈理论，来作"飞机式的讲演"，所以我再接续给大家讲一点方式。

(三)设施职业教育之方式

(甲)分区立系——此法最宜于农业教育，如贵省设有农校，于河东则宜倡种棉，北路多山则宜另倡种适宜之农业，再于每区设一农校及农业试验场，即以此校——省农校——为中心，以各县农校为小中心，凡由各校研究所得之良好结果，推扩及于各处，则普遍很易，如人身之由脑而传达于身体各部的一样，这种办法各省也有采用的。最可怜的就是没有这种设备，甲种农业四年，乙种也是四年，而且实验各不相同，这真是不经济的很啊！

(乙)指定一业——此法最宜于手工业，能照此法来利用我同胞的八万万只手，则生产可以日久增高。如晋省多产棉、毛之原料，则可多设工厂立工校，研究各种织物——布，袜等——而推广之。各校每年添招新生，卒业的分布各城镇，而此中心机关——大工厂，犹可供其原料，则日用之出品可以日多，且可以贱售之使各方受益，有余仍可运往其他城市及外省。

(丙)划定一区——此法不限职业种类，为各国所重视。但遍视中国，差不多可以说是没有，实在令人痛心。但不知贵省曾采用这个法子来没有？这个设施的方法，就是划定若干方里的地方，于这区域以内，设有宽大道路，卫生医院及各种工厂等社会所必须，使此区域以内之老幼男女于暇时得受相当的公民教育及各种娱乐。地方上能自治，各个人能谋生，家家能乐业，这个方式，实在成梳发从根上下手的一个根本方法。以兄弟理想，终究是有人来实行的。从前美国的孟禄博士也提倡以美国庚子赔款的一部退还中国来办划定一区的职业教育。现在呢,山西有模范省之号,尚可望继续来办;若我江苏以及其他各省,今日土匪劫掠,明日提款作战,小民生活不保,哪里能顾及此呢？唉,可惜,可怜！

兄弟自信所见之原理不差。最后还有告诉大家的一句话,就是爱国不是空口讲演、作大文可以骇住外人的,要知道现在的世界就是马寅初先生昨天所说的"经济战争时代",我们如果能使中国的实业发达,国货外出,外人自然就要骇怕不敢轻侮我国,所以我希望大家要牢牢的记住"服务勿忘爱国,爱国勿忘服务"这两句话！

（原载《新教育》第 11 卷第 2 期,1925 年）

提出大职业教育主义征求同志意见

我们同志八九年来所做工作，推广职业学校，改良职业学校，提倡职业补习教育等等，也算"尽心力而为之"了。可是我们所希望，百分之七八十没有达到。这是什么缘故呢？国事捣乱，教育当然不发达，不差。社会经济困难，职业教育当然不发达，不差。一般教育不发达，职业教育当然不发达，也不差。可是平心想来，这种责任是否可以完全推在"时机"身上？设遇到良好时机，照我们所用方法，是否一定的大收效呢？就是遇到不良好时机，究竟有没有法子可以战胜困难，可以自己造成较好的环境，使我们工作收效呢？想了又想，依这样方针，用这样方法，吾就不说"不对"，吾总要说"不够"。

"不够"怎样呢？以我八九年的经验，很想武断的提出三句话，就是：（一）只从职业学校做工夫，不能发达职业教育；（二）只从教育界做工夫，不能发达职业教育；（三）只从农工商职业界做工夫，不能发达职业教育。

只从职业学校做工夫，使得职业学校以外各教育机关总觉你们另是一派，与我们没有相干。岂知人们常说什么界什么界，界是分不来的。不要说师范教育、医学教育等等都是广义的职业教育，就是大学、中学、小学和职业教育何尝没有一部分关系。大学分科，高中分科，是不用说了。初中何尝不可以兼设职业科，小学何尝不可以设职业准备科？何况初中还有职业指导，小学还有职业陶冶呢。要是此方认为我是职业学校，与一般教育无关系，彼方认为我非职业学校，与职业教育无关系，范围越划越小，界限越分越严，不互助，不合作，就不讲别的，单讲职业教育，还希望发达吗？所以第一层只从职业学校做工夫是不行的。

办职业学校最大的难关，就是学生出路。无论学校办得那么好，要是第一班毕业生没有出路，以后招生就困难了。万一第二班再没有出路，从此没有人上门了。怎样才使学生有出路呢？说几句联络职业界的空话是不够的。设什么科，要看看职业界的需要，定什么课程，用什么教材，要问问职业界的意见。就是训练学生，也要体察职业界的习惯。有时聘请教员，还要利用职业界的人才。不只是参观啦，实习啦，请人演讲啦，都要职业界帮忙哩。最好使得职业界认做为我们而设的学校，是我们自家的学校，那就打成一片了。所以只从教育界做工夫也是不行的。

社会是整个的。不和别部分联络，这部分休想办得好，别部分没有办好，这部分很难办的。比如农业学校和农家联络，工业学校和工厂联络，是不用说的了。可是在腐败政治底下，地方水利没有办好，忽而水，忽而旱，农业是不会好的。在外人强力压迫底下，关税丧失主权，国货输出种种受亏，外货输入种种受益，工业是不会好的。农工业不会好，农工业教育哪里会发达呢？国家政治清明，社会组织完备，经济制度稳固，犹之人身元气浑然，脉络贯通，百体从令，什么事业会好。反是，什么事业都不会好。所以提倡职业教育而单从农工商职业界做工夫，还是不行的。

那么，怎样才好呢？积极说来，办职业学校的，须同时和一切教育界、职业界努力的沟通和联络；提倡职业教育的，同时须分一部分精神，参加全社会的运动。消极说来，就算没有她她的声音颜色，只把界线画起来，此为"职业教育"，彼为"非职业教育"，已经不行哩。换一句话，内部工作的努力不用说了，对外还须有最高的热诚，参与一切，有最大的度量容纳一切。其实岂但职业教育，什么教育都该这样，也许什么事业都该这样。这样职业教育方针称他什么呢？大胆的称他"大职业教育主义"。可是一味务外而置对内工作于不顾，当然不行，是万不可误会我的主张的。

同志诸君以为怎样？赞成呢？反对呢？很愿请教请教。

(原载《教育与职业》第 71 期，1925 年 12 月 13 日)

办职业教育须下三大决心

第一，办职业教育，须下决心为大多数平民谋幸福。

"教亦多术"，为什么注重职业？特殊阶级的人民，安坐以享优越的生活权利，或拥遗产，或发横财，或领干薪。此等人用不着职业，也想不到世上有所谓职业。此等人平白享受有职业人给他的衣食和一切生活需要，而自己绝不操一职业以图报，实为人群的蠹虫。大闹世界的社会革命，就是革他们的命。《诗》云："哿矣富人，哀此茕独。"吾人总须记得世上最大多数的平民；就是做一天人，干一天事，他的生命，是完全靠自己卖气力换得来的；全人类的生命，也就是靠他们卖气力相互支撑的。卖气力讨生活的人多，社会富；蠹虫多，社会穷；蠹虫普及，人类灭绝。全社会中，也许有小部分人间接的造福人类以讨生活的，但是绝大多数一定是直接讨生活的。所以教育目的，也许在初步时为非职业的，而最后必为职业的。也许小部分养成间接造福的，为非职业的，而绝大多数必为养成直接造福的，即职业的。吾们须切实明了职业教育的前提，吾们的用力点，才不致差误。如果办职业教育而不知着眼在大多数平民身上，他的教育，无有是处，即办职业教育，亦无有是处。

第二，办职业教育，须下决心脚踏实地，用极辟实的工夫去做。

任何教育，皆须脚踏实地，尤其是职业教育，不许用一分苟且工夫。为何呢？因为此等人受了教育以后，即须干他的职业。干得好,共见共闻;干得不好,也是共见共闻:俗所谓"当场出彩"。比不得预备升学的,升学即算完了;更比不得无目的的教育,修毕课程即算完了,他的知识和技能,有用和没用,都可以不问。古人说:"画鬼易,画人难。"鬼是看不见的,无所谓肖不肖;人是共见的,肖和不肖,人人得而批评之。职业教育是画人,是共见的,故难。换句话说,就是办职业教育而不脚踏实地,其失败比其他教育还快。所以许多教育家不敢办职业教育;本来办职业学校的,偏偏"开倒车",改办普通学校。他们何尝不知职业教育的重要,就是怕失败呀,就是怕做脚踏实地的工夫呀!也有许多同志并不是这样,只为他的环境不给他相当的助力。要是社会不需要职业教育,吾们何妨大家来干不费气力的生意呢?无奈大多数的平民,都是做一天人,干一天事。良心警告于吾之前,事实逼迫于吾之后,吾人不办教育则已,果办教育而欲为人们谋幸福,哪敢不把最需要的,"破釜沉舟"去干一下?敬告同志,吾们大家下一决心,勿好高,勿沽名,勿投机,勿避难就易。

第三,办职业教育,须下决心精切研究人情、物理,并须努力与民众合作。

职业教育是绝对不许关了门干的,也绝对不许在书本里讨生活的。前面说过"职业教育是画人,故难"。要所画的人,和人相肖,必须知道人是怎么样,且须知道得真切,丝毫不许含胡。一种职业社会,即有一种的环境。欲使所培养的,适于他的环境,进一步更须改善他的环境,必须切实知道他的环境是怎么样,才可以下手。孔子说:"吾不如老农","吾不如老圃"。孔子大圣人,岂有连农圃都不如的道理?可是他所知的是理论——长沮、桀溺也讥讽他是"五谷不分"——若论实在的方法,则种瓜得瓜,种豆得豆,一毫不许假借。既然四体不勤,没有像诸葛武侯躬耕过来,哪里及得来老于农、老于圃者的真知灼见呢?可是办农业教育,而也是四体不勤,五谷不分,教者胡里胡涂的教,学者胡里胡涂的学,还禁得起"当场出彩"么?所以职业教育,绝对不许理想家和书呆子去干的。而况职业的定义,是人类在共同生活下一种确定的互助行为。职业教育,即是给人们以互助行为的素养,完成他共同生活的天职。是安可不用最高的热诚,包涵一切,最大的度量,容纳一切,发挥大合作的精神,做训练的方针,使受吾教育的,精神方面和知能方面,完全适合于人群需要呢?

如果切实下此三大决心,吾敢保证他所办的职业教育,一定有效。

(原载《教育与职业》第83期,1927年)

吾人为何从事职业教育

中华职业教育社和中华职业学校合组职业教育讨论会,第一次开会,余被推发表意见,所以提出本问题,先从根本方面着手讨论。

吾以为本问题,不但施职业教育者,应当讨论,就是受职业教育的列位青年,也有注意的必要。因为人生观呀,社会观察呀,是人人皆有的问题,而且是人人应该用力的问题。好好用力一番,至少可于选采何于职业,领受何种教育的问题上,帮助解决得较为妥当些,所以送与《职业市季刊》,给列位青年公览。

"吾人为何从事职业教育?"对此问题,须分两方面答复。

甲、基本的人生观

一、吾人立志须清清楚楚地有目的有计划的做一个人。

二、吾人当然要求个人生活的满足,但同时对于衣我食我生活我的大群,必须勉力图报,以求良心上的安宁。

三、吾人对于大群,如何图报呢?惟有就吾所认为若干重要工作中,择定吾所能干且愿干的一种努力去干,绝不作大小高低的比较观。

四、吾人既诚诚恳恳地,谋所以对群报德,则关于物质酬报,只求适应吾个人生活需要的最低限度,进一步言,亦只求适应吾自然增加的生活程度,而绝不愿冗进,以自讨苦吃。且在精神酬报上,苟获多少达到上述的目的,则我之所以慰安我者自在。

五、吾人对于物质的酬报。诚无多求,但对于自身精神修养,所以谋吾知识的增进,体格的健全者,随时随地,不愿放弃,以此为满足个人生活的重要条件,且亦认此为对群工作必要的工具。

六、吾人深信真理所在,"人同此心,心同此理",所以结合多少同志,对于清清楚楚地做人的目的和计划,依公共的智力所认定的,努力去干,吾们个个人愿在此很平等精神的组织中,做一个很忠实的分子。

乙、对于现社会的观察

一、吾人认定从古以来人类社会不安定的总原因,就是生活问题。所谓生活问题,包括物质和精神两方面,即物质方面的需要,不够供给,和精神方面的欲望,不能餍足是也。所以吾人常常提出最大目标二点曰:"使无业者有业","使有业者乐业"。有业,则物质方面得所供给了。乐业,则精神方面无问题了。

二、吾人认定最近的中国,所以感觉尤其不安定的原因,就是世界交通的速率,骤然增高,人类思想的发展,所以促其自觉者,其速率与之俱高。丁是物质的需要,和精神方面的欲望,皆呈冗进的现象。而就供给言,非真物质的不足,乃因知识和能力方面。所以利用物质者,其进步的速率,尚"望尘莫及",同时又受国际间政治上、经济上强力的压迫，物质方面益感供给困难，而精神方面的欲望，反因此促成其亢进，以前静止状态，至此忽然大动，于是社会成为非常的不安定了，在此时期，国家及社会一切设施，应以解决此问题为总目标，才有万一解决的希望。

三、吾人认定社会各种职业，皆有相当的价值，且各负相当的责任。决不敢说教育为人群惟一重要工作，但至少当认教育为人群重要工作之一种。教育之所以重要，因此项工作，其关系属未来的，而其努力的方向，属根本的，所以其责任与其价值，相伴而重大。那么对此现社会非常不安定的大问题，究竟有怎样的贡献呢？就是应该想怎样用我教育方法，可以使无业者有业？怎样用我教育方法，可以使有业者乐业？

四、吾人深信人人有业且乐业，此大目的完全达到，世界未必有此一天，或竟到底没有。但是有业者如果逐渐加多，无论农工商或其他只须有益于人群的事业，逐渐发达，直接间接，必能使物质需要方面，增进其供给的分量，即精神上亦必受良好影响。同时更用种种方法，使乐业者逐渐加多，则对于社会非常不安定的大问题，必可一步一步的减少其严重程度。

五、吾人亦知社会无业者与不乐业者之多，其关系不尽在教育，则欲挽救此危象，当然不能全责之教育，但就未来方面和根本方面着想，则凡在教育界，皆当负起相当责任，而况职业教育，对无业者有业一问题：如何指示其途径，如何培养其知能，完全属于他的范围？即对有业者乐业一问题：如何节减其物欲，如何开发其天怀，亦安能不分多分负担。如果政治和社会种种方面，不为同步调的进行，不予以充分助力，而仅仅依靠教育的力量，自然做不出什么成绩，不过吾人既见到此地，有一分心力，用一分心力，决不以此推诿。况吾人承认思想为世界一切事实的母，亦既有此思想，敢不努力发挥，希望万一的收效么？

总之，吾人既立志须清清楚楚地有目的有计划的做一个人，而同时又感觉社会有此非常不安定的现象，因而对于人人"有业""乐业"的大目标，愿以自发的奋勉，完吾个人的天职。可以说吾人的工作，完全根于良心和理智的主张，决非迫于政府的功令，亦非逐于世略的潮流，无论效果多与少，有与没有，皆非所计。总可以自信此项工作，是造福人群的工作。即退一步言，于人群总没有什么对不起。同时吾人对于职务，既不存高低大小的比较观，则在此职业教育大旗帜下，平等精神的组织中，任何局部的职分，其良心的平安，当然是一样的！

（原载《职业市季刊》1928 年秋季号）

我来整理整理职业教育的理论和方法

最近时期,所称新教育,他所表现的特色,只有两点:一是科学化,一是平民化。

从直里看来,一部近世教育史,在这百十年里头,好像五花八门,其实不过两点;从横里看来,吾们中国在这百十年里头,受世界潮流的影响,开着大门打躬作揖的欢迎,欢迎什么?也只欢迎这两点。盖18世纪欧洲工业革命,为最近全世界一种最大的变化。因此动机,而愈感科学的权威有不可一世的倾向。所以关于物质的问题,皆将用科学解决;关于人事的问题,皆将用科学方法解决;而教育不啻为扩大科学运动的先声。又自工业革命,而劳资阶级分明,社会不公平的现象显著,自然而然的发生尊重劳工观念。因劳工占社会大多数,一切问题,皆以大多数的平民为总目标。尤以平民渐渐的自觉,唤起各方注意,政治则重平民政治,经济则重平民经济,乃至文学亦重平民文学。其在教育,安得不重平民教育?虽科学观念,基于人类的天赋,初非近世纪的产物;即平民问题,亦自有社会即有之。但至近世纪,对前者因为他功能非常显著了,对后者因为他环境太不安了,所以两者成为新时代最热烈的要求条件,在教育上就成为两大中心问题。

职业教育,却与两者成连锁的形势。就是一方要用科学来解决职业教育问题,一方要用职业教育来解决平民问题。

人类先有职业，后有职业教育。因从事于生活需求之供给，本于分工的自然趋势，养成专门工作，而职业以兴。其后因生活竞争日烈，谋工作之传授与精进，才有所谓职业教育。150年来的工业革命，领导者谁？就是科学。那个时候，不啻在昏沉的大宇中间，得一颗斗大明星——科学做他的先导，使行客得长足的进步。因而前方的行客，对后方的行客，想稍尽他们提掣的义务。请问他们的心光、目光，除却这一颗明星，还有什么地方够他们的注射呢？老实说，最近高唱职业教育的动机，无论中国、外国都起于承认科学。用科学解决，百业有进步；不用科学解决，便无进步。外国用科学较早，占了先着；中国落后，就为不早用科学。这种道理，已为一般人所公认。职业教育，直接求百业的进步，间接关系民生国计大问题，并不会在科学以外，别有解决的新方法。

讲到民生国计大问题，职业教育家常常得出这句话，也许有人以为"大言炎炎"。其实在外国讲职业教育，诚哉求进步的意思较多，在中国怎能不把国计民生当大前提呢？请观最近政府发表首都人口统计，总数497,526人，其中不识字的，倒有363,794人，占了72%；而无职业的，倒又有269,182人，占了56%。试问，解决了失学问题，还有失业问题是不是可以不管？而况一般平民的心理，总以为"书是有钱的人读的"，他们的眼光，总认谋生是第一，求学是第二；又况事实上，他们许多青年所以失学，就为是因于生计压迫，早早谋挣钱的缘故。所以我们认得清楚：要推广平民教育，定要从他们生计问题上着手；更认得清楚：要解决一切平民问题，定要从职业教育上着手。诚哉吾们不主张极端的物质论，要不能不承认物质问题的严重呀！

怎样用科学来解决职业教育问题呢？请看下列种种方面的

关系：

（一）职业心理和职业指导问题；

（二）农艺化学和农业应用科学问题；

（三）机械工业问题；

（四）化学工业问题；

（五）工厂、商店、学校以及各机关的科学管理法问题；

（六）商业应用科学问题；

（七）家庭应用科学问题；

（八）其他以科学解决一切职业问题。

试问以上哪一种可不用科学或科学方法来解决呢？其中可分两大类：一类为物质问题，用科学来解决，如农业、工业、家事应用、化学、机械学等是；又一类为人事问题，用科学方法来解决，如工厂、商店、学校以及各机关应用科学管理法等是。而尤可注意者，因职业的各各不同，与人的天性、天才、兴趣、环境的各各不同，替他分别种类，谁则宜某种，谁则不宜某种，发明所谓职业心理学，以为选择和介绍职业的标准，不是极科学的能事么？

怎样用职业教育来解决平民问题呢？请看下列种种方面的关系：

（一）农民教育问题，推而至于全部的农村问题；

（二）工人教育问题，推而至于全部的劳动问题；

（三）商人教育问题；

（四）妇女教育问题；

（五）无告者教育问题，

（六）残废者教育问题；

（七）军队教育问题；

（八）其他关于一般的职业教育问题。

试问以上哪一种不是把平民做对象？而所谓教育，又哪一种不是在职业教育范围以内呢？

从事职业教育，如果对于上列种种方面，没有用分析的方法、专攻的手段，来深切的研究，一一取得比较正确的解决方法，而徒盲目的或囫囵的提倡和试验，吾敢断言其无有是处。

所以吾十二分诚恳的希望：

一、希望教育行政方面完备的设置，热烈的提倡，隆重的奖励，以期研究和试验上列种种问题；

二、希望大学和其他相当的教育机关，特聘专家，设专科，来研究和试验上列种种问题；

三、希望教育家和青年有志教育者，各就他们天性、天才、兴趣和环境，把上列问题，拣取一个或几个，来研究和试验；

四、希望职业团体，各就他们的地位，把上列问题，拣取一个或几个，来研究和试验。

如果研究和试验得有结果，一个一个都得正确的解决，那时候便没有职业教育问题了。如果上列问题，一个一个都有人来研究和试验，即不谈职业教育，也没有什么不可以。

（原载《教育与职业》第 100 期，1929 年）

职业教育机关惟一的生命是怎么

去年八月,全国职业学校在杭州开第七届联合会,赴会代表机关51个中,联合会老会员竟不到一半。许多老会员哪里去了呢?细细检查一下,不是消灭了,便是改办别种学校了。当时我作一文,题为《第七届全国职业学校联合会里几个问题》,很把中间的病根抉发了一下。

可是,那篇文所抉发的,偏于行政方面。难道职业教育机关本身便没有问题么?"物必自腐而后虫生",如果生活力强,虽然不死药还没有发明,到底多几分抵抗力,生命多少延长些。

几个月来,各方面提倡职业教育的声浪又很高了。预料今后若干时期中,必将有多少职业学校,或者名称不是职业学校、性质倒是职业学校的出现。吾很想帮助当局,找寻一种新生命。如果找到了,不但呱呱堕地的,无灾无害;就是平时淹缠床蓐的,亦将转弱而为强。这一点找不到,一切都是废话。

几年以前,本社同人公定一种《职业教育设施标准》,凡设科呀、训育呀、实习呀,一件一件揭出多少要点,可以说度尽金针了。如今想来,似乎其中最紧要的一点,还没有很显明的说出。

就吾最近几年间的经验,用吾最近几个月的思考,觉得职业学校有最紧要的一点,譬如人身中的灵魂,"得之则生,弗得则死"。是什么东西呢?从其本质说来,就是社会性;从其作用说来,就是社会化。

办职业学校，下手第一个问题，就是设什么科。假如某省、某市、某县、某乡行政当局，以为吾们已经设有农科、工科了，必得再设一商科，才算完全，这样落想，便是大错。职业学校设哪一科，乃至一科之中办哪一种，完全须根据那时候当地的状况。都市中办农科，固然是笑话，就是机械工业没有发达的地方设机械科，一班一班的培养出来，哪里去找出路呢？无非是增进一部分青年的痛苦罢了。从这点上，已足证明职业学校的基础，是完全筑于社会的需要上。

其次，就是定课程。十几年前的学校章程，中等商科必须授代数、几何。某年我游吉林，遇一位商业校长，谈话中很表示消极。他说："凭良心呢，商科实在用不着代数、几何。可是部视学来，说我不遵部章，大加斥责，用公文来迫我照加。罢了，只好让学生吃些亏了。"吾以为不是实地根据业务上需要，但凭学者的理想来规定职业学校课程，还不如不规定的好。如果说完全不规定，害得办学者依傍一空，无所适从，也不大好；那么惟有规定标准与原则，多留余地，以待学校当局自己酌定。吾以为职业学校教员，至少一部分须请曾任这种业务或现任这种业务者担任，所有教程呀，教材呀，让他就所规定的时间数、入学程度标准和毕业程度标准的范围以内，依他业务上亲身经验的觉察和主张来规定。既有一度具体的规定，以后一步一步的修改，自然逐渐切近于将来服务的需要了。一部分教员，既希望聘请现任这种业务者担任，那么这种学校的位置，当然不宜离开这种职业的区域过远了。这又是职业学校有深入职业社会之必要的证据。

某种职业学校，不宜离开某种职业区域过远，还有两大关系：

其一,实习 职业学校实习是一个大问题。假设实习,不如实地实习。学校附设机关实习,不如送往社会机关实习。无论半日制、半周制、分期制,总须邻近这种职业社会,才有办法。

其二,训育 环境不同,熏染的结果自然两样。不但是实际知能练习的关系,还有精神作用,所谓"置之庄岳,日挞求楚,不可得也"。

还有一层,职业学校惟一的直接的贡献,就是毕业生服务。如果平时与服务机关没有多少联络;学生毕业以前,也没有借实习使与社会机关接近;毕业时也没有方法使毕业生有所表现,使社会机关因其表现而给以习练的机会,因其习练而予以相当的信赖;即去服务了,也没有考察他服务的结果怎样;更没有因他服务较久,而设法增进他的知能。把这种关门造车式来办他种学校,尚且不可,若拿来办职业学校,吾敢断言非实做到关门不可。反过来说,譬如有一工厂、商店,未开办以前,早把销路调查得清清楚楚;制造的时候,式样呀、花纹呀、色泽呀、耐久的程度呀,又把这种货物的用途、销数的多少和这种人的嗜好,调查的清清楚楚;货品出来了,尽人家试用,包退包换,用了几时,怕有什么不合式,还是包管修理,这样办工厂,办商店,营业还不发达,吾想很少很少的了。办职业学校,正是需要这种精神,适用这种方法。这个譬喻,莫说是不伦,其实道理确是如此。

所以设使人问职业学校校长的资格该怎样,吾想答他:热诚呀、学力呀、德行呀、经验呀,凡别种学校所需要的,当然缺一不可。还要加上一件,就是社会活动力。设使其他资格件件都好,独缺少这一件,恰如习琢玉的缺少耐久性,习汽车驾驶的缺乏敏活的目力和腕力,哪里行呢? 总之,职业学校校长资格所最不相宜的,怕就是富有孤独性的书呆子。

根据这种观念,想把职业学校分做两种:

第一种,是深入工商业环境中间的都市式的职业学校。

第二种,是划定区域,以整个的社会为其教育对象的农村学校。

认这两种为现今最适宜的职业学校方式。也许有别种适宜方式,总以不脱离他的特殊环境为惟一条件。

从前政府所办各种学校,尽有好的。独是职业学校,要找一发达而能持久的,很不容易。何以呢?就为从前吾国官厅,是自以为超出乎社会之上的。一称官办学校,就没法与社会接近,社会也不敢接近他。所以照从前的习惯,"官办"名词和"职业学校"一名词,几几乎连不上来。

其实呢,哪一种教育是许和社会隔离的呢?岂但职业学校呀!

末了,请把我的主意复述一遍:职业教育机关的本质,是十分富于社会性的,所以职业教育机关惟一的生命——是怎么?就是——社会化。

吾很希望职业教育界同志,就吾的建议,来研究一下,批判一下。

至于以前公定的职业教育设施标准,认为还是适用。

(原载《教育与职业》第 113 期,1930 年)

怎样办职业教育

——敬告创办和改办职业教育机关者

怎样办职业教育？这问题人人所要提出的。——我也是发问的人。——尤其是在民国二十年(1931年)四月二日以后。

民国二十年四月二日教育部第五三六号训令：(上略)

一、自二十年度起，各省及行政院直辖各市所设之普通中学过多、职业学校过少者，应暂不添办高中普通科及初中。……

二、自二十年度起，各省应酌量情形，添办高、初级农、工科职业学校。

三、自二十年度起，各县立中学逐渐改组为职业学校或乡村师范学校。其办法即自二十年度起，停招普通中学生，改招职业或乡师学生，以后逐年改招。……

四、自二十年度起，各普通中学应一律添设职业科目，或附设职业科。

五、各职业学校或中学附设职业科，应宽筹经费，充实设备，切实养成学生之劳动习惯及生产技能。旧有之各级职业学校，应一并增加经费，予以扩充。

六、自二十年度起，各县、市及私人呈请设立普通中学者，应分别督促或劝令改办农、工等科职业学校。……

(下略)

部令这样深切，这样严重，怪不得各方纷纷提出"怎样办"一问题来了。我们呢,十五年来,从早到晚忙的,就想解答这个问题。哪敢不把我们所调查,所研究,所试验,对这问题所得到小小的结果,尽量贡献于发问诸君之前呢?

在没有解答这问题以前,有几句话先要贡献的:

第一,办职业教育,万不可专靠想,专靠说,专靠写,必须切切实实去"做"。原来一切教育,都没有允许我们凭空想,说空话,写空文章的;不过职业教育,尤其重要。因为职业教育的目标,很简单,很分明,是给人家一种实际上服务的知能,得了以后,要去实地应用的。譬如学游泳,是要真会游泳,单说一大篇游泳的理论,哪里行呢?

第二,办职业教育,必须把试验业已有效的授给人家。如果自己还没有试验,或试验结果在我和我的同事都还没有把握,无宁不办。因为一般教育,总是根据一种原则,就是"先知觉后知";而职业教育,不惟着重在"知",尤着重在"能",在"先知觉后知"以外,还须郑重地补充一句——"先能授后能"。若我和我的同事,都还没有取得"先能"的资格,以盲导盲,又哪里行呢?

第三,办职业教育,不但着重职业知能,而且还要养成他们适于这种生活的习惯。所以办某种职业学校,必须深入某种职业环境,如农必于农村,商必于商业区,工必于工业区,即家事学校,亦须使学生勿远离家庭生活,然后耳濡目染,不致理想日高,事实日远;即欲以教育的力量,改造环境,也须身入其中,然后随处得到待决的问题,供我研究。

以上第一点,须实地去做;第二点,须先试验有效;第三点,须深入这项职业的环境。这三点可以说是办职业教育的通则,在着手以前,应注意的。到实施时——

关于一般设施的，请看职业学校设施标准（本专号职业教育设施标准三之一）。

关于学校程度及名称，请看教育部解释职业学校程度及名称（同上件四之一）。

关于学科，请看职业学校学科分配标准（同上件三之二）。

关于训育，请看职业学校训育标准（同上件三之三）。

关于实习，请看职业科实习办法（同上件三之三附）。

关于职业教师问题，请看职业师资教育设施标准（同上件三之四）。

今请再就教育部五三六号训令分析研究之。部令内容，至少包含下列五问题，试一一解答如下：

第一，依部令第二条，怎样办高、初级农科职业学校？通则第二不是说过办职业教育须先试验有效么？办农科职业教育，先须自己于农事确有把握。孔子门下只有德行、政事、言语、文学四科，而没有农，就为是孔老先生自己说过"吾不如老农"的缘故。要办农的职业教育，吾以为限于下列两种方式：

（甲）根据第二通则，就试验有效的农场来办农学校。关于农事上一切问题既然试验有效，尽可挺着胸脯，教学生去学，去习。在学生固得了实际服务的知能，在农场不啻扩大了改良农事的宣传工作。

（乙）根据第三通则，选一个相当农村，划定范围，来办教育和其他改进农村的事业。而所办教育，当然包括改良农事在中间，所有师资，并可适用职业教育标准三之四的第二条，聘富有农业经验者而以受过师资训练者辅之。如此虽非正式的农科职业学校，而其影响足以改进农事与农村环境，较之办一农校，效力还要深切。

至于正式的高、初级农科职业学校学生,将来从哪里找出路,是一个大问题。必须对于出路,先有了解决方法,才可以开办,尤其是高级农校的出路,怕是特别困难。

至于上开乙种方式,他所办教育,固然包括农事,而总不离开他们固有的生活环境,自然不生问题了。

第二,依部令第二条,怎样办高、初级工科职业学校？先须按照职业学校设施标准第三、四条,用相当手续,就工业各科中,决定何科；次之依该科所需要,筹定经费,充实设备,慎选师资。缺其一,毋宁不办。而尤要者,在将附近各工厂联为一气。未办以前,邀工厂专家组校董会或指导委员会就商课程及一切办法。办至相当时期,就商各厂,给学生以实地参观和练习种种机会,总须使学生毕业后,确是供给厂家所需要,兼须使厂家心里认清立校的本旨,看学校和自己的学校一样,然后毕业生出路可以无有问题。

这是在工业较发达地方最有效的工业教育方法。但如工业幼稚的中国,有多少地方适用此方法呢？则请退而思其次。

有等工业,有了天产适宜的原料和相当的销路,而技术不进,一天衰败一天,急须改良以图补救,同时就须训练一班人才,为改良张本,如宜兴的陶,即其一例。此等工业教育,除经费、设备、师资等普通要点外,有一特殊要点,即同时须有人精心研究该项工业,或聘老于是业而蓄志改革的有心人主持研究,研究有得,然后拿来训练他人,亦犹是第二通则必先试验有效的意思。更有一点须注意的,就是受训练者程度的高低、名额的多少,乃至将来所得酬报是否足供他们生活所需要,皆须看他事实而斟酌决定之。万不可务改良工业的虚名,而使青年受牺牲的实害。

有等手工业,别有一种提倡方式。例如花边、发网、织袜、织巾等等，技能较易修了，家庭亦可从事，则大可由传习机关兼做此项工艺出品的中心机关。生徒传习毕业，散归家庭，从事工作，或联合若干家庭，转相传习，而由中心机关担任设计图样，指导改进——或散发原料——及其制成，由中心机关担任整理、装潢、销售和其他必要的工作。此项组织，最好采用生产合作制度，把他利益公平支配，依次推广。只须销路不绝，不妨尽量推行，既立小工业发达的基础，兼以宽拓一般人民生活的源泉，大可注意。

第三，依部令第四条，普通中学怎样添设职业科目或附设职业科？就现在一般普通中学说来，附设职业科，还是商科、文书科、会计科等类较为近情，工科就差了，农科最困难。因为所谓普通中学，大都偏向文科，农与工性质相去太远，而农尤甚。在一个学校以内设了两个以上不相同的科，而所谓不相同的程度，一苦而一逸，一朴而一华，其结果朴而苦者总敌不过华而逸者的易得同情，一方面的特性，尽量发挥，于是另一方面的特性，不免因此消灭，或者同化而两失其本真，都不是设科的希望。除非教师特别优良，设备特别充分，当然不论何科都好。可是现今一般的普通中学校，哪里说得到呢？

至于普通中学内添设几种职业科目，他的修业年限和他的目的，并没有因此而变更，还是无目标的教育，本不能算解决什么问题的。如果问到什么科目较相宜，则先须问设立这学校的方针在哪里，你所认识的将来社会需要又在哪里，而你现有学生精神上缺乏而急待补允的又在哪里，根据这几点以定添设职业科目是了。不过我所要贡献的，就是添设职业科目，如果要他有效，必须端整好相当的环境，这是一句扼要的话。

附设职业科，和添设职业科目不同，既有了特定的目的，与普通科不生连带关系,所有修业年限和一切办法,不宜受普通科的牵制。就一般的职业教育论,修业年限宜短——见职业学校设施标准第十条——况如文书、会计等科,怕更没有延长到三年的必要。

第四,依部令第三条,普通中学怎样的逐渐改组为职业学校?这虽然是一件很不容易的事情,实在是一件值得研究的事情。如果研究出一种通用的方式来,使部令所指的各县立中学,都可以照办,岂不大妙?让我来考量一下:

自然,该先把上开的三通则和职业教育设施标准所列举的种种,一件一件的精细研究一番,然后提出改组职业学校计划,中间须包括:

(一)名称

(二)设科　这一点最关重要。从最初的学校设备,到最后的学生出路,都要筹划到。差不多成功和失败,大部分决于这一点上。

(三)校地　必须与设科相称,设为种种方法,使造成适当的环境。

(四)设备　必须给所设职业科以相当充分的设备。这怕是各地所最感困难的问题。万不得已,利用固有的环境。如农,利用农村天然的景物;工、商,利用工业或商业较繁盛地方的现成环境。如果说吾这边没有什么繁盛的工业区、商业区,那是本来不配办大规模的工、商科职业学校的。那么退一步想,可以办各种手工,如果有现成原料或可以希望打开销路的话,那就比较的轻而易举了。

大抵一说到工,往往着眼较大的工业,而忘却手工;一说到农,更易忘却森林、渔业、畜牧等较为特殊的农业。其实果有可以凭借的地方,好好办起来,把教育和实业联为一体,一方面安插人才,解决生计，一方面即是开发地方产业。

（五）程度　与其办得高，使出路更为困难，毋宁办得低些。吾有一句重要贡献的话，千万不可执定成见，以为吾原办的高中所以改办职业后，仍须办与高中相当程度的。甚至说初、高中原定修业年限是三年，所以改办职业后，仍须定修业年限为三年的。如果有这种见解，老实不客气，直可以说他是荒谬绝伦。要晓得职业学校程度和年限，是完全根据社会需要和该科修习上的需要，而且职业学校修业年限宜分节，每节宜短，这倒是他的原则。部令所称初级职业学校，是重在收受高小毕业生，而并没有说须与初中一样年限；所称高级职业学校，是重在收受初中毕业生，而并没有说须与高中一样年限。这是万万不可误会的。如果这种谬误的见解不打破，吾敢说一切设施，无有是处。

以上整个的计划，很郑重地、精细地立定了，通过了，把施行方法，从筹备到成立，不妨延长从一年到三年。一方面固然使经费问题，比较的可以从容接济；一方面使原有的初中或高中，让他完全毕业。这怕就是部令逐渐改组的意思。如果初、高中未毕业生，自愿中途改入职业，当然应设法成全他们的志趣，可是不必勉强，而且平时没有受过职业训练的，中途改习，却也未必相宜。还是等他全部毕业，在平白地上从头办起，较为妥当。

第五，依部令第三条，怎样办乡村师范学校？从广义的解释，师范教育是专业教育，即是职业教育的一种。总之是有目标的教育，比较的易使青年获得为己谋生、为群服务的途径。师范教育中，何为而有乡村师范教育一名词？这是近十年来一种教育上的反动。就为是以前教育，太偏向都市方面发展。自从平民思潮起来，着眼到大多数民众身上，于是"向田间去"的声浪，一天高似一天,而乡村教育、乡村师范教育应运而生了。乡村师范教育,教人去办乡村教育的。所以乡村师范教育怎么办,先要问乡村教育怎么办。

乡村教育的办法,吾以为最合理论,最切事实的,无过于上面说过的就农村划定范围,来办教育和其他改进农村的事业因为教育意义的重大,不单以受教育的人们为对象,还该以社会做对象。社会是整个的。向社会一部分的儿童、青年和其他人们做工夫,同时还须向整个的社会做工夫。整个的社会改进,一部分儿童、青年和其他人们也改进。尤其是乡村社会比较简单,不适用分工制,尤须向整个的社会谋全部的改进,这是理论、事实双方都不能不承认的。

因此乡村师范学校,即宜设置于整个乡村改进范围中,使一般师范生,以一部分时间研究理论,输入知识,同时以一部分时间在教师指导下,从事于农村教育和其他一切改进事业的实习。本文所提出三通则,即(一)须实地去做,(二)须先试验有效,(三)须深入这项职业的环境,是完全适用的。吾们平时所提倡做学主义,他的纲要:

做,学。

一面做,一面学。

从做里求学。

从随时随地的工作中间,求得系统的知能。

在乡村师范教育上,也是完全适用的。

以上五答案,是对部令所包含的问题而发的。吾意中还有几个问题,一并提出解答他:

第六,如欲办商科职业学校该怎样办?这问题比较容易解答。

除掉上开三通则及职业教育设施标准各条外，吾可以贡献几句扼要的话：

诸君如欲办商科职业教育，关于商业专科理论还在其次。第一先把应用的国文教得真能应用；应用的算术，尤其是珠算真能应用；书法真能应用，——如在通商大埠，英文、英语也是重要——并且注重训育，养成守规则、有礼貌、耐劳苦的习惯。如果真能做到，吾敢说没有一处不欢迎的。

第七，如欲办家事学校该怎样办？所谓家事，不外乎烹饪、缝纫、家庭整理、儿童保育、工役管理、家计簿记、卫生看护等等，吾以为上开三通则还是适用的。学校内假设的家庭和假设的家事练习，是不行的。惟有使学生勿离开他们家庭生活过远，每日宜以一部分时间，使他们在家服务。但做什么事？怎样做法？都该有笔记一一记录，报告于家事导师，指导其得失。而事前召集家长会，使各家长了解此事的必要，尽力协助。经历若干时期，再集家长，问他们在家服务之有无进步。一步一步的实地练习，由易而难，由简而繁。而一部分时间在校授课，必须与实习相联络，使他们知与行双方并进。此法试验时，学生数不宜多，等到试验有效，所有关于家事实习的条理和程序，一一造成轨道，然后扩大举办。这是吾的理想，还有待于实地试验的。不过鉴于历来家事教育的失败，总想脚踏实地干一下。

第八，职业教育上还有一条康庄大道，就是职业补习教育，究竟该怎么办？办职业学校，最困难就是替学生谋出路。其实办学者在这点上固然应该用力，而出路之多少、宽狭，关系于社会各方面，非常复杂，决不是教育者所能完全负责的。今职业补习教育，就已有职业的青年，予以相当教育，一方补充常识，一方增进其职业知能，虽与正式的学校教育不同，而于改良职业大有关系。即按之职业教育定义，亦复非常切合。而且职业学校，无法可以普设；职业补习教育，苟有职业，无处不可举办，亦无处不当举办。说到办法呢？就吾们的经验：

（一）科目及教材，务使切合他们日常职业上的应用。

（二）修业期间宜分级，每级宜短，使他们职业即有改变，修业中止，亦得一小结束。而欲长期修业者，尽可按级递升，两不相妨。

（三）学年制不如学科制，使得自由选科，补其所阙而不相牵制。

（四）每日既利用业余时间，则修学不宜过久，庶免疲劳，致生厌倦心。

以上种种答案，除极少数仅凭理想外，可以说大都从实验得来。但各地状况不同，如果举办时尚有不易解决的问题，尽请开示，本社设有推行设计委员会，中包各种专家，专备各方顾问。谨掬至诚，伫候明示。

（原载《教育与职业》第127期，1931年）

义务教育与职业教育

《前途》杂志社以特辑教育问题文稿,征及鄙人对于现今教育的主张,人事卒卒,略写所见,未能尽也。

一、对于义务教育

义务教育的重要性,因国际问题严重而益显。盖不单在非常时期国际问题之最后解决,惟恃全民动员。即在平时,物质的增殖,精神的固结,凡所以厚培国力,皆将有赖于全民。而非教育达到普及,皆无办法。故义务教育在理论上已绝无犹豫的余地。至于方法,自民国二十一年六月二十五日教育部颁布第一期实施义务教育办法大纲及短期义务教育实施办法大纲,此两项规定,已留下不少活动余地,各地方尽可适应当地情形,斟酌采用,吾以为实施时,无取专设或分设,如这边是小学,那边是短期小学之类。只宜以地方为单位,在一个学校内,全日制也有,半日制也有,分班补习制也有。备具各种制度,让该区居民自择,此法于乡村小学最为适宜。在乡村改进区,曾经过相当试验,认为确合农村需要。至于经费问题,若无相当解决,一切还是空谈。经费来源,不外公私两方面。最近对于此点,曾撰一文,题曰:"地方收入锐减后如何解决普及教育经费问题",大意主要的贡献,为"普及教育经费酌采划区自给制度,而以上级的财力补助其不足"。补充的贡献,为"改进教育,务取得民众信仰,就地筹款,自然较易"。此文载《教育杂志》第25卷第2号,可供参考。但阅者幸勿断章取义。若采其片段,而遗其重要条目,或赞成否,皆未必有当于作者本意也。

二、对于职业教育

教育部民国二十年四月通令全国自二十年度起,各县立中学应逐渐改组为职业学校,或乡村师范学校,各普通中学,应一律添设职业科目,或附设职业科,各县市及私人呈请设立普通中学者,应分别督促或劝令改办农工等科职业学校,此为政府推行职业教育定为政策以后最切实的表现。今后问题,不在职业教育之如何推广,而在职业教育如何切实收效。换言之,今后职业教育,能否打开生路,不系乎数量,而系乎他的品质。吾以为欲评定职业学校的品质,只须注视下列六点:

一、设科　是否合乎该地方所需要?

二、设备　是否与所设学科相当?

三、教学　中分教师、教本、教学法。即教师是否得人?教本是否适宜?教学是否合法?

四、训育　除普通的人格训练,公民训练外,是否足以养成是项职业社会合式的人材?

五、实习　是否在技能上足以养成适应从事是项职业的需要?

六、出路　毕业生得相当出路者占全额百分之几?学校对毕业生曾否尽介绍指导并考察服务成绩之责任？

悬此标准，以评判策励全国职业学校，并就全国各省市现办的职业学校，依上列标准，调查其确著相当成绩者每省市特指一所，或数所，定为标准职业学校，以供该地方一般办理职业教育者之参证。仍随时派遣专家，予以指导，使之不息的改进，同时希望一般职业学校，与之俱进，此当为改良职业教育较有效之方法。

上述两点外，窃以为尚有特殊重要的一点，自"九一八"后，吾国实已陷入非常时期。凡百设施，皆须适应此非常时期的需要。百年树人，诚是根本至计，同时要须有应急应变的标准。窃以为民众训练，实为方今最急要之工作。而民众训练中，关于青年部分，尤为急要中之急要。所谓确立"教""养""卫"三大纲领，根据"富教兼施""文武合一"的两大目标，养成锄头、枪枝、笔杆三事兼长的公民资格，这特种教育，实不单是江西善后工作上认为急要，窃以为全国皆应举办，至少沿江沿海各省市应赶速举办。中央主管机关，宜会同有关系机关，规定办法及程序，限期进行。"时哉弗失！"此时，此事，实已达万不可延缓的地步。

不惟民众训练，任何方面教育，在此非常时期，欲求适合应急应变的需要，一是皆须以激发国家思想，淬厉民族精神。普遍养成敌气御侮的国民体力知力才力为中心标的。

民国二十四年二月三日

（原载《前途》第 3 卷第 2 期，1935 年）

《教育与职业》复刊词

在距今23年,中华民国纪元六年,公元1917年5月6日,中华职业教育社成立于上海,同时发行一种临时刊物,名为《社务通讯》。历四个月,至10月15日而正式刊物诞生,月出一册,就是《教育与职业》。

"职业教育"一名词,在当时尚是一个堕地不久的婴儿,需要一位忠诚而慈爱的保姆,一面保护她,一面还要指导她。《教育与职业》就是惟一的把这些工作从先天起引为己责的一位保姆。这位保姆从她幼年最初命名的时候,替她写了不少篇数的"命名解"。她不是一个无灾无害的幸运儿,而是历尽千艰万险的苦孩子。当她出世没有几久的时候,就有许多人讥笑她,说这孩子太平凡了,太庸贱了,料不到等她长成的时候,一般社会恍然大悟到事实所要求,全不在乎身分之高贵与否,而系于贡献之切实与否,因此对她渐渐加以重视,而她所以得到这样的际遇,不能不感谢这位保姆提携保抱的功劳。

中华职业教育的保姆——《教育与职业》这份刊物,第一任主任编辑,就是当今国立北京大学校长蒋梦麟先生,而记者参与其间,也居然和这份刊物相终始,记者自问生平发表所写的文字,最多的定期刊物,除掉《国讯》,无过于这《教育与职业》了。即就刊物寿命论,绵延到20余年长久的,怕除本刊外,也不可多见。而在

《教育与职业》复刊词

本刊担任笔政诸同志,前前后后,成名已去的,何止百十!去者去,来者来,岂惟吾道不孤,且弥幸吾道一天一天的加广,而所靠着互相结识,互相切磋,就是这份刊物。她的效用,一方直接辅导这个孩子,一方集中许多同志,多方面来辅导这个孩子,使底于长成,为了国家和民族尽她最大的努力。这样一想,这短短的历史,不能不加以珍惜了。

当民纪廿六年秋,上海"八一三"难作,本刊不得不随一般刊物而停版。匆匆三年间,终以社务日益发展,各方督责日益严切,乃决于廿九年五月五日职教社第廿三周年纪念之日,断然复刊。同人以记者于本刊历史关系最长,不可以无言。那么就掬我至诚,来贡献几句话:读者诸君呀!自从抗战以来,中国已不是过去的中国。社会事实之所需要,各方心里之所期望,都不是过去可比,职业教育将如何适应此大时代的要求?如何完成此神圣抗战时期的使命?原则是不变的,方针怎样,方针是不变的,进行速度怎样?将如何加强他的力量?如何加密他的联系?身负笔政者,固将尽我力之所及,继续贡献与读者,祇以本刊为本刊读者和本社社员公共的刊物,亦愿读者诸君,本社同志诸君,其有以教我来!

(原载《教育与职业》第 192 期,1940 年)

职业教育的基本理论纲要

民国二十七年十二月曾作一文——《我之人生观与吾人从事职业教育之基本理论》，以供同事诸君子之讨论资料，并付《国讯》发表。兹复提供同事诸君子读书会之研究，同时为本社事务管理训练班讲述大意，因辑为职业教育的基本理论纲要，以基于人生观的认识为上篇，而另草下篇——基于时代的要求，以明本末之相因，天人之一贯。

（上）基于人生观的认识

（一）人类在宇宙间占怎样的地位？

依我所知：

甲、我身很小（无穷大天体中之我），却又很大（观我身包孕微生动植物之繁）；

乙、人和物是平等的（观人类和一般动物生理构造与生活状态之大体相同）；

丙、人和物是一体的（观人类和一般动物生命之同源与空际电流之感应）；

丁、我生很暂（地球悠久历史中之我），却又很永（宇宙整个生命中之我）；

戊、人类和一切生物都在竞争生存与不已进化之中乃有我。

（二）人类要求些什么？

甲、求生；

乙、求群。

因求生而自"爱"，因求群而"爱"群。

却又起一种反动：

是爱生的，又爱杀；是爱群的，又杀人。

试就历史表现分析起来：

1. 为求我或我群的有利，或欲伸张于我或我群有利的主张，不惜加害于他或他群，这种"杀"，是"爱"的偏私的表现。

2. 有所极爱，求之不得，或被毁损，忿极恼极，因而自杀，这种"杀"，是"爱"的偏激的表现。

3. 为了他加害于人，乃至加害于群，因以公意加刑于他，这种"杀"，是"爱"的正直的表现。

4. 为了保全群的生命，不惜牺牲我个人的生命，这种"杀"，是"爱"的伟大的表现。

（三）这是人类间唯一的大问题：

人类间唯一大问题，是"全生去杀"。

古今中外宗教家、政治家、法律家……一切主义，一切学说，都从这基本观念产生出来。

我们对于解决这问题，主张从基本下手，把人们的"知"和"爱"扩大起来，加强起来，但须有进一步的具体办法。

我们所采的办法，是就人类所固有，自少而多，自小而大，顺的，不是逆的，启发的，不是输入的。

（四）解决人类间唯一大问题的具体办法怎样呢？

人们为求他的生存，都在爱他的群。但有所爱，便有所憎，憎之极而相杀；爱限之，实则知限之，很多人为爱他的群，都在提出求生存方法的主张，为欲伸张我的主张，便排斥他的主张，演成相争相杀，知限之，实则爱限之。若把人们的"知"和"爱"扩大起来，"知"为之导，而"爱"随之，爱既扩大，所爱的群亦扩大；若把人们所爱，逐步扩大到全人类，那么相争相杀的惨，或可减免。

欲扩大他们所爱的群，必先把群加强团结起来，断没有侵略他群的心，必须有抵抗他群侵略的力，否则他群加害于我时，无力自存，群的生命也就毁灭。

怎样加强团结呢？方法在把一群间地力、物力、人力凝聚起来，而人力是一切力的中心，必使每一个人肯把他所有力量，完全贡献给群，构成群的整个力量。

如何使人人肯贡献他的全力呢？

方法在使人人认群为我有，我为群有。

认定群为我有，那么，群的事是我的事，我必须尽我的义务；群的利是我的利，我必须取得我的享受。

这样一讲，国父中山先生所提倡的三民主义，就可以了解。

群为我有，这个意义，就是"民族主义"。

群的事，是我的事，这个意义，就是"民权主义"。

群的利，是我的利，这个意义，就是"民生主义"。

"群为我有"下的政治，就是民主制度的政治。

"群为我有"下的经济。就是社会主义的经济。（一万人的国、就是一万人共有的国。这一国的利，就是一万人共有的利。在这种意义下，当然与私人资本主义不相容。但要做到，定须有相当步骤与时间。)

群的利是我的利,利从哪里来呢?从开发地力、物力得来。人人是认群的事是我的事,群的利是我的利,那么,要人人肯出全力来开发地力、物力,使凝结而成整个的群力,非不可能的事。人人果认群为我有,我为群有,那么,就把群扩大到全人类,也非不可能的事。欲实现全人类"全生去杀"的理想世界,这只是一个总原则。当然还有很繁复的方法问题,留待解决。

站在这很繁复的方法问题中心,来研究和执行这整个解决方案的,是什么人?是政治学者和政治家。但各种人不论站在什么岗位,都须认清这套理论,望定这个目标,分担部分工作。

(五)那么我们担任什么部分呢?

我们担任部分,就是——对全群的人,用启发方式,在每一个人长日劳动或劳心,换取他的生活需求时,帮助增进他的知和能,使了解到我与群的关系,尽量贡献他的力量,来开发地力和物力,凝结而成整个的群力。

所谓用劳力或劳心换取生活需求的日常工作,就是职业。

所谓用启发方式,就前项工作,启发他的知和能,使每一个人明了我与群的关系,贡献他的力量,来开发地力和物力;或尚未有前项工作,因养成了相当程度的知和能而取得工作,这就是职业教育。

(下)基于时代的要求

(一)吾人首先须认定:

一、空间　社会是整个的；

二、时间　社会是在不断地演进的。

(二)进一步须认定：

一、社会一切问题的中心，是人类；人类一切问题的中心，是生活；

二、有生活必有需求、有供给；所需求、所供给，必有用途、有来源；

三、既有需求与供给，有用途与来源，必有种种方式，演成种种制度，这就是职业；

四、人们大都有天赋的个性与特长，而兴趣做他的先导，一经启发着，很可能尽量地发挥出来；

五、前人所获得的知识和经验，乐于传给后人，后人从仿效中获得改进，或进而有所发明，这就是教育；

六、自社会生活方式采分工制，求工作效能的增进与工作者天性、天才的认识与浚发，进而与其工作适合，于是乎有职业教育。

(三)中国古代人伦教育以外只有职业教育。("后稷教民稼穑"见于《孟子》；"神农氏耒耜之利，以教天下"见于《易·系辞》；"农工商之子恒为农工商，以教其子弟，少而习焉，不劳而能"，见于春秋时《管子》。)

自两汉重经术、隋唐行科举以后，便没有职业教育，虽或迫于环境要求有起而提倡的，但没有系统的设施，也没有普遍的影响。然"职业教育"名词，已发见于清末公牍(见拙著《中国职业教育简史》)。

民国六年教育界特设社团，大声疾呼，主张职业教育。十一年职业教育始订入学制，二十年国民政府通令全国倡办职业教育，同年,国民会议议决大量提倡职业教育,于是职业教育就被确定为整个教育政策的重要部分。

(四)在社会整个的剧变与不断的演进之下;

一、个人演进为社会;

二、个人生活演进为社会生活;

三、个人谋生问题演进为社会服务问题;

四、阶级性的生活制度演进为平民化的生活制度;

五、个人生计问题演进为社会生产问题,再演进为国防生产问题,再演进为民族生产问题。

这是吾人对现社会的新认识。

(五)根据吾人新认识,应有最高度热诚与努力,接受下开各种新课题:

一、在国防生产和民族生产要求下,应养成忠勇坚确而开展的斗士,同时为科学威权的执行者;

二、在国防技术要求下,更应养成忠勇坚确而开展的斗士,同时为器材之管理运用并制造者;

三、在福利人群的学术界,应养成志行贞固、践履笃实,接受并发挥科学精神与知能的实行家;

四、在物质文明演成世界新趋势下,应养成以双手负荷新文化创造责任的先锋队;

五、在民主政治制度下,应养成富于平民精神、自立立人、自治治人而兼能自养养人的公民;

六、在渐趋社会主义的经济制度下,应养成适于新生产组织的健全分子;

七、在今建国与抗战大时代,应养成矢忠矢孝、即知即行、以手以脑贡献于国家民族的强有力的保卫者。

这就是现时职业教育的新使命。

(原载《教育与职业》第 198 期,1943 年)

战后职业教育重估价

中华职业教育社成立在第一次世界大战的末期——1917年。现在第二次世界大战,又眼睁睁地在面前结束了,我们愿把职业教育来一个重新估价。

人类中间一切事和物,都存在于需要之下。有需要,才有这事这物;需要不变,它们的生命也就不会断绝。这是铁一般的公式。

人类有天然的求知能欲。人们有已知已能的,有未知未能的,相互间一方学习,一方施教。除非人类求知能欲消灭了,除非一般人类生而知和能平等了,否则这学习和施教永远是需要。教育这一分图案,就是这样设计出来的。

凡有生命者,第一要求也可以说惟一要求,就是它的生存。如果有生命者的生命一天不绝,它的求生存欲也就一天存在。

人类求生存,因天然基础的不同而形成分工,同时由无组织进于有组织,在有组织之下,更产生出合作分工所以供应人们各式各样需求的种种制度,而职业这片园地,也就在这中间开拓出来。

有了这片园地,不在这上边建筑起机构来,只是满目荒凉;有了上边所开这一份图案,不拿来建筑在这片园地上,不是纸上谈兵,便是空中楼阁。职业教育,就把适应人类求知能欲的需要而设计出来的图案,来建筑在根据有组织的分工制度所开拓出来的园地上边。职业教育这机构,就是这样很自然地产生出来的。

并且，人类求生存欲和求知能欲一天存在着，人类求贯彻它两种欲望的方法定会一天一天改进着，即职业教育一天一天改进着。

战争是什么？战争是求生存的一种非常手段。它特别需要知和能的进步，而且需要得加紧、加快；在战争结束以后，需要生产的恢复和增益，拿来补足它生存的要求，却更加严重，更加迫切。所以职业教育经过两次最大规模的世界战争，它的价值，只有看高，不会看跌。如果世界不幸而有第三大战，结果职业教育也只有更改进，更扩大，绝对不会减少需要，乃至消灭。

这是千真万确的理论。所有明明白白的事实，都摆在面前，绝对不是夸大，不是幻想。

这是我在经过两次世界大战以后所得到的新的认识。

（原载《教育与职业》第 204 期，1948 年）

区域职业教育

草拟河南职业教育进行计划

一、由河南省教育行政与实业行政合设一总机关，专办关于全省职业教育事宜。

此机关或称教育、实业两厅联合会，或即称职业教育委员会。其所以必须加入实业厅者，因职业教育大部分与实业行政有密切之关系故也。从前各省，大都专责之教育行政，故设施多不经济，而效力亦薄。

二、前条总机关之任务，可分为调查、研究、规划、设计、指导、筹备师资、推广出路（包含人与物两者），及其他关于职业教育进行事宜。

总机关既设，则以后进行事宜，应悉待该机关之调查、研究、规划、设计。但亦有可假定者，姑列举如下。

三、职业教育设施之概要，兹分类述之：

甲、农业教育

（1）应将学理的试验之责任，专属之农科大学（在大学农科未成立时以农专校暂充）。而旧设之甲、乙种农校，改为专任推广之责，就大学农场试验有效力之方法而宣传之。甲农负直接宣传，兼负养成宣传人才之责；乙农专负直接宣传之责。

旧时甲农重试验，乃至乙农亦重试验，未免负担过于其能力，且亦不经济，故为分划责任如此。

(2)就全省特别之农产,分为若干区。如豫西产棉,则定为棉区;豫南产稻,则定为稻区。余可类推。每区由最高学理的试验机关,即大学农科,就该区适当地点,分设农场专事试验该项主要农产,而以其他辅之。(倘该区有私立农场,例如本省现有纱厂厂联合会所设之植棉试验场,不妨以此为代用。)亦有普通农产,无可分区者,则任择一区试验之。

旧时农事试验场,专属于实业行政。今既两厅合设总机关,当然可以统一支配。

(3)甲种农校

(子)除造就农业指导员及乡村农业教员外,并应协同农校及待设之各县农业指导员,就前条各该农场试验有效之种子、方法、器械等,负责宣传之。

(丑)每县将来应根据农业情形,分作若干区,每区设农业指导员一人或二人,就原有小学为根据地,专任推广农业事务。

乙、工业教育

(1)应分特种工艺与普通工艺两类。特种工艺,如电机、机械、矿业等较大之工艺,应指定适当地点,集中教授,视其需要,徐图推广。普通工艺,如制家具、制衣、制鞋等,关于人生日用品者,应由中央机关广为传习,并养成传习人员,以期从速推广。

(2)以上两类,均须由总机关先事调查。依调查之结果,知某地有何种原料,某地有何种用途,某地有何种旧传工艺,某地有何种大宗实业,可以提倡。具有连带关系之职业,均根据各该地方对于职业之需要与适宜,以定设施职业教育之种类与地点。并宜根据各该职业之状况,以定设校之程度。

(3)工艺教育最重要问题,在制成品之销路,应由总机关尽力筹划推广之。

丙、商业教育

（1）应于全省交通重要地方（例如郑州）设商业学校，以养成各种新式商业需要之人才，并为推广商业之助。

（2）且旧式商业之改良，在教育上宜从商业补习教育下手。

（3）凡商业教育所定之教科及教材，如何使适合商业需要；所施之训练，如何得养成商业适用人才，以及实习方法，如何使商、学两方，得极端之联络，皆应由总机关以调查研究等种种方法，尽力协助之。

丁、女子家事教育

（1）普通的家事教育，应于各级普通女学校内注意设施。

（2）其家庭工艺，或商业，或园艺等，为女子能力与社会习惯所适宜之职业，应设法使之逐渐推广。最好于正式学校内附设或特设各传习机关，以期达到人人得以自立之目的。

女子受职业教育后之出路，或其制成品之销路，应由总机关特别设法。此为提倡女子职业教育之要点。

四、设施各种职业教育之方式，可分列如下：

甲、特设之职业学校，或因专设一类，而称农业学校，或工业学校，或商业学校等。

乙、就普通之中小学校内，附设职业科一种或数种。

丙、分设各种传习所或补习学校。

丁、高级与低级，设法合设，使互相得益。

均宜由总机关视其需要与适宜，为之规划或设计。

五、设施各种职业教育之分量，应视地方对于职业教育需要之程度，可由总机关行下列之调查：

甲、对于已受教育者,调查中学毕业生之不升学者,其数若干;高等小学毕业生之不升学者,其数若干。此不升学者,即为应受职业教育者。至国民学校毕业生之不升学者,可令各县自行调查后,规划处置之。

乙、对于未受教育者,分两种处理之。

(1) 学龄儿童 如在12岁以上,而察其能力,仅能受义务教育者,应于设施义务教育时连带设施职业教育或职业陶冶。

此应于小学特别注意调查。

(2) 已过学龄之儿童 应于补习学校内,以职业教育与普通教育并施之。

此应于推广补习学校时,特别注意调查。

六、就目前假拟之具体办法,及分期施行之顺序:

甲、组织总机关。

乙、创办大学农科。

丙、省立农业专门学校,可并入大学。其甲种农校及农事试验场,既在同一地点,且同属省立,可改为大学附属,以取费用之经济,且谋精神之联络。

丁、省立甲种工校,应酌予扩充。其县立乙种工校,既在同一地点,且学科相同,似可改为甲工附属,以谋极端之联络。至县对于工业,可另设他科。

戊、省立甲种商业学校,亟宜迁往郑州,以应其地之需要,而谋学、商两界之联络。

以上丙丁戊三项,皆限于参观所及,其他未敢臆断,故从略。

己、各县宜就财力所及,先设乡村职业学校(注重农工)及城市职业学校(注重工商)各一所,以资实地之研究,由总机关协助设计指导。其旧有之乙种农、工、商校,分别归纳之。

凡依新学制应改之名称及组织等,属当然之改革,兹不及。以上为初期办理之事,其后依总机关调查研究之结果,继续设施之。

(原载《教育与职业》第 39 期,1922 年)

改进安徽职业教育办法案

十二年二月,安徽举行实施新学制讨论会。是会以教育厅聘请省内外教育专家十四人、省教育会代表四人、省立学校联合会代表四人、教育厅指派职员四人组织之。教育厅长主席。一日开会,三日闭会。是案由审查会职业教育组,依据教育厅交议案,及教育会建议案修正报告,经大会修正通过。余既被邀列席,合附记其颠末。

一、确定职业教育之范围

应认定归入职业教育范围之各机关列举如下:

(一)旧制甲种农、工、商业学校。

(二)旧制乙种农、工、商业学校。

(三)男、女子各种职业学校、工艺学校、工读学校、职工学校及各种职业传习所、讲习所等。

(四)高级中学农、工、商、家事等科,及初级中学职业科。

(五)小学校各种职业准备科。

(六)各种职业补习学校或职业补习科。

(七)各种职业科教员养成机关。

(八)慈善性质及感化性质之各种习艺机关。

至大学农、工、商、矿科,或农、工、商、矿等专门学校,虽未定在职业教育范围之内,亦应谋绝对联络办法。

二、安徽现有职业教育机关（编者按：原案列举各机关名称，兹从略。第计其类别，则归入前项第一类者八校，第二类、第三类者各十一校，第六类者一校，余待调查）。①

三、改进办法

（甲）**农业教育**　以芜湖甲种农校为研究改良全省蚕桑总机关，以六安甲种农校为研究改良全省茶叶总机关，以安庆甲种农校为研究改良全省农林总机关。余详见改进安徽农业教育办法案。（编者按：原案五年内，三校经费仍旧额，每年共15万元。各添聘专家，担任研究改良，造就、推广人才，协同各县立机关，分别改进本省蚕业、茶业、林业。一面由教育厅组织农业教育委员会，为协助规划及执行全省农业教育总机关。第五年定为25万元。以上三校，统改为农科大学，依次称第一、第二、第三分部。各注重造就专门人才。农业教育委员会取消，其职务归大学担任。）②

（乙）**工业教育**　赞成教育厅交议案，甲种工校改为职业学校，设金工、木工（原设土木科，维持至毕业）、化学工艺等科，并视地方之适宜与需要，添设裨益贫民生计之其他工艺科，徐图推广于各地。

说明：职业教育应以补助贫民生计为主要目的。良以境遇所迫，谋生之志趣较为确定。以视中等人家子弟，其需要之程度不同，故其收效之难易亦异。况为改良工艺，增加生产起见，亦应注重养成一般适当之工人。其方法得采用半日或全日制，其毕业时期，以短为宜。

---

① 此"编者按"为原编者所加。
② 同上。

省教育会建议案,于亳县、宣城各添职业学校一所,均利用地方特产原料。其办法认为适宜,应视本省经济情形,陆续添设。

(丙)**商业教育** 赞成教育厅交议案及省教育会建议案一致之主张。甲种商校,至适当时期,改为新制中学商科。提倡兼指导商业补习教育,徐图推广于各地。

说明:商业教育,一方宜培养适当人才,以供商界作用。一方并宜就已入商界者,导之向学,授以相当教育。而后者之需要,实较前者为急,以其影响于改良商业前途,尤捷也。该校设在芜湖,为全省最繁盛之城市,应先尽力提倡指导,以为各地之先声。

(丁)**女子职业教育** 省立女子职业学校,除原设各科外,赞成教育厅交议案之主张,添办师范科,养成传授各地女子职业人才。该校应将原设职业补习科办法,就本省适当地点,依次推广。

说明:女子职业学校,本省只有一所,似非男女教育机会均等之道。现在暂拟上开推广职业补习科办法,俟财力稍充,必当添设专校。

以上乙、丙、丁各项职业教育,经费之支配,有必要增加者,应由教育行政机关酌定。

(戊)**各县职业教育** 原有乙种农、工、商学校,赞成教育厅交议案,改为职业学校。应由县教育行政机关调查地方之需要,以定设科,并视该科性质,以定年限。

赞成厅案,小学校注重职业陶冶,并应就学生适当年龄及地方状况,设职业准备科。

四、设研究、指导全省职业教育总机关

以上改进本省职业教育种种办法,凡关于地方状况之调查、学科及教材之编制、设施方法之研究与其他指导进行事宜,均不可无总机关以资办理。此项总机关,最好应由教育行政方面,会集具有各种职业教育之学识及经验者,共同组织。基此理由,主张由教育厅设职业教育委员会,其办法另订之。

(原载《教育与职业》第 43 期,1923 年)

对于云南职业教育进行之意见

全国教育会联合会已通过云南所提职业教育改进办法案,主张设置全省总机关,由教育行政、实业行政两方面联合组织。……炎培旅滇日浅,以两旬间之观察,何敢率然有所陈述。只以心感当局励精兴学之盛意与不耻下问之虚衷,辄就见闻所及,参以平时研究,条陈如次。愧未足副滇中当局与一般同志之属望于万一也。

(一)对于组设全省职业教育总机关之意见 职业教育调查研究,手续极繁,不可不特组机关,负责专办。诚有如云南原案所云者,而以云南省行政机关之组织完备,运用敏活,似只须组设委员会,由教育、实业两司各派重要职员,共同组织,以两司长为之领袖,并延访当地夙研职业教育之专家,酌邀加入。若昆明市政公所方锐意振兴市政,对于职业教育,亦有种种设施,似其领袖与其重要职员,亦宜加入。所有全省职业教育,以此会为调查、研究、规划、指导以及筹备师资、推广出路之总机关。委员而外,酌设驻会职员,以资办事。按照全国职业学校联合会所议决认定之十种职业教育机关,凡特设之农、工、商业学校或职业学校,以及大学校、专门学校附设之职业专修科(例如法政学校附设商业班),慈善性质或感化性质之职业教育(例如昆明市政公所所辖之感化院、习艺所、平民工厂、幼孩工厂、贫儿工厂等),实业机关附设之职业教育(例如模范工艺厂所招收之艺徒)等,皆由此会联络进行,以收提纲挈领之效。

（二）**对于农业教育之意见**　闻滇省可耕而未辟之地尚多，气候温和，物产丰腴。此时粮食价昂，木材亦贵，衣料多仰给于外，有此扩张农业之可能与必要。深信当局诸公胸有成竹，早经积极进行。窃以为农业计划，宜与农业教育计划相应。而最近一般农业专家对于农业，大都主张采用系统的政策。如就全省特殊农产，分若干区，择该区适当地点，设场试验，附设农业学校，而皆受辖于担负中央试验、研究、指导之责之大学农科。旧时乙种农校所改设之职业学校，以及乡村小学校，皆依所在区农产之已经试验有效者，分负推广、种植、传布方法及教育农家子弟之责，合农业与农业教育而一以贯之，以兴实业为目的，而以种种组织及教育上之设施，为其方法。此种办法，或可备滇省之采行。况实业行政当局早有植棉、造林等种种大计划，以农业教育辅之，观成必更易也。

观省立第一师范学校设有农业科，与滇人士谈，皆极注意农村师范教育。得此系统计划，则因地制宜，头头是道矣。

（三）**对于工业教育之意见**　工业之大别，分机械工与手工两种。滇省交通尚未发达，各种实业正在萌芽，则机械工业教育之积极推广，恐非其时。省城现有模范工艺厂，内设机械工科，始基既立，或可稍事扩充，以为机械制造工业之中心机关。而同时培养技手与一般工人，以为改进与扩充之准备。悉当局有派学生至外省学习机械工之举，证以厂长见告良工之缺乏与招致之困难，则此举自不可缓。若夫手工业利用美富之天产与过剩之人工，不假巨额之资本，而可使一般贫民得生计上之补助，大可积极推广。而由第一项所述之总机关担任调查，何种为特产之原料，何种为特有之用途，何种为精美之旧传工艺，根据地力之需要与适宜，以定设施之种类与程度；而更为之供给其教师，推广其销路，督察其成绩，指导其改良，将悉惟总机关是赖。现省城已设有市立职业学校，读五年内教育改进办法案，将自十三年起，就省城开办职业学校，酌设工厂，并于女子中学附属第一、第二小学，添设职业科，于各县初级中学兼办职业科。既有此推广计划，则调查、研究、指导之总机关，自不可不先行设立。而若已办之女子工艺厂、男女子平民习艺所，以及贫儿幼孩各工厂、男女感化院等，皆宜由总机关负研究、指导之责。至其设施方针，观昆明市立职业学校所揭之第一原则，须先有从事某种职业教育之机会，然后筹设某种职业之教育，允为精到之言；以及功课注重实习，课外共同作业，以增进互助精神，养成勤劳习惯，皆可为法。至欲以生产之所得，偿教育之所失，在初办时或有为难，以试验时期之销耗大也。故依同人近岁之经验，以为生产一节，对于青年自宜养成其自谋生活之能力，而欲课学校以自谋生活，恐非易易。

伦敦市工业教育有中央教场之制度，上海仿行，已届四年。先从木工办起，设一中央木工教场，市立各小学依规定时间，先后轮往学习。教师与设备，皆从经济，而学生之精神与技术，转因集中而得奋发比较之机会。云南省城各小学手工教育或可试行此制。从教育言，手脑并练，以发展其本能；从职业言，试习工作，以养成其习惯与兴趣，亦职业指导之初步工夫也。

教育改进案内规定之民国十三年在省城添设职业学校一节，鄙意可就省城左近适当地点，办一农村式职业学校，以为各地推广农村职业教育之试验。

（四）对于商业教育、文事教育之意见 在较偏僻之地方，提倡商业教育，实较农工为先。虽今昆明市立职业学校有设立商业补习科之规定,而法政专门学校且以总商会之同意,设有商业班,教育界与实业界双方合作,先从补习教育与短期修业下手,自是稳健办法。总商会会长见告,鉴于培养商业人才之必要,拟设一商校,已筹得一部分经费,尚在续筹中,此事亦宜由第一项所述之总机关,联络研究,协助进行。至于公职养成科,市立职业学校定名文事科,招收中学毕业或现在各机关及学校、图书馆、工厂及公团等当书记、录事者,授以文牍、簿记、统计等科,甚为切要。鄙意中学校设职业科,当以商业科及文事科为较易办理,以此两科之性质,近于普通,在精神上,与普通科学生为较易融洽也。

(五)**对于女子职业教育之意见** 女子职业教育之较切要者,莫如手工与家事两端。而从广义言,则师范教育亦其一也。第三项对于工业教育之意见,包括男、女子而言,兹不赘述。而就前项所陈种种,其中推广销路一端,在女子工艺教育上,尤为特别重要。因女子往往于技能之精进见长,而于贩卖之习惯则见绌,在内地女子,或尤甚焉。总机关于此点,似宜注意。若夫家事,东西各国无不以此为女子教育重要部分,自宜极力提倡。似女子师范与中学皆可设此学科,而先之以研究,定为适当之教材与课程,务恰如其需要。大抵一般社会之妇女,宜以工艺为先;而中等以上人家,则家事亦宜注重。盖其需要然也。

(六)**对于职业指导之意见** 以上所陈种种,尚有一先决问题,即男女青年设或缺乏重视职业之心思与从事职业之兴趣与习惯,又或认一科、习一业而违其天性与天才,则职业教育之效果,仍难圆满。是职业指导尚焉。其方法:一、调查、发表各种职业状况及学校状况,使学生有选业、选校之根据与准备。二、测验或查询个人职业性能,俾择适宜于己,有益于群之职业。三、调查各职业机关所需人材、各学校学科及人数，以谋供求相应。四、用出版、演讲及其他方法，宣传职业指导之重要，及发表调查、研究所得之结果。而其尤要者，在对于男女青年，用种种方法发挥其服务社会之精神，唤起其从事职业之兴味。而指导之结果，兼设职业介绍机关，使学无不用，用无不学；而更调查其所介绍之适宜与否，以供指导时之参考。此职业指导之大概方法也。总机关宜分设一部，专办此事；而将市政公所已在试办之职业介绍所，加以扩充，接洽办理，并随时与中华职业教育社所设职业指导委员会，联络进行。

若夫云南军队职业教育，已规定泥木、缝纫、纺织、皮革、铁工、种植等科，从事试办，总机关亦宜接洽研究，联络进行。

至于经费一节，最好划定一部分。办理以上种种事宜，想早为当局诸公所计及也。

总之，因地因人，为职业教育一切设施之原则。地无不辟之利，即人无不用之才。二者道在相成，故功宜合作。全省职业教育总机关之设立，诚为必要。所陈种种，实未出省长与教育实业当局诸公计划之范围，亦聊以供参考耳。所望不遗在远，随时通讯，俾知进行状况。数年而后，再有机缘，更愿来观云南模范省职业教育之成效。

（原载《教育与职业》第 51 期，1923 年）

江苏职业教育计划案

苏省行政当局鉴于教育与实业，因密切之关系，有联络之必要，于上年十一月组织教育实业行政联合会。以省长、政务厅长、教育实业两厅长、省署第三四科长为当然会员，遴选本省教育、实业界领袖十人为聘任委员。本年一月二十一、二十二、二十三日，在南京举行成立会。当举定省长为会长，教、实两厅长为副会长，聘任委员邹秉文为总干事。设会所于贡院，并组织农、工、商业各委员会，及改良全省造林、蚕桑、园艺计划各委员会。别设职业教育委员会，则由联合会推出四人，农、工、商业三委员会主任并各推出一人，与本社推出三人组织之。本社主任黄炎培君，以聘任委员资格，提出本省职业教育计划案。经大会通过，交职业教育委员会详细讨论具体办法，再交由教、实两厅施行。兹事于职业教育前途大有影响。为将原案刊入本志，并记其缘起于端，录其简章于后。

江苏职业教育机关，就中华职业教育社民国十一年所调查，合公私立甲乙种农、工、商学校，男、女子职业学校，以及慈善性质之孤贫儿院等计之，共得196所，在各省区中占数最多。然就社会需要方面言之，以吾苏人民生计艰窘之有待于维持，与地方生产事业之有待于发展，此百余机关，无论其未完善，即使一一完善，其未足以给本省之要求，可断言也。

本会认教育、实业行政，有联络之必要，故就两厅及省署两科，合组而成。从前职业教育,仅视为教育方面所有事,故虽设有甲、乙种农、工、商学校,而与农、工、商实业行政,绝对不生关系。省立各农场、工场亦甚感教育之需要,或且附有教育事业,而与教育行政,亦绝对不生关系。如是而欲收充分之效果,宜其难也。本会成立,自应认为改进与发展职业教育之绝好机会。

江苏对于职业教育,夙所注重。行政方面,既设有职业教育指导员,省教育会又设有职业学校联合会。况中华职业教育社,虽范围属于全国,而机关设在江苏,对于苏省职业教育,尤应有特别之赞助与贡献。兹特根据本省地方状况,就平日调查研究之所得,提出本案,以待公决。

一、确定计划全省职业教育之总机关。职业教育包括农、工、商、家事四种。其入手办法,如调查、研究、规划、指导,以及筹备师资、推广出路等事,头绪甚繁。在外国或特设职业教育局,或就行政机关内特设专科,以资治理。今本会既由教育、实业行政两部分组合而成,而中华职业教育社又设在本省,最好即由本会及该社会同担负计划职业教育,分部进行,按期报告,以专责任。

二、申明本省职业教育各机关之宗旨。自新学制颁行,职业教育之地位,已经明确规定。如甲、乙种实业学校改为职业学校,以及初级中学兼设之职业科,高级中学分设之农、工、商、家事科,大学及专门学校附设之职业专修科,小学高年级增置之职业准备教育,皆属职业教育性质。他如地方慈善团体,农场、工场、商店附设之教导职业,或补习职业机关,虽非正式学校,然其事业,实属职业教育范围。以上种种,皆应明定宗旨,一切设施,依之以行。责成前项总机关,统归计划,一致进行。

上两大纲既立,请更分类言之。

（甲）农业教育

一、采系统计划。农业教育与工、商业不同，应采系统主义。先以东南大学农科确定为本省关于农科试验中心机关，担负学理的试验之责，供给中学农科之教材与师资，并研究解决困难问题。以旧设甲种农校改为中学农科，就大学农场试验有效之方法而宣传之，兼负局部试验，及养成宣传人才之责。乙种农校改为职业学校，或即称农业学校，负直接宣传及教育农家子弟之责。从前大学农科及甲种农校，俱从事试验，乃至乙种农校亦从事试验，未免负担过于能力，且非经济之道，故为分划责任如此。

二、定分区制度。就全省特殊农产，分为若干区，如棉区、稻区、麦区、林区等。就该区适当地点，设立农场，分隶于大学农科，或农业中学，以供中央试验，或局部试验之需。俟至适当时期，每县亦得分为若干区，与农校联络，负担推广及指导之责。从前农场、农校虽在同一地点，且为同级机关所立，绝不联络。今本会成立，应注重此点，以资互助。

（乙）工业教育

一、机械工业。本省机械工业教育之属于高等者，如东大、交大、同济、通惠、南通纺织等。属于中等者，如一工、二工（现一部分试办专门）、中华职业等。此种较大之工业，须内审公私财力，外审学生出路，不必急事扩充，惟有察其需要与可能而徐图之。所亟应从事者，乃就现有机械工厂，施以补习教育，授普通以增加其常识，兼授专科以改进其技能。亦使枯燥之职业，得工余之乐趣，殊于改良工业，减免风潮，有直接之影响。应指定重要商埠之风气开通者，如上海、无锡等，先以调查，继以劝导，俾工厂自办此种补习教育，而为之代订办法，供给其教师与教材，实为当今急务。

二、手工业。欲使一般贫民得生计上之补助，而又不假巨额之资本，非提倡手工业不可。以吾国人口之最繁，工价之较贱，提倡手工业，且可于其出品之对外贸易上，收出奇制胜之效。吾苏各地旧设之此种工校，及慈善性质之教导工艺机关，所在甚多，而有良好之成绩者尚鲜。应由总机关速办下开各事：（一）调查。依调查之结果，知其地有何种原料，有何种用途，有何种旧传艺术，均根据各该地方之需要与适宜，以定设施之种类与程度。（二）供给教师。现办此种机关，其所以不易收效者，大抵缺乏良好教师之故。应由总机关设法养成。（三）推广销路。应由总机关就适当地点，特设场所，推销出品，而即就销路上，考察其出品之合宜与否，而指导其改良。如果办理得宜，此项制造可以立见推广，而嘉惠贫民，将无涯涘。省立各工场，应于此点特别注意。

（丙）商业教育

一、正式商业教育。正式商业学校，或公或私，江苏重要商埠，大多设立。以后应视地方需要，逐渐推广。此时亟须加以助力，使其与当地商业界有具体的联络办法，以冀养成适用人才，为改良与推广商业之助。

二、商业补习教育。旧式商业之改进。在教育上，宜从商业补习教育下手。应就南京、上海、无锡、镇江、扬州等重要地点，提倡试办。

三、关于商业教育之辅助问题。凡商业教育所定之教科及教材，如何而能适合商业需要，所施之训育，如何而能养成商业适用人才，以及其他种种有待于指导与供给者，皆应由总机关以调查、研究等各种方法，尽力协助之。

（丁）女子家事教育

一、设科问题。各级女学校，应提倡注重家事教育。或特设专科，或就相当学科，加入此项教材，可视其程度定之。

二、传习问题。凡家庭工艺，或商业、或园艺等，为女子能力与社会习惯所适宜之职业，应设法使之逐渐推广。最好于正式学校内，附设或特设各传习机关，以期达到人人得以自立之目的。

三、学生出路与出品销路问题。女子受职业教育后之出路，与其制成品之销路，应由总机关特别设法，以唤起其对于职业教育之兴味。

以上各类，只陈大概，兹更就设施上，举其共同者两事：

一、设施各种职业教育之方式，列举如下：

（一）特设职业学校。或因专设一类，而称农业学校、工业学校，或商业学校等。

（二）就普通中小学校内，附设职业科一种或数种。

（三）分设各种传习所或补习学校。

（四）就实业机关内，附设职业教育机关。

（五）以较低级之职业学校，附设于高级学校内，使得联络之益。

以上均宜由总机关，视其需要与适宜而施之。

二、设施各种职业教育之分量，应视地方对于职业教育需要之程度，可由总机关先行下列之调查：

（一）对于已受教育者。调查中学毕业生之不升学者，其数若干；高等小学毕业生之不升学者，其数若干。此不升学者，即为应受职业教育者。至国民学校（姑用旧制名称）毕业生之不升学者，可令各县自行调查后，规划处置之。

（二）对于未受教育者。（1）学龄儿童。学龄儿童之能力，有仅能受义务教育而止者，应于设施义务教育时，视其年龄之适宜，连带设施职业教育，或职业陶冶。此应于小学特别注意调查。（2）已过学龄之儿童。应于补习学校内，以职业教育与普通教育并施之。此应于推广补习学校时，特别注意调查。

以上种种，均应由大纲第一条所指总机关负责进行。下手方法，宜在总机关内，组织各种委员会。是否有当，愿行政当局及诸专家赐教之。

（原载《教育与职业》第 42 期，1923 年）

农村职业教育与职业补习教育

农村职业教育

职业教育之设施,昨已为诸君言之,惟皆适于城市而非乡村者,今请就乡村者而申言之。

吾等欲知今日之世界,非文明之世界乎?生于斯世者,其享受之幸福为何如乎?照此不过千百分之一、二,其未能享受此幸福者,不知凡几。现今欧美各国之新思潮,欲令一般之平民,皆能享受此幸福,其理由不亦当欤?

今日之言教育者,曰义务教育。夫义务教育者,欲令全国之学龄儿童皆受此数年之教育也。

试思吾人之栖息者,城市多欤?乡村多欤?以吾人之考察,川沙全县约十万人,而居城厢者大约在五千左右,以此衡之,其比例乡民应占全县百分之九十五,则今日之言教育者,直应以全力百分之九十五施于乡村。

而今日之言教育,其措置实正相反,几以全力注于城市。故凡教科之选材、教授之方法、设备之事项、授课之时间、放假之日期,全非乡村所能适用。

且也经费之来源,若漕粮也、亩捐也、土产税也,不皆取自乡民乎?经费取之于乡,言教育而城乡并重已自不可,若以乡民之捐税,而全力注于城市教育,于良心上尤为不安。故今日之教育,不言普及义务则已,若言义务教育,则当以农村学校为重。

农村学校者，其教育应以农为本位，其一切设施，当偏重于农。吾苏之于农村教育非全不注意也，惟今所研究者，一、现今所办之农村学校敷用不敷用？一、现今所办之农村学校适当不适当？

现今所办之农村学校，江苏全省仅20余处，其不敷用也不待言矣。学校之制度，曰上课也、散学也、星期假也、寒暑假也，不知此等之手续不应施之于乡村。

乡村之教育，在改良其农事，而增进其知识。当研究其田间所出产之物品，各就其地而改良之，令其地方之人民生其兴味，不应将农事之各方面而尽授之，故于部令农校功课23门之多，实属不合。

今之提倡教育者，非就其研究之兴味而施，实则使名之所诱，法之所迫，非其本心也。在昔农之子，恒为农，为安居乐业，不使有所荒废。今日之言教育者，往往高其欲望，使不能安其本业，而动辄以英雄豪杰相期。

夫英雄豪杰固非人人皆能做到，设令国之人民而皆英雄豪杰矣，则举凡农、工之事业，人人皆不屑为，国家之为国家，其前途又何堪设想。

吾国自五四运动以后，人人多抱为公共服务主义，不屑为个人谋生，而盛倡德谟克那西主义。

夫德谟克那西主义，倡自俄，观于俄劳农政府之宪法，人人有做工当兵之义务。

今日中国之青年，侈言新思潮，而于农工等之事业，绝不注意。人人皆抱治人者食于人之思想，则将来之农民，亦岂肯以终日孜孜之劳力，而不思安闲之事业乎。

且也，农村学校之教师，亦将不愿担任乡村之服务，而他去矣。

今日与诸君研究者共有三点：

（一）制度：不应与城市一律，宜因地制宜，而变更之其授课时间与放假日期，宜视各地情形，而设半日学校、或夜学校、或农隙学校、用混合之制度。

（二）课程：科目宜视地方情形，而为活动之加减。如部令之二十三门课程，自属不合。（袁观澜先生调查英国之乡村学校，亦有可减少地理、历史之活动。）

（三）设备：乡村学校之设备，亦应视城市为不同。而于校舍之附近，亦可收买田地，其收获能为校费之补助。（今日南京师范附属小学有设于乡村者，上海亦有乡村学校之设立者，并皆有经营田地之事，则将来必有一种完美之结果，实一举两得之事也。）

其他如乡村学校之师资，亦为最大之问题。盖此等教师之清苦，实同于荒寺之僧。以今日吾苏所办之十余处师范毕业生充之，实有不能安于其职者。盖师校之设立，皆在城市最交通之地，耳目之所接，家族之栖息，皆习于城市，而于乡村不能惯。

故欲养成此等之师资，非设师范学校于乡村不可。观于今日之师范学校，亦有设立附属小学之一部于乡村，亦欲其适用耳。

观此，可知今日之义务教育，为不可缓之要图，而尤以乡村师范学校为当务之急。吾望江苏60县之大教育家，果能尽力行之，以期达此目的，则诚江苏教育前途之幸矣。

（原载《江苏教育公报》第4年第7期，1921年）

"工业补习教育运动"专栏"弁言"

今日办工业,可云千难万难矣。虽然,技术难矣,有专家可聘,非大难也。资本难矣,有利可图,不忠人之不投资,非至难也。根本上之难题,其惟工人乎。欲增进工人之知识技能,则宜教育;欲使工人尽心尽力于作工,则宜教育;为工人谋幸福而又不欲工人走入迷途,则愈不可无教育。一面教育,一面作工,作工为主,教育为辅,于是乎有工业补习教育。如何教育,请读本刊。

(原载《申报》,1926 年 11 月 12 日)

工业补习教育运动后短时期内之所得

补习教育在各国无不视为职业教育之一重要部分，积极扩充，不遗余力。一方面由热心社会福利之人士奋勉进行，一方面由政府定有专律，协助执行。在德国则补习教育已达到强迫执行之地步。如此双方并进，其效力遂与日俱增，前途发展，乃无限量。吾国则以政象不宁，行政当局尚无暇及此，故国家专律之规定，尚须有待。然以此事之重要，需要之急迫，吾人不得不竭尽心力，先事提倡。故本社最近于九月间规划先从工业补习教育入手，邀请工业及教育专家组织淞沪工业补习教育委员会，精密研究，详慎筹划，从事工业补习教育运动。其短时期之经过及所得结果情形，得略述之如下：

(一) 运动及宣传之概况

一、派专员调查淞沪各工厂及已设立之补习学校，作为创设或协助改进之参考；

二、定制征集问题之表格，发寄淞沪各工厂，探询其意见；

三、征得上项意见后，派专员前往商榷，并告以设立补习学校之宗旨及其需要；

四、征集并编译、刊印宣传小册及日报争栏之宣传文字；

五、拟定工厂补习教育设施标准及合作办法，以资遵循；

六、于各日报登载工业补习教育运动文字；

七、推定编订教材委员，从事编定工业补习教育各科适当教授要目。

（二）在短时期内所得之影响

一、有各地教育团体来函询问办法，并索阅印刷品；

二、唤起出版界对此问题之评论与研究；

三、有厂家询问办法，并请代为规划，其中有已设立者，有正在进行中者。

（三）现在进行事项

一、组织淞沪补习学校联合会，联络研究，互助进行；

二、就上海东南西北四区设立淞沪工业补习学校；

三、调查平民学校卒业生状况及志愿，作为设立职业补习学校之准备；

四、同时再继续劝导工厂单独设立相当之补习学校，并随时调查各校办理情形，以备研究，并谋改进之方。

以上所述，为工业补习教育运动后短时期内所得之大概情形。吾人所竭诚希望者，社会鉴于此事之关系远大，与以充分之赞助，而行政方面亦能与以相当之协助，则合众力以赴之，必能获得相当之效果。然后以行之一地而奏效者，推广扩充而布之全国，则固平民莫大之福，抑亦健全国家之基也。

（原载《教育与职业》第 81 期，1927 年）

徐公桥乡村改进史的最初一叶

吾们总算做了一桩比较有些交代的事情,就是徐公桥。

今夏徐公桥试验六年期满,这是复兴以后第六年,就是从民国十七年四月改进工作复兴以后,到今满足预定六年试验期了。复兴以前,还有一段徐公桥开创史,让我来叙述一下:

中华职业教育社为什么发起农村改进工作呢?自民国六年成立后,即便着手试验工商职业教育,而没有及农。到了民国九年,已感觉当时农业教育的失败,而没有认清失败到什么程度和怎样挽救。乃设农业教育研究会,于是年九月十月间,征求改进农业意见,一面推定王企华君(舜成江苏省立二农校长)、邹秉文君(东大农科主任)、原颂周君(东大农科教授)调查各地乙种农校,提出改革大纲七条。——《教育与职业》第 25 期——王君至因奔走调查而伤足。从此,本社同人对于农教,无时不在讨论研究中。

民十四年八月,中华教育改进社开第四届年会于太原,我被推演讲职业教育,提出山西职业教育计划案,两项中的一项,就是划区试验乡村职业教育。文如下:

……就农村较便地方,划定一村或联合数村,其面积以三十方里为度,其人口以三千至五千为度,先调查其地方农产及原有工艺种类,教育及职业概况,为之计划:如何可使男女学童一律就学？如何可使年长失学者得补习之机会？如何养成人人有就业之知能，而并使之得业？如何使有志深造者，得升学之指导？职业余闲，如何使之快乐？其年老或残废者，如何使之得所养？疾病，如何使之得所治？如何使人人有卫生之知识？如何使人人有自卫之能力？凡一区内，有利之天产，则增益而利用之；所需要之物品，则供给之。无旷土，无游民。生产日加，灾害日减。自给自享，相助相成。更如何养成其与他区合作之精神，以完成对省、对国、对群之责任？凡此种种，先设一中心教育机关，就其固有之自治组织，用其当地之人才，量其财力，定设施之次第。其费用，以当地担负为原则。划定办理其他期限与成绩标准，依次考核。试验有效，推广于各地。

当时，山西阎百川省长锡山认为切实可行，嘱教育厅长陈君乙和问我：如有意在山西试办，请多留几日，从长计议。乃以九月六日偕东南大学教授冯君梯霞（锐）、赵君叔愚复至太原，在两星期间调查了晋北忻县、定襄县，晋南榆次、太谷、灵石等县，指定樊野场村、（忻县）待阳村、（定襄）静升村、（灵石）为试验区。在当时的督署勤远楼开会报告，约期再来实地筹办。——以上详《教育与职业》69 期黄炎培在山西三星期间之工作文——不多几时，兵祸纷起，就无形停顿了。

吾偕冯君、赵君商，华北既没法进行，何不就在江南试办呢？乃决定联合中华教育改进社，中华平民教育促进会总会，东南大学农科、教育科，共同试办划区农村改进工作。于十五年五月三日，订定试验改进农村生活合作条件七条：

一、署名于本条件之各团体，为抱同一之目的，愿以合作方法，试验改进农村生活，因商定本条件。

二、合作方法，由每一团体各推代表二人，组织董事会，主持计划改进农村事宜。由董事会组织执行部执行之。其细则由董事会定之。

三、合作机关费，由各团体平均担任。每机关每年以银二百圆为限。如有不足，由负有全国名义之中华教育改进社、中华平民教育促进会总会、中华职业教育社分任之。其每机关加任之数，以一千圆为限。事业费，由各团体视其所任事业性质范围，分别担任或筹措。

四、关于试验经过状况，应由执行部按年编制报告书，由董事会核定后，报告于各团体。（余略）

是年五月十五日，在南京举行成立会。我偕袁君观澜（希涛）代表本社出席，通过董事会简章九条。我被选为会长，陶知行君为副会长，徐养秋君（则陵）为书记，邹秉文君为会计。并推赵叔愚、顾倬、冯锐、杨鄂联、唐启宇五君组织调查设计委员会，以赵君为主任，勘定地点，规划进行。——以上见《教育与职业》第76期。

调查设计委员会对于选觅地点，取交通之便利，认定向沪宁路一带进行。又以该路东西两端地方状况不同，拟各选一地，分别试验，以资比较。——西段后来选取镇江的黄墟。——东段假定昆山，地点适中，距上海不过远，民风纯厚，地方领袖为方惟一（还）、蔡望之（璜）诸君，皆公正热诚，当时县知事吴士翘君（邦珍）且是本社同志。像昆山，可认为理想区域。乃于六月十日，我偕冯君梯霞、赵君叔愚杨君卫玉，徐君仲迪（代表唐君启宇）赴昆山会议结果,蔡君望之请把他的家乡徐公桥为试验区,立即前往。经过冯,赵,杨,徐诸君数日间之调查研究,略略的定了计划。

是年七月五日,南京开联合改进农村生活董事会。由调查设计委员会提出报告,议决以昆山徐公桥为第一试验区。仍继续调查其他地点,以便规定第二试验区,而以赵叔愚君为本会执行部主任。——《教育与职业》第 78 期。

在赵叔愚君指导之下,那年十月,便成立了徐公桥联合改进农村生活事务所,聘定李君企常,程君寿安为干事。常驻徐公桥,办理一切。草定改进农村生活事业大纲。那时候,蔡君望之以外,蒋君仲钧,徐君德明,蒋君云翘,张君越人,还有不及举出姓名的地方诸领袖,以及徐公桥小学校长徐君柏才,都很热烈地干办。那时候,徐公桥只有一个乡立第三小学,即今中心小学。无逸堂还没有建造,事务所设在保卫团事务所,即今公安分驻所。开会有时借小学举行。我与杨君卫玉时时前往参加,赵君叔愚奔走更忙。当时所订改进大纲,(一)散布改良种子,驱逐害虫,提倡副业。(二)改进小学教育,推行义务教育。(三)推行平民教育。(四)施行职业指导。(五)提倡贩卖,购置或借贷等合作组织。(六)筹设通俗图书馆及演讲所。(七)实行卫生运动。(八)提倡修治道路,栽植树木。(九)劝导戒除烟赌。(十)增加娱乐机会。犹忆十六年一月七日,在小学校前操场,——即今无逸堂基址,盖了草棚,表演新剧,徐君柏才登台扮演,他的神情和说白音调,至今还在脑海中。在一天,我过大王庙和一老婆婆闲谈,问:你们村中为什么演戏?他说:他们不许人家新年赌钱,所以演戏给我们看。问:是谁的意思呢?答:都是蔡望之。问:蔡望之自己赌钱不赌钱呢?答:他不许人家赌钱,自己当然不赌的了。这一段谈话,至今也深印在我脑海中。

没有多时,终于在万分困难的环境中,不得已而停顿,至七十年才入复兴时期。

所可惜者,努力最多的赵叔愚君参加组织的袁观澜君,小学校长且曾担任过改进会干事的徐柏才君,地方领袖方惟一君、蒋仲钧君,先后下世,都不及眼见试验的完成,独大王庙白发老婆婆,今还健在。

民国二十三年六月

(收入姚惠泉、陆叔昂编:《试验六年期满之徐公桥》,中华职业教育社1934年版)

为徐公桥试验乡村改进期满留赠地方接管诸公

徐公桥乡村改进会，联合办事处，望之先生暨地方领袖诸君，各分会民众领袖诸君，干事诸君公鉴：今日六年试验期满，举行移交典礼，天热时促，未获贡我所见，特修此书，略陈鄙意：民国十五年六月十六日，炎培偕杨君卫玉赴昆山，会于县长吴君士翘所，讨论试验改进农村区域时，望老在座，慨然提出徐公桥，表示欢迎，即日相偕来徐视察，实是弟等第一次来徐公桥，亦即徐公桥试办改进乡村之起点。今日者，社会最低层农民代表获与行政最高主管当局一堂围坐，上下议论，此岂初创时所及料者？来宾献颂，或不无溢美之词，然过去若干年间之困苦艰难，岂能逃。望老及始终参与诸人之心目？愿掬炎培所见，为今日地方接管诸君子陈之：设有人问徐公桥何以得有今日，炎培愿直率答复曰："徐公桥之得有今日，完全由过去领导诸君人格感化所致。"

试举事实为证：民十六新年演剧，炎培来徐，遇一村妪，故意问：你们村里为何演戏？答：蔡望之不许大家新年赌钱，所以请大家看戏！问：蔡望之自己赌钱吗？答：他老人家当然不赌的了！隔一年，炎培又来徐公桥，问村妪：你们改进会究竟干什么？答：他们是做好事的，劝人家做好人！是了，诸君试思没有这种舆论，民国十八年筑公安路，如何能一呼百诺，大家情愿让出路旁耕地？民廿一年固巷筑路，又如何能自愿征工建筑？又忆某年提倡道路清洁，学校教员改进会干事诸君,亲到各家门首,代为打扫,累得居民大感不安;相戒以后须自己打扫整洁,否则先生来了!诸如此类,可以说都是领导诸君抢先做出好榜样,取得民众深切的信仰。所以要如何,便如何,得有今日之结果,这一点吾们看得非常清楚,即过去以验将来,敢说:"今后徐公桥如何继续进行,如何发扬光大,仍须仰赖领导诸君人格感化。"

所说人格感化,至少包含下列三个条件:

(一)要人家做,我先做,不许人家做,我先不做。

(二)公私之间,必须分明,必须清白,如果先私后公,甚至假公济私,一定给人家看轻,从此说话说不响。

(三)领袖与领袖间,更须表示精诚团结,做一个好榜样出去。即使主张稍有不同,决不使精神发生芥蒂。若自己先不能团结,何能团结一乡?

所以炎培想提出下边八个字,奉赠诸君:

公正无私,和衷共济。

如果这八个字个个做到,吾敢担保今后徐公桥成绩必将十倍百倍于现时。诸君乎!吾人须时时刻刻想着国家已危险到这般地步,民族精神已涣散到这般地步,老百姓已痛苦到这般地步,常常如此存心,则所有懒惰、骄傲、贪私以及无聊意气,自然一扫而空。炎培他日重来,仍当访问村友:现在诸位领袖先生如何了?看民众口中如何答复,以卜徐公桥之前途消息如何。明知诸君必能始终如一,只以炎培期望过深,不觉言之切直,尤望将此书悬之无逸堂,使后来历届领导诸君闻之,得知最初时望老及诸公创造之艰难,成功之有道,大家有动于中,而互相戒勉,为徐公桥三千六百村民造无穷幸福也。书不尽言。

黄炎培敬启。廿三年七月一日从徐公桥归来。

(收入姚惠泉、陆叔昂编:《试验六年期满之徐公桥》,中华职业教育社1934年版)

职业指导

《职业实验谈》弁言

（1920年4月29日）

八年五月，本社第二届年会决定组织职业指导部，以学校毕业生求事者纷纷，为根本补救计，先事之指导，尤重于临时之介绍也，规定该部事务如左：

一、调查本地重要职业。

二、调查各学校将毕业生徒之年龄、体力、学业、品性、能力及其志愿职业。

三、征集各实业家对于雇用毕业生必要之条件，汇印分送各校生徒以备参考。

四、本地各校生徒毕业以前，由本社派员前往演讲关于选择职业之要点。

五、介绍毕业生转入相当学校。

既搜集同人关于职业指导之意见，征求各实业家对于雇用生徒必要之条件，调查外国关于职业指导机关之组织方法，汇成"职业指导号"一册，附于《教育与职业》杂志，于十月间发行。

九年三月，本部成立，由办事员会推定陆规亮、沈恩孚、顾树森、俞泰临、潘义安、黄异、杨本立、秦之衔并炎培九人担任之，并推陆君为主任，议定进行程序及期限，先就上海试办，首调查，次研究，次演讲。

是书内容十九即本部主任陆君调查所得也，读是书者，苟一一体而力行之，则服务社会之路得矣。

本社所欲为读是书之诸青年告者有二：

一、诸君务宜精细审察己之境地品性能力，以从事于相当之学业，一线到底以求有成，既成，从事于相当之职业，一线到底，以行其所学。

二、诸君须念从事职业，最大病根曰虚浮，最大要素曰诚实厚道待人，严格律己，虚心求学，实力任事，服务社会之道不外乎此。

（原载中华职业教育社编：《职业实验谈》，上海文明书局1920年版）

《职业指导号》的介绍语

我们的职业教育社,自从成立后,一般普通社会里的人,都希望我们介绍职业。我们岂有不愿意的么?只是办不了这件事。我们的意思,终想根本解决。所以打算从职业指导下手。

还有一层。我们既办了职业学校,在学生分科选业上很有关系。因而想到岂但是职业学校有这种情形,就是别的学校学生来学,凭怎么方法替他们分科?用怎样方法教导他们养成他们职业界的种种资格?学成以后,更有什么方法使得他们走一条相当的出路?仔细想想,这个职业指导,简直是职业教育的先决问题了。

依我想来,说到职业指导这件事的根据,脱不了两个标准。一个是职业心理,一个是社会状况。职业心理,是要请专门家研究的,我们可以将外国人所著的这种书翻译出来,给诸君研究的资料。社会状况,是要调查的,我们也曾向职业界有名人物问他种种意见,承他不弃,陆续见教,多谢多谢。我们自然要一一披露的了。

我们在训练上绝对主张提倡自动自治。很希望青年学成以后,在职业界上发展他们自己的能力,不要像从前加一鞭走一步的神气。那么职业的效能可以人人增加了。况且自动自治的习惯养成以后,人人觉得我的职业里头有很大的世界,可以发挥我的思想,使用我的才能,那么就有很浓很厚的兴味发生出来了。所以自动自治在职业教育上确有很大的价值。可是现今吾们的中国在旧式社会里头，多不欢迎这种富有自动能力的青年。吾国有一个顶顶有名的实业机关，进去的青年不高兴，退出来的很多。有一天吾问其中一位资格很老的朋友，这是怎么缘故？据他说就为是管理的人头脑太旧，不肯采纳部下有思想的青年的意见，所以大家多想退出来。这种现象，可以说是吾国一般旧式社会的代表。吾们研究职业指导，这倒是一个很困难的问题，吾们虽是十分求合社会心理，哪里可以违逆进化新潮呢？况且这种旧式社会，不久也要随了进化新潮大大的变动么！

依我的意见，对于这个职业指导问题，地方教育行政机关有种种的责任，学校教职员也有种种的责任。读者诸君！先请读了本期杂志，以后我们还要写出具体的意见，和诸君讨论实施方法哩。

（原载《教育与职业》第 15 期，1919 年）

《职业智能测验法》序

职业指导,为施行职业教育之前一步工夫。而职业测验,又为施行职业指导之前一步工夫。

对于曾就职业者,因测验而识其知识与能力之程度。对于未就职业者,因测验而识其天赋才能长短优劣之所在。斯二者,在被测验者之资格,微有不同,其因是而得以指导从事适当之职业则一也。

本社辑行《教育与职业》杂志,曾于第17期"职业心理"专号,译介荷令华甫氏所著《职业心理学》是为偏重于后说者。而是书则偏重于前说者。更观其所致力之方面亦微有不同,而其目的固相同也。

职业测验法最盛行之国,惟德与美、德、法始行于工厂。美、法始行于军队。德用器械为多,而美则否。是书专事叙述美人所持理论与其方法,而于叙述德人所持理论与其方法之书在编译中。然美、法实较易仿行以其不用特制器械故也。

十二年四月二十日黄炎培识于中华职业教育社

(收入邹恩润编译:《职业智能测验法》,商务印书馆1923年版)

《职业指导实验》序

一日,余偕穆君藕初同车行,长途多暇,谈及子弟入学问题之难决,告以同人方试行职业指导,穆君大慰,愿令其二子受指导。

今岁五月,在武汉举行本社年会,同乡诸君宴余于江苏会馆,席间,赵君梅卿以其子卒业小学宜入何校为问,答以先审子弟之才性、志趣,宜就何业,然后定入何校,且告以职业指导方法,赵君立索择业自审表,谓将令其子填示。

上海银行陈君光甫,尝于餐次,听余述试行职业指导事,拍案而起,谓此事苟有效者,事事得人,人人得所,中国其兴矣。

凡此皆最近时间,以职业指导方法,试探社会所得之状态也。可信职业指导,实为人人所欲解决之一问题,而以家庭父兄为尤甚。

今后吾人所宜致虑者,非在社会对于职业指导之不加注意,而在吾人是否能副注意职业指导者之责望。

兹以本社试行职业指导之结果,辑为专刊,就正同志,斯亦求副一般注意职业指导者之责望之意也。

十二·七·十三·黄炎培志丁中华职业教育社

(收入邹恩润编纂:《职业指导实验》,商务印书馆1925年版)

小学职业陶冶
——序杨鄂联君、彭望芬女士合著

何谓职业？一方为己治生，一方为群服务，人类间凡此确定而有系统的互助行为，皆是也。

何谓陶冶？范土成器谓之陶，铸金成器谓之冶。以此方法，施之教育，使儿童于不知不觉中，养成为己治生、为群服务之兴趣与习惯，所谓职业陶冶是也。

人当受初步教育时，一秉其本能之冲动而已，初不知所谓治生，所谓服务也。施教育者从而发挥之，设学校园，使之爱玩天然而习为种植，初不知其为农而农在其中焉；教之手工，使依样制作焉，自由制作焉，初未尝有意于为工而工在其中焉。凡此之类，其直接包含职业意味者勿论已。乃若养成儿童劳动、惜物、储蓄、经济诸良好惯习，其间接影响，何在不于治生上、服务上有深切关系？则皆职业陶冶之所有事也。

由是而进，则依其心理上与处境上自然之要求而施行职业指导焉，以指导之结果而授以职业训练焉，更以训练之成功而介绍职业焉。获得职业焉而治生，服务之功能大著，要其初步之根基实惟职业陶冶。人欲受职业训练，必先受职业陶冶。人容或不受特设之职业训练，而断无不受无形之职业陶冶。

职业训练，职业学校所有事也。职业陶冶则非仅职业学校所有事，而一般小学校所有事也。

职业教育于吾国,其为基至薄,诚欲厚培之,必自推行职业陶冶始。以是之故,余甚愿以他国专家对于职业陶冶积年研究之心得,绍介于吾国。而杨君夫妇乃取美国兰维脱氏、勃朗氏二人之所合著,准以吾国之国情,更参以译者之经验,以成是书。斯岂惟予职业教育者以研究之资?更将使小学教育家人手一编,斟酌焉以付诸实施,而发表其获之结果,互相参究。职业教育之前途,因是而一日千里。斯则社会之幸而宁仅余个人之所快慰也乎?

(原载《教育与职业》第 64 期,1925 年)

关于职业指导
——《如何办理职业指导》序

重视职业指导者谁乎？

凡物能传之久且远，必有其存在之理由。职业指导，外适于社会分工制度之需要，内应天生人类不齐才性之特征，心理学者乃运以邃密之研讨，设为若干原则和方法，教育家乃得依之以施教，百业效能赖以增进，人类亦因以获得执业的乐趣。苟社会分工制度一日不废，而人类天生才性一日不齐，职业指导虽永远存在可也。余幼读古籍，有悟于因材施教之合理，有十余龄从弟，能运其天才，自动修整已坏之计时钟，乃导之使习机械，终有献于时。而我友甲，习蚕桑，不安所业，投身新闻界；友乙，习纺织，学成而不屑所为，则创为法政学校；友丙，亦习纺织，不安所业，投身政治，既而研佛学，之数人者，最后或有成或无成，一皆不悦所学，相反地使余益感所习不依其才性之非。此皆三十年前事也。既而中华职业教育社成立，以谓施行职业教育以前，须精察受教育者才性之所宜，乃倡职业指导。设机关，聘专家，刊布书籍，施行实验。民国十一年政府颁布新学制，且根据此理论，分中学为初高两级，初级中学，负实施职业指导之使命；高中乃依其所指导而分科设教，用意全善。惜其时高中分科者鲜，学者亦少注意于此。余所主张之学习互进法，即高中视其才性而分科学成，就业一二年，入大学分科，卒业，再就业一二年，入国内或国外研究院，卒业后，正式就业。余虽数以此语人，而赞者不多，施之于儿辈固章章有效也。我友教育家陶行知先生不随人俯仰者，其长公子自幼习化学，且重实验。崭然露头角。陶先生且特设育才学校，专收天下卓著之儿童，施行专科训练，余心滋慰。所欲进而有言者，世界心理学家以其实验之结果，划青年十四五岁为施行职业陶冶。盖以儿童最富于可塑性，未宜遽引入一成不变之途径，此亦有志革新教育者所应注意及之者也。抗战以来，咨专才益急，职教社方继续施行职业指导，刊布专书，而社主任江问渔先生特著怎样办理职业指导一编以公诸世，因写所见，愿家有子弟者，与负责教人子弟者，共鉴之。尤愿前程远大之青年学友善自决也。民纪廿九年五月渝州行都。

（原载《国讯》旬刊第 237 期，1940 年）

中华职业教育社

中华职业教育社宣言书

（1917年3月）

今之策国是者，莫不重教育；策教育，莫不谋普及。夫教育曷贵乎普及？岂不曰教育普及，则社会国家一切至重要、至困难问题，根本上皆得缘以解决也。今吾中国至重要、至困难问题，尚有过于生计者乎？兴学二十余年，全国学校亦既有十万八千余所，何以教育较盛之区，饿殍载涂如故，匪盗充斥如故？更进言之，谓今之教育而能解决生计问题，则必受教育者之治生，较易于其未受教育者可知。而何以国中自小学以至大学学生之毕业于学校而失业于社会者比比？此同人所谛观现象，默审方来，而不胜其殷忧大惧者也。

甲寅之秋，同人有考察京津教育者。某中学学生数百人，其校长见告："吾校毕业生升学者三之一，谋事而不得事者二之一。"乙卯、丙辰两岁，江苏省教育会以毕业生之无出路也，乃就江苏公私立各中学调查其实况。乙卯升学者得百分之二十三，丙辰得百分之三十九；此外大都无业，或虽有业而大都非正当者也。今岁全国教育联合会、各省区代表报告，则升学者仅及十一或不及十之一。若夫高等小学，今岁调查江苏全省，毕业者4983人，而收容于各中等学校者，不及四之一；此外大都营营逐逐，谋一业于社会，而苦所学之无可以为用者也。

或曰："此之所云，普通学校耳。"则试观夫实业学校、专门学校，有以毕业于纺织专科，而为普通小学校图画教员者矣；有以毕业于农业专科，而为普通行政机关助理员者矣；甚有以留学欧美大学校专门毕业，归而应考试于书业机关，充普通编译员者矣。所用非其所学，滔滔皆是。虽然，此犹足以糊其口也。其十之六七，乃并一啖饭地而不可得。实业学校毕业者且然，其他则又何说？然则教育幸而未发达，未普及耳。苟一旦普及，几何不尽驱国人为高等游民，以坐待淘汰于天演耶？曩岁，同人鉴于教育之不切实用，相与奔走呼号，发为危言，希图教育当局之省悟。今则情见势绌，无可为讳，盖既不幸言而中矣。

简而言之，吾侪所深知、确信而敢断言者，曰今吾中国至重要、至困难问题，厥惟生计；曰求根本上解决生计问题，厥惟教育；曰吾中国现时之教育，决无能解决生计问题之希望；曰吾中国现时之教育，不惟不能解决生计问题，且将重予关于解决生计问题之莫大障碍。此而不思所以救济，前途其堪问耶？救济之道奈何？或曰："此社会事业不发达之故。"夫人才而有待夫现成之事业耶？抑事业实待人才而兴也？或曰："此用人而违其长者之咎。"然吾闻农场尝用农学生矣，其知识、其技能，或不如老农也；商店尝用商学生矣，其能力未足应商业用，而其结习，转莫能曰一安也。吾侪所深知确信而复敢断言者，曰方今受教育者之不能获职业，其害决非他方面贻之，而实现时教育有以自取之也。

且教育曷贵也？语小，个人之生活系焉；语大，世界、国家之文化系焉。今吾国文明之进步何如乎？行于野，农所服者，先畴之畎亩也；游于市，工所用者，高曾之规矩也。大使立国大地，仅我中华，则率其旧章，长此终古，亦复何害。独念今世界为何等世界，人绝尘而奔，我蛇行而伏。试观美利坚一国，发明新器物，年至四万种；安迭生一人，发明新器物，多至九百种。我未有一焉。谁为为之？无新学识以应用于实际，无新人才以从事于改良。教育不与职业沟通，何怪百业之不进步！由是吾侪深知确信而复敢断言曰：吾国百业之不进步，亦实现时教育有以致之也。

同人于此，既不胜其殷忧大惧，研究复研究，假立救济之主旨三端：曰推广职业教育；曰改良职业教育；曰改良普通教育，为适于职业之准备。

依教育统计，全国中学403所，而甲种实业学校仅94；高等小学7315所，而乙种实业学校仅230。夫中学毕业力能升学者，或不及十分之一；高等小学毕业力能升学者，或不及二十分之一。数若是其少，谋生者数若是其多，乃为学生升学地之中学、高等小学数若是其多，为学生谋生地之实业学校数若是其少，供求不相剂若此，职业教育之推广，其可缓耶？又况甲、乙种实业学校，固未足以括职业教育，而尽给社会分业之所需也。虽然，属于普通性质之中学、高等小学数既若是其多，则一时欲广设职业学校，俾适合乎十分之一、二十分之一中学、高等小学毕业生升学者与谋生者之比，不惟财力将有所不胜，其进行亦嫌其太骤。故同人所主张，一方推广职业学校、职业补习学校，一方于高等小学、中学分设职业科。谓惟此于事实较便，影响较广耳。

虽然，仅言推广职业教育，而谓足解此症结，则又何解于实业学校毕业生失业者之纷纷？盖吾国非绝无职业教育，其所以致此，亦有数原因焉。一曰，其设置拘统系而忽供求也。美瑟娄博士有言："苟与我六十万金办中国职业教育，我必以二十万金充调查费。"夫职业教育之目的，一方为人计，曰以供青年谋生之所急也；一方又为事计，曰以供社会分业之所需也。然则今时之社会，所需者何业？某地之社会，所需者何业？必一一加以调查，然后立一校，无不当其位置；设一科，无不给其要求；而所养人才，自无见弃之患。今则不然，曰农、曰工、曰商，不可不备也。农若干科，工商各若干科，苟为法令所无，匪所宜立也。其所汲汲者，在乎统系分明，表式完备，上以是督，下以是报。而所谓时也、地也，孰所需，孰非所需，均在所不暇计。二曰，其功课重理论而轻实习也。自小学校令有加设农、商科之规定，各地设者不少。顾农无农场也，商无商品也，不过加读农、商业教科书数册。其结果成为农业国文、商业国文而已。所谓乙种农、工商学校，亦复如是。即若甲种，其性质既上近专门，其功课更易偏理论。今之学生，有读书之惯习，无服劳之惯习。故授以理论，莫不欢迎；责以实习，莫不感苦。闻农学校最困难为延聘实习教师。夫实习既不易求之一般教师，则所养成之学生，其心理自更可想。而欲其与风蓑雨笠之徒，竞知识之短长、课功能于实际，不亦难乎？三曰，其学生贫于能力而富于欲望也。实习非所注重，则能力无自养成。然而青年之志大言大，则既养之有素矣。上海某银行行长，录用学校毕业生有年，一日，本其经验语人曰："今之学生，学力不足而欲望有余，不适于指挥，徒艰于待遇耳！"夫银行，新式事业也，犹且如此，则凡大多数之旧式事业，学徒执役，则极其下贱，学成受俸，则极其轻微，其掉头不屑一顾可知。夫生活程度，必与其生活能力相准；办事酬报，必与其办事能力相当。若任重有所不胜，位卑又有所不屑，奚可哉？此第三病根，实于受普通教育时代种之。故同人所主张，改良职业教育必同时改良普通教育。

救济之主旨如上述，其施行方法奈何？曰调查，曰研究，曰劝导，曰指示，曰讲演，曰出版，曰表扬，曰通信答问。其所注意之方面,为政府、为学校、为社会。而又须有直接之设施,曰择地创立都市式、乡村式男、女子职业学校,曰夜、星期职业补习学校;而又须有改良普通教育之准备,曰创立教育博物院。迨夫影响渐广,成效渐彰,又须设职业介绍部。其为事:曰调查,曰通告,曰引导。

今欧美之于职业教育,可谓盛矣。德国一职业学校,分科至三百多种。美国黑人实业学校,凡房屋以及房屋之砖、之瓦、之钉,屋内一切家具,马车以及车之轮、之铁、之褥、之油幔,马之缰及马之豢养,御者之衣及履,食物如面包,以及制面包之麦、之粉,若牛肉、若牛油、若鸡蛋、若牲畜之豢养及屠宰,无一非出学生手。凡归自欧美者,莫不艳称而极道。然试考其发达之源,英仅自1908年苏格兰设教育职业局始;美仅自1907年波士顿设少年职业顾问所始,其后经舆论之赞成,极一时之响应,以有今日。可知谋事无所为难,作始不嫌其简。同人不敏,所为投袂奋起,以从事于本社之组织。十年而后,倘获睹夫欧美今日之盛,学校无不用之成材,社会无不学之执业;国无不教之民,民无不乐之生;乃至野无旷土,肆无窳器,市无游氓,因之而社会、国家秩序于以大宁,基础于以确立。斯皆有赖夫全国同志群策群力之赞助,以底于成,而非同人一手一足之所能为役矣。同人所敢言者,矢愿本其忠诚,竭其才力,终始其事。一切组织,具如别订。盖诚目击夫现象之大危,心怵夫方来之隐患,以谓方今最重要、最困难之问题,莫生计若,而求根本上解决此问题,舍沟通教育与职业,无所为计。惟我教育家、实业家与夫热心谋所以福国家、利社会诸君子有以教之。

(原载《环球》第2卷第1期,1917年)

中华职业教育社成立五年间之感想

凡一学说、一制度之倡，非人能倡之，盖时势所迫，察其需要之攸在，而为之振导，未几推行全社会。而其推行之迟速，一视乎社会相需缓急之程度如何，振导者积极的进行之精神与消极的排除障碍物之能力如何。夫所谓障碍者，或属于各方联带之关系，或由于其祈向与其习尚之舛驰。斯时而人力以见。故凡事之成，基于自然者半，本于人为者亦半。职业教育之于吾国，稽其既往，测其未来，亦循是轨焉以行而已。

当本社成立之前，教育界盛倡实用主义已有年。迨本社成立，大都以倾向实用主义者倾向职业教育。故实用主义者，不啻职业教育之背景也。三年以来，新文化运动发生，职业教育之一名词，固与文化教育为对峙者也。首被新文化运动者为青年界，其知识欲与向上心同时亢进，大多数不屑俯就专业，而惟高等学业是求。此其消息，可于学校来学者之倾向于普通与书肆售书之倾向于文学、哲学得之。乃至女青年鄙家事而醉英文，一般青年薄学校作业而竞社会活动。极一时绚烂之观，未久而渐趋平淡焉。

知识欲与向上心，人群进化之原动力也。夫使纵其所之，无有障碍，岂不甚善？顾常有一物焉为之梗，则生计问题是已。生计问题之压迫，惟青年父兄首当之。以故青年脑海中，只充塞其知识欲与向上心而不暇他顾，由是青年与其父兄间心理之所趋，往往歧异。职业教育者，其目的最显明之一部分，为解决个人生计问题。故其见重于直接荷担生活责任之青年父兄，往往出青年上。然亦有横遭不幸或醉心自立之青年，追求所以解决生活问题，又不能抑制其知识欲与向上心，则工读说出焉。工读制度，固职业教育之一种也。

工之事甚苦，兼读则愈苦。苟素习于工，或虽非素习，而心诚求之，殆无所为苦也。使所读之一部分，即所以增进其工之知与能者，则不惟不苦，或且应于手而得于心焉。若曰读文学、哲学之书，以求餍其知识欲，其对于工也，只以生活上不获已之故而出此，则其心必有大难堪者。而况社会尚沿贱工之习，与其向上心绝不相容。故自最近二三年来，工读主义虽为新文化潮流之一部分，而不易实现，或虽现而不能维持存在。固半由于现行学制、工制之不适于工读，其精神上亦实有此障碍焉。

夫使职业教育而仅供解决个人生计问题，已足令感受生活压迫者闻而起舞矣，虽然此犹狭义的耳。吾人更愿郑重声明职业教育之宗旨曰：职业教育，将使受教育者各得一技之长，以从事于社会生产事业，藉获适当之生活；同时更注意于共同之大目标，即养成青年自求知识之能力、巩固之意志、优美之感情，不惟以应用于职业，且能进而协助社会、国家，为其健全优良之分子也。

自平民主义兴，为普及教育于社会计，颇盛倡义务教育，此为最近之趋势。虽然，义务教育而诚欲福利平民也，是不可不藉职业教育以完成其目的矣。平民之所急者生计，苟输入文化而于彼所急曾无裨益，将奚以劝？今社会积习，青年一受教育，便有使君于此不凡之概，最普通之职业若农、若小工小商，多不屑就，而转让夫未受教育者之较易谋生。如是，教育愈广，生事且愈窄。苟诚普及，其影响于社会经济为何如？况以区域论，义务教育之设施，其大部分为农村教育。是宜依农村特殊情况为设施方针，于普通教育外注重职业陶冶，俟及相当年龄，予以农工训练。舍是而欲取得信仰，难矣。是故义务教育之推行，实促进职业教育之绝好机会也。

今全国甲、乙种农、工、商学校，职业教育之主力军也。顾当局心知其意者，几乎凤毛麟角。往往以宗旨未明，重读而轻习。来学者不尽有职业兴味，设学者不尽有相当设备。教师授课，往往以受之专门学校者施之甲种，以受之甲种者施之乙种。政府不导人以适应社会情况，而惟画一章程是求。抑知凡百教育，皆须因地因人而施，矧将以教育沟通万有不齐之职业者耶？惩于既往，则未来者其慎所施矣。

工商补习教育年来颇露动机，固由目光深远之实业家及时提倡，亦工人、商人转移于风会，亢进其知识欲之征也。劳工主义之潮流，遍于全世界。顾论中国现时社会经济，不重分配而重生产，而尤须先授相当知能，以增进其生产能力。故施补习教育于一般工商，实根本上援助劳工，而予以幸福也。

以余测之，职业教育前途必将有一种重大发展，即军队职业教育是也，今全国既有数处试办矣。中国政象苟有一日循轨者，必当以全力裁兵。兵不能自食，裁之驱使为盗为寇耳。寓兵于工，且工且教，既成而归。有事为兵，无事为工，此吾国最大问题之解决法。吾社同人当竭其知能以自效者也。

吾社成立五年矣，虽蓬蓬有春气，而无穷希望，尚在方来。既忝服社务，辄抒积感，以告同志。更五年观其发展，何如也？

（原载《教育与职业》第 35 期，1922 年）

十一次中华职业教育社大会追记

民国十九年七月二十日,为本社社员大会之期。适上海环龙路华龙路新社所落成,即于五层大厦内举行。是为第十一次社员大会,合将本社成立大会及过去十次社员大会,大略状况,追记如下:

成立大会,民国六年五月六日,在上海江苏省教育会举行。萨镇冰君主席,朱兆莘、郭秉文、黄任之诸君演说。朱、郭二君均在美学过职业教育者。有人演说述吴稚晖先生说学校如油锅,学生如面筋,入校后外形愈大,中间愈空,可云妙喻。通过章程,推定聂云台、张菊生、史量才、王儒堂、杨翼之、郭秉文、沈信卿、朱少屏、黄任之诸君为临时干事。(详见《社务丛刊》第1期及第2期。)

第一次年会,七年五月五日,在上海江苏省教育会举行。朱葆三君主席。马相伯君、牛厚泽君、穆藕初君相继演说。次由王儒堂、阮介蕃、章伯寅、尤惜阴、陆规亮、蒋梦麟、黄任之诸君就职业教育上种种问题,设为辩难。夜,聚餐。吴稚晖君演说放演幻灯。此次会场四壁,张贴社员赠言,系先期通告征集的,或商榷,或勉励,或发表他的感想,或记他所见所闻,短的数行也有,长的几千言也有,总数得86□之多,阅之大有趣味。本社现任主持职业指导所之潘仰尧君,当时即主张各地方应设职业介绍所,使学生得谋事的便利,一似12年前,他老先生预定方针者。(详见《教育与职业》第7

期)

吾想每一次会,该替他起一个别号,使人家容易记得。这次难得马相伯、牛厚泽两先生演说,该称他牛马大会。

第二次年会,八年五月三十一日,在上海中华职业学校举行。并补行职业学校开幕式,及募金纪念品赠与式。长沙马惕吾君、菲律宾于以同君及蒋梦麟君演说。学生演剧。会场陈列职校各科制作品。(见《教育与职业》第14期)

这次是中华职业学校行开幕式,大可纪念,该称中华职校大会。

第三次年会,九年五月二十九、三十日,在上海中华职业学校举行。附设玩具展览会、职业教育图表展览会、第四年征求社员纪念品赠与式。提议中华职业学校添设商科及设立教育博物院,均交办事员会讨论。(单张年会报告已失)

这次的特色,就是附设玩具展览会,该称玩具大会。

第四次年会,十年五月二十八、二十九日,在上海中华职业学校举行。第一日,聂云台君主席。第二日,余日章君主席。郭秉文君讲演美国职业教育之新趋势,黄任之君讲演南洋职业教育之新趋势。菲律宾教育局副局长奥西亚斯君讲演菲岛职业教育状况及趋势。武进市立职业学校校长刘铁唧君建议组织职业学校联合会,交由议事员会议决。附行中华职业学校小图书馆开幕式,并成绩展览会。(见《教育与职业》第27期)

这次两主席,一天是云台先生,一天是日章先生,可称云日大会了。

第五次年会,十一年五月十九、二十、二十一日,在上海职工教育馆举行。郭秉文君主席。顾少川君演讲职业为发明之先河。阮尚介君演讲战后之德国生活状况及职业教育。附开职业学校联合会第一届年会（十年八月，在上海开成立会）、家事教育研究会，并举行职工教育馆开幕式。（见《教育与职业》第 37 期）

这次是职工教育馆行开幕式，该称职教馆大会。

第六次年会，十二年五月二十六、二十七日，在上海职工教育馆举行。郭秉文君主席。第一次修改社章，并议决逐年轮赴各省开会，不以社所所在地为限。附开职业学校联合会第二届年会。（见《教育与职业》第 46 期）

这次没有特别的纪念，只有第一次修改社章，可称初次改章大会。

第七次年会，十三年五月二十六日，在武昌青年会举行。陈叔澄君主席。德国培仑子博士演讲德国职业补习学校实况。次张伯苓君演讲。自本届始，分组会议，假中华大学举行。同时假汉口慈善会，举行西部职业学校出品展览会（东部展览会，十一年二月在上海。北部展览会，十二年八月在北京），并假武昌黄鹤楼，举行职业学校联合会第三届年会。（详载《职业教育与武汉》）

这次当然称武汉大会了。

第八次年会，十四年五月二十七日，在南京旧贡院举行。黄伯雨君主席。通过募集百年基金案一万元。本息积计，至百年，可得 12,527 万余元。附开中华职业学校成绩展览会，并举行职业学校联合会第四届年会。（见《教育与职业》第 66 期）

这次当然称南京大会，但个如称百年基金大会更好。

第九次年会，十五年五月六日至八日，在杭州律师公会举行。第二次修正社章。议决以后大会，每二年举行一次。附开江浙两省职业教育出品展览会，并举行职业学校联合会第五届年会。（详

载杭州职业教育大会报告）

这次当然称杭州大会了。

第十次大会，十七年五月十三日，在苏州青年会举行。第三次修正社章，分组会议。附开职业学校联合会第六届年会，并举行职业教育讲演会。同时中央大学、苏州农业学校及私立女子职业中学校，举行成绩展览会。（见《教育与职业》第96六期）

这次当然称苏州大会了。

本届是第十一次社员大会，开会的地方是在上海环龙路华龙路交角上的巍巍新厦，那就老不客气称他双龙大会罢了。

回顾十四年来，沧桑一梦。凡同在社会上服务的，不知经过多少变化。本社同人，自问所贡献于社会，于国家，很少很少。但自成立以来，掬一颗赤裸裸的心，有一分力，尽一分力，向下列目标做去，就是

怎样用教育方法使 $\begin{cases} \text{无业者有业，} \\ \text{有业者乐业？} \end{cases}$

（原载《教育与职业》第 115 期，1930 年）

中华职业教育社宣言

（1934年3月）

全国父老兄弟诸姑姊妹公鉴：中华职业教育社夙以研究、提倡、试验、推行职业教育为职志，精劳神敝，亦既十七年于兹矣。乃十余年来，民生日益困，实业日益衰，社会失业日益众多，学校教育日益彷徨而无措。近且强敌入寇，国土沦亡，举国人民，蒙空前之奇耻大辱而未由振拔。世界风云之险恶，既为有目所共见，而民族前途之危殆，更为有识所同忧。本社同人，知薄能鲜，上无以纾政府之忧劳，下无以挽社会之厄运，抚衷自问，惭悚弥深！本年二月二十四日，本社举行专家会议于上海，竭四十人之精力，费十余时之光阴，讨论问题，多关重要；而佥认为确定社会观念，阐明各方关系，根本所在，尤有亟须与全国人士商榷者四事焉，谨掬至诚，宣言如次：

职业教育之定义，是为"用教育方法，使人人依其个性，获得生活的供给和乐趣，同时尽其对群之义务"。而其目的：一、谋个性之发展；二、为个人谋生之准备；三、为个人服务社会之准备；四、为国家及世界增进生产力之准备。其分类，则有农业教育、工业教育、商业教育、家事教育、公职教育、专业教育等六项。此皆经过本社同人若干次之研究讨论而始决定者。迩者国内生产教育之呼声，洋洋盈耳，而于生产教育之界说，则迄未有明确之规定。就表面以观，似职业教育与生产教育，内容一致，形式无殊矣。然若论其范围,则生产教育似又较职业教育为稍狭。究竟涵义何若,界划何若,应有极精确之辨明。此为教育理论所关,希望吾教育界同人,能予以深切之注意,此其一。

近年以来,各方感于生计艰难,富力日削,热心提倡职业教育或生计教育者,风起云涌,此诚教育界极可乐观之现象也。顾"事预则立","有备无患",古训昭垂,宁可以废。职业教育或生计教育,论其效用,固在解决职业问题及生计问题矣,然若无预备,无计划,贸贸然徒求校数之增多,其结果不惟不足以解决此问题已也,且恐将来更困难更危险问题或缘之以起。盖无专科教员之训练,则技术教师无由出;无工具上之设备,则所教所习皆空谈;无毕业生出路之预筹,则教育必无相当之良果;无职业界相当之联络,则教育仍与社会为两橛。在设校之初,或不致有若何感觉也,迨至修业期满,学生出校,职业界既无人延用,个人又不能独立谋生,仍是与一群无业游民憧憧往来于社会,此与不升学之初高中毕业生何以异?果如是,则今日高倡职业教育与生产教育者,岂非国家之罪人乎?既认教育为国家建设事业之一端,则对于职业教育,自应有通盘之计划,常备之工夫,此不能不望各级政府,注意及斯,早为之所。此其二。

教育诚为立国救国之要图,但必资教育以万能,其他视若不负若何责任,此因理所必无,亦势所不许。希望教育有进步,有实效,同时亦必希望各方面,能革新,能努力,如机器然,全盘机构健全,方能动作一致;否则此健而彼窳,此行而彼滞,则健者行者,亦终于力竭精疲一蹶不振已耳,于全局果何益乎?即以失业一端论之:在一般人士,佥以为职业教育,可以解决此难题,此论似矣。然曾一考失业之原因何在乎。实业不兴,土匪遍地,制造失业之机会,层出而不穷,试问仅有少数职业学校,于事何补？即有职业指导机关,所补救者,亦至有限,而况所谓职业学校者,未必真能养成生徒自立谋生之技能,所谓职业指导机关者,尚未为政府及社会所重视乎。在此情况之下,势不能不希望政府,积极保护国内已有之实业,用图产业之振兴,同时倡办重工业,以立一切工业之基本。果国内产业发展,自易消纳多数职工,而职业教育,亦不难适应其需要,而显著其效能矣。此其三。

　　立国之道,首在民心,次为民力。国力者,民力之所萃,而民族之意识,则民心之所表现也,乃者寇至不能御,全国民众忍辱而吞声,民力已可见矣,夫力不足犹可徐图充实,若民心不振作,则生气索然,生机将斩,生力之充实,宁有望乎？如何充实民力,第一要着,在民族能自给自足,不再仰给于舶来物品,此诚职业教育所应负之一部分责任也。至于如何振作民心,则关系民族前途,实较充实民力为尤要。一切教育,固应以此为重要目标,而职业教育,亦应视此为唯一重任。本社所揭橥之职业教育目的第二项,固明示以"为社会服务之准备"矣。今且不妨明白诠释社会服务之意义曰:"为民族谋独立与繁荣"。再详言之,则对己为革新个人之生活,对群为创造公众之福利,以人格修养为起点,以民族复兴为终极。王阳明不云乎:"平泽中寇易,平心中寇难。"今者民心之不振作,其为害且烈于强敌矣。吾教育界倘不以振作民心为工作要件,则不惟已失之国土无从收复,而民族灭亡之惨祸,且恐不能幸免。吾职业教育界,倘不以振作民心为工作要件,则不惟教育失其主旨,即欲充实民力,亦复徒托空言。言念及兹,为之毛戴。兹经议定职业教育之设施,以"自治治人,自养养群,自卫卫国"三项为主干,无论于都市,于乡村,为学校教育,为社会教育,为正式职业学校,为非正式之补习学校,咸将以此为依归,并经议定组成"民族复兴教育设计委员会"用以联合各方,征集材料,贡献意见,推进一切工作,业已开始集会,惟救国大业,绝非一手一足之烈所能成,势必群策群力,全体动员,方克有效,本社同人不敏,深愿在政府指导之下,追随邦人君子,竭尽知能,用完素志。此其四。

　　谨此宣言,伏维
亮察。

中华职业教育社
二十三年三月二十六日

（原载《教育与职业》第 154 期,1934 年）

为中华职业教育社年会敬告四川各界

民国二十五年八月中华职业教育社将在成都举行第十六届年会,同时举行第十四届全国职业教育讨论会,我因内子病不能赴会,特假航邮略陈所见。

本届年会的使命,(一)讨论本社和会员所提出的问题,(二)应川省政府和学校当局的嘱托,集诸专家讨论职教改进问题并参加设计。回想过去各届年会,十之九我都参加。开会结果,关于前一层,积下来议案着实不少,可是实行的究得多少,尚待查考。鄙意不如提出一个中心问题来讨论,最好更预定一个下届年会应讨论中心问题,可于事前通告会员专从这一个问题报告或提议,这也许是比较合理的方法。尤其使人兴奋的,却是后一层对川省职教讨论改进,参加设计,我虽抱歉不获来川,追随诸专家后,愿把我的意见大致说一下:

凡事,凭理想易,求切合事实便难,教育是人们把理想实现到事实上的基本工作,本来不是容易办的事。尤其是职业教育可以说是距离事实最切近的教育,我常说:画家画鬼易,画人难。职业教育等于画人,受吾教育者,走得进职业界与否,进去了合式与否,在短时期内,立见分晓。所以办职业教育有一要点,就是须在事业需求范围以内,发挥"前进"的精神。

所谓事实需求,可分两层说:一是未来的需求,一是当前的需求。例如成渝间要筑铁路了,当然需要土木工程人才,铁路管理人才,这是当前的需求,急须供给的。试更从成都抬头四望,出烟的烟囱简直找不到几个,机械工厂太少了。可是"高屋建瓴"的水势,从西北奔流而下,到处可以利用作原动力。电机和机械的使用,富有天然可能性;改良纺织,需用机械,农田灌溉,农具改良,需要机械,美而且富的林木,锯伐成材,需用机械,需用机械处岂可胜数,眼前未感需要,到需要时将不及培养了。这就是未来的需要。

可是枝枝节节地举办,还是不中用。必将在教育建议两部行政极端合作之下,将全省各项建设事业,如蚕丝、糖、盐、棉织、农林、畜牧、矿产等等,第一步确立改进计划,第二步从事筹备,在筹备中间,即包括培养人才一项。专门技师,固须国内外大学培养,但任何建设,需用高级人才少数,需要中级人才多数,或特设机关训练,或就原有职教机关,特设专科训练,以及基本科学如电机、机械、土木、应用化学等;普通应用学科如商业、文书、会计等;专门应用学科如政治、法律、教育、新闻学、医学(附助产、护士等)、药学等;更扩大说来,例如为整理财政、整顿税收,而需训练财务或税务人员,为整顿警政,而需训练警务人员。或由本省各厅合作,或由本省与中央政府各部合作,或与他省政府合作,或与社会团体或个人合作。皆须由当局审察供求实况,统筹全局,提出整个计划,在此计划之下,分工进行,才得头头是道。(此所谓合作当然包括成渝三大学在内。)

在整个社会中间,有绝大部分,占基本地位,而有特别情形,须特别规定办法的,即是农村。都市组织是分工制,农村组织是混合制,从前把都市办法来应付农村,无有是处。例如学校,教师如依都市办法,关了门专把门内学生做对象,万不能满足乡村一般社会的期望，这种事实太显明了。因此，吾们觉悟到农村职业教育，须在整个的农村改进计划之下来进行的，在现今尚未能普遍的改革村政的时候，惟有指定若干区若干乡，或竟指定某县来试办，为将来普设的张本。这也是整个计划的一部分。

凡此种种，一方面为国家为社会求人才的来路，一方面也是为人求出路，既然为事兼为人，那么人的方面，男子以外，还须兼顾到女子。哪一条路该让女子走的，哪一条路女子也得走的。还须兼顾到平民方面，使一般无力受多大教育的，也得受职业训练，挟一技之长以自立，这都是整个计划中须顾到的。

至于原在职业界服务的，须给他们进取机会，这就所谓职业补习教育。就职业教育以前，就职业以前，须给他们指导，使不致走错门径，这就是所谓职业指导。前者最好就成渝两市各为整个计划，逐步进行。后者就省城设一中心机关，为全省服务，兼与他省联络，度皆在诸公筹划中了。

此次各位专家联袂入川，无非是感于省政府当局邀请的诚意，而又适逢年会，去交通尚未大发达的四川，总算是不易得的机会。还想到春间在川，男女诸青年热烈的访谈情形，拟请各位专家在参观、讨论、演讲以外，如能留出时间，备青年诸君的访谈，先在报端公告一下，我想青年诸君一定非常欢喜的。

吾所欲为青年诸君告者，此次开会以后，诸君对于职业教育定有一番认识和兴奋。但是吾们要懂得职业教育是制度，制度是呆的。尽有人受了职业教育以后，还是行不通。所以在我们施教育者方面，特别注重职业的训育，而在受教育者方面，还须自己注重个人精神修养。我愿大声疾呼告我青年男女诸君：我们中华民国在这空前的国难中间，所需要的是什么精神？是公正、热烈、精干、刻实、和平、阔大、勇敢的精神，这种精神，一天一天普遍地发挥出来，岂但四川前途有希望，吾整个的中华民族前途大有希望。别的话早发表在《留告四川青年同学诸君书》中了。（此书编入《蜀道》，《蜀道》已在上海开明书店出版，不日可运到。成都开明书店发行。）

我所非常悲感者，川省旱灾之后，继以水灾，从报纸上知道此时灾情着实严重。

我不获奉陪诸君子参加会议，惟有遥祝四川五千万同胞从九死中得到一条生路，遥祝四川行政当局教育当局诸公为国为民设施顺利，遥祝四川男女诸青年黾勉修学，身心俱进，遥祝年会诸君暑天康健，长途安乐！

二十五年八月九日黄炎培在上海

（原载《教育与职业》第178期，1936年10月）

从困勉中得来*

——为纪念中华职业教育社二十四周年作

（一）

中华职业教育社到民国三十年五月六日，刚正是出世的第二十四周年。况诸一个中国人的生活历程，则二十几岁的盛年，正是服务国家最好的时候。吾们这个团体，的的确确是靠着国家、社会的荫庇扶护，由出生以至长大，但对于国家、社会的贡献究竟有多少呢？眼看着国难辗转加深，吾们一些些的努力，难道忍心辜负国家、社会的期许么！

吾们向来不同意于一种看法，就是把一个事业解释为某一个人或某些人的展痕。真的历史是这样地昭示我们，"人"是"事"的注脚，决非"事"是"人"的注脚，就凭着我们一小小团体的短短历程看来，也可以断言一个事业的发达与成就乃是许多人的集体努力的结晶。如其说中华职业教育社曾经做了一点点的事情，那也断然不能归功于某一人或某些人。执行的人自然无法否认其作用，但这班人的乐于驰驱，乃是缘于受了社会上一种呼吁的力量的

---

* 本文为黄炎培、江恒源、杨卫玉、孙起孟合写。

刺激、督责；执行工作者的"欲罢不能"，乃是对于这种精神的感应。吾们中华职业教育社正是如此出生以至成长的。

在这立社二十四周年的前夕，吾们细自检讨，觉得有几点结论应该公表，一方面供别的社团的参考，一方面请求各方贤达的指教。（关于事工方面，另有文字揭载于《中华职业教育社立社二十四周年纪念刊》）国事多艰，吾们怎敢不协励奋勉，力图上进呢！

（二）

这里所谓"检讨"，乃是吾们一部分人参与中华职业教育社工作的一些经验的平直的报告。无论是优点或缺点，成功或失败，都可以看为吾们的"心得"。谁都愿意具有优点，取得成功；克服缺点，避免失败。但一个人、一个团体、一个机关总不免有些缺点，遭遇失败，而且最可虑的是有时缺点竟变为痼疾，断送了这一个人或团体机关的生命。问题在哪里呢？是在对于这一些优点或缺点能不能从中认辨清楚，能不能检取教训，改进自己。吾们所以要公表吾们一点点的工作"心得"，完全是根据了这样的意思——自然，所说的不免有偏而不全，为感情所影响的地方，此则有赖于大家的指正和补充的。

一个事业的出生与发展，主要的是若干客观条件的反映。例如，中华职业教育社为什么不早不迟，而要在我国"海禁"已开、欧战正酣、所谓"列强"对于我国的经济侵略不能不稍松弛的民国六年出现呢？这显然是因为到那时期职业教育的客观需求已经酝酿成熟了的缘故。是这样的客观条件刺激起一些比较敏感、比较肯用心思的人们的认识；而他们的认识、努力，因为自觉地或不自觉地符合客观的条件，倒表现为"发明"、发动一个事业的主力。要从客观的条件来检讨，这不是本篇的任务。这里所能谈的，是我们主观方面的努力经过，这范围也就是近人所爱用的一个字眼，叫做"作风"。

（三）

什么是"作风"？依我们所见到的，它乃是一种做事的态度，一种处理事物的规律，由若干人自觉的倡导以至普遍的不自觉的翕从。任何人一浸沉在这种工作氛围中，自然而然地会同化，求得适应；这时，一种作风便算确立了。

回首中华职业教育社一自成立迄今，匆匆已阅 24 年。发起之初，自然对于这个团体不会不寄以希望，但说当时即已预计以后事业之质与量的发展，却也并非事实。以一私人结合的事业机关，支持了 24 年，而且还在进展着，为其求索原因于它的"作风"则有以下三点可以说：

第一，中华职业教育社之有今日，我们相信，有很多工作同志的不厌不倦，用全副精力去干，乃是一大原因。一般的赞助职教事业的社员、朋友始终帮忙，或给以精神的鼓励，或给以物质的资助且不说，即看工作机构——即董事部、评议部、办事部以及所有事业机关——的参与服务人员，他们的工作坚韧性乃是一个值得注意的共同的特点。董事、评议中如沈信卿、陈光甫、蔡子民（故）、朱子桥、史量才（故）、穆藕初、钱新之、王儒堂诸先生（名不备列），扶植这个团体,爱护这个事业,真可谓数十年如一日。他们尽管负荷别种重大的责任,但社事一有请求,没有不尽力帮忙。即如炎培、恒源、卫玉三人,自知无似,而对于笃信笃行职业教育的硁硁之愚,则都历时而不改,从来未因它项缘故而敢偷懒,轻弃责任。吾们并非什么专门研究者,只是触发于国家经济、人民生计的问题,觉得职业教育乃是解决此类问题的重要途径之一,从而循此途径作一些工作,上述的问题一日不解决,自觉一日责任未能卸除。职教的工作做了一些日子,省察于国计民生的确还有些补益,证明了吾们所信所行的是理想,不是幻想;于是吾们对于这事业,这团体,发生了深挚的爱。这"爱"使我们对这事业、这团体在任何情况下都有不可分离性,这成为吾们一伙平凡人的力量的源泉。吾们工作干部,一般的服务时期都比较长。以吾们的一个附属机关中华职业学校为例,到今服务满十年的就有13人。吾们"用人",是取着"难进难黜"的"政策"。选用一个人才,吾们必是尽可能地广征博访,测验甄选,一经入社以后,非至万不得已,决不轻易更动甚至黜退。对于教育一个干部人才,吾们自信是不惮烦的。甄选的时候,吾们不仅希望得到工作上的同事,而且希望得到思想上、待人处事态度上的同志。入社前如不可能,入社后一定朝着这样目标作去。一句话:假使没有一些朋友肯为职教事业、职教团体作不厌不倦的长期努力,中华职业教育社能否有今日恐怕是有问题的。

如其说可以把这样的经验写成一个参考的意见,则吾们不耻于提出这样一个主张:就是悠久的事业,产生于坚韧的战斗性。以中国之地广人众,历史绵长,问题复杂,只要抓住一点,切合实际,不背潮流,绵绵密密地做去,总会一天有收获的。初发起职教社的时候,吾们被骂为"破靴党""饭桶教育家";吾们的"职业学校"被以"作孽学校"的恶名。后来又有人以为职教事业是落后的，非革命的。吾们固然也很愿意虚心地考虑，但信念从来没因之动摇，吾们还是照样地朝前做去，在工作中检点自己，改进自己。这一点，吾们敢于无顾忌地希望后来的工作同志要注意，要发挥成为一种定型的风格。

第二，使吾们这团体进展的，同人的能团结一致乃是第二个重要的力源。中华职业教育社有了24年的历史，事业机关也不算少，但内部人事上的纷歧错杂是没有的。这不是说工作同人间从没有过不同意见，而是说即有不同的意见，到头来都能以团体利益为准则。因意见不同而闹成派别，以前固未有过，以后也看不出这样的可能。所以能如此，主要的恐怕是靠着几个总负责人之间经常地作消除隔阂的努力。有什么，他们间都可以畅谈，把任何问题都说穿了，然后综合意见，依照行政的常轨处理。尤其好在大家都以团体为重，事业为重，意见有出入的地方总是为公，一涉及私，谁都不愿冒不韪。吾们曾经把同人所以比较能团结一致的原因归总成12个字，便是：明辨是非，融洽感情，尊重秩序。辨是非，是基本的条件，辅之以加强同人情谊的努力、同人对于工作秩序的尊重，这样，相当的团结一致便不成为一件难事。靠着团结一致，吾们没有把力量消耗在一些人事纠纷的排解上，可以把吾们的微薄的力量集中起来，贡献给这个团体。

第三，吾们所触发的原是一些极实际的问题，例如吾们自身经历或是若见别人遭遇的贫穷问题，读了书一无所用的问题，社会上需用人才而学校不能供应的问题。吾们主张职业教育，推行职业教育的目的也就是想解决这些实际问题。因此吾们对于任何事情的处理，都愿意做到"实事求是"，绝对厌恶蹈空。吾们自然也要博采中外的理论和方法，但这些理论和方法，在我们这个团体里总希望不是老长在书本上或是嘴上的东西，而是能见诸实行，对于一些实际问题的解决能有帮助。吾们所发表的主张大都是从吾们实践中抽绎出来的。例如，吾们向来办职业教育事业，其主要内容就是办职业学校。后来发见了许多实际问题，并非职业学校教育所能解决，于是又办职业指导、职业补习教育。实践得久而久之，也就成了职业教育内涵是职业学校教育、职业补习教育、职业指导的三分说。后来因感觉都市工、商职业教育还不够，进一步从事农村改进，都是从实际经验得来的。因为吾们注重实际问题、实际问题的实际解决，所以大家养成了一种心习，就是只要是实际的，无论是大是小，是显是隐，吾们都一样地用力去做，尽心去处理。吾们希望做到的是从远处着眼，而必须从近处着手。吾们决不敢说这一些吾们已经完全做到了，但同人中都有了一种"搏狮搏兔，具用全力"的心习则亦是事实。

如其有什么值得报告，便只上面这一点点。

（四）

其次应该指出吾们工作上的主要缺点，许多涉乎琐细的不想在这里占据篇幅，亟愿提出两点：

第一是吾们自审认识的工作、研究的工作做得太不够。对于未来国家、社会急剧变化的需要之配合，不能说不对，总觉得不够，而且还不够为事工实践的指导。这是吾们这个团体的一个缺憾。所谓"认识"，所谓"研究"，有两种必要的内容，第一种是认识、研究吾们这个团体的工作如何配合现代中国的经济建设的问题。这一方面的涵义是非常繁复的,例如一、中国社会经济的本质及其展望;二、在三民主义经济建设中,农、工、商几方面发展的比重;三、适应于三民主义经济建设各种人才的质与量的估计……都是必须研究清楚的问题。要明了这些问题,而后吾们的工作、吾们这团体的努力才有真正的意义,才是真正地达成为国家、为人群服务的目的。第二种认识、研究是关乎职业教育自身的。吾们24年来调查研究的工作做得也并不为少,可惜还未十分贯串起来。吾们第一着自然要做这点结集、整理的工作;第二着便得要把事工的推广与研究加深统一起来,配合起来,使一切事工都成研究的材料,一切研究都成为事工的张本。在职教事工本门,吾们一定要经常地注意新条件,发掘新问题,出新主意,想新办法。倡导职教的责任,吾们多少尽过了,以后是要加强职业教育质的改进之研究,这一点恰恰是吾们现在所未曾尽力的地方。

第二是在工作上还有未曾贯彻到底的地方。工作经验告诉吾们,任何一个计划、一种措施,如其不能贯彻,即使是最理想的、最好的,也不会有多大成效。因为未能贯彻,未著成效,又来一个计划、一个办法,结果总是事倍功半,或竟是事功全废,有人诿过于人事的变动,但这说法是不对的。例如吾们这个团体,人事上的变动很少,即使人事有变动,章法规矩、计划办法是不应该无批判地轻率变动的。人对事是隶属的,事对人是主导的。历史的可贵就在使人检取许多已经历了的事实教训,使人可以减去不必要的时力的消耗。以过去走过的做路基,再修整,再铺设,这样工作的成效可以扩殖无穷。自然必要时也可以另辟新路,只是所谓新路对于老路也不是断然可分的。吾们的毛病就在明了或实行这样的意义，倡议一个意见、一个办法，一时很热烈，不多久会无缘无故地冷搁起来；可是隔了一个时候，同样的问题，同样的办法又会被再提出来。这说明了不是事先吾们考虑未够，研究未够，就是吾们精神懈怠，未能首尾照顾。这一点吾们应该切实戒勉！

吾们的缺点随时随地都可以发现。以上所说的仅是最主要的两个。

（五）

中华职业教育社这 24 年来的工作，就其总目标、总趋向说来，可以分为两个时期：第一个时期是以努力使教育配合社会为中心，第二个时期是以努力使职业教育配合国家民族为中心。前面已经说过，吾们所以主张职业教育，推行职业教育，是触发于一些实际的社会问题。这里"社会"二个字是特别要重视的。吾们所以主张职业教育，最基本的出发点是想消灭贫穷。吾们深切地感觉贫穷是我们中国人一种严重的胁迫，一种根本的苦痛。因为想消除这种苦痛，转念到教育的途径上去。由此可见吾们所主张的归趋能在教育方面，而其动机和目的则是"社会"的。所以，24 年来，吾们力求与社会各方面多接触，多联系。吾们所希望发生的影响，决不愿局限于学校或是教育事业，而是要投入广大的社会中去。自从"九一八"事发，吾们内心起了极大的冲动，精神受了极大的影响。吾们亲切地看出，在我们中国这样一个政治上、经济上受着种种枷锁的国家，所谓社会问题的解决，必须统一于国家、民族的解放。从这里吾们越发看出中山先生眼光之远大与夫三民主义之准确。

吾们深深觉到,吾们的教育工作如其不配合于一个合理的政治主张和措施中,是不能有什么成效的。从那时起,吾们的工作便力谋与国家的需要相配合,而有一部分同人呢,倒反像离开了教育的工作岗位,致力于国事的奔走。抗战爆发后,益觉这样的路向没有走错,朝这样路向的努力益觉迫切而重要。二十八年(1939年)五月,吾们同人在昆明举行过一次工作讨论会,会后曾经公表吾们的意见,内中有一段话说出了吾们的总方针:

> 职业教育的目的何在呢?本社工作的目标又何在呢?往远处说,是在实现一个民生幸福的社会。在那社会里,确切达到了"无业者有业,有业者乐业"的目的。要使社会上没有无业者,也没有不乐业者,职业教育,本社工作的任务,才算真正完成。就近处说,本社的使命,是在以最高的积极性,参与抗战建国的努力。吾们确信,职业教育,只有在民族解放、民权平等、民生幸福的社会里,才能实现他的造福人群的理想。反过来讲,又赖有职业教育的努力,吾们民族解放、民权平等、民生幸福的国家社会,才能加速的出现。

是本着这样的总方针,吾们极端拥护并关切三民主义、抗战建国纲领的切实施行。凡是有一个机会,有一点力量,有助于三民主义、抗战建国纲领的实施的,吾们相互勖勉一定要以最高的热忱、最大的努力去运用。职业教育乃是吾们工作的归宿,吾们的一切努力不仅不会放弃这本位,而且要加强它,充实它。吾们关心政治,研究政治,为着吾们推进职教工作的必要准备。吾们的动机十分纯粹,目的十分简单,就是始终站在国民的立场,参与国家的新建设。能懂的事情,我们一定尽心尽力地说和做;不熟悉的,我们决不强不知以为知,强不能以为能。吾们愿意本此赤忱,为我们正在受难的国家默默地作些事,尽吾们国民的天职!

(原载《国讯》旬刊第 268 期,1941 年)

中华职教社三十周年宣言[*]

一、吾人积三十年从事职业教育的经验认为吾人自始所采之途径,与所悬之鹄的,即发展人类生活知能与服务精神,以达到"使无业者有业,有业者乐业"。在此使命上虽未获得百分之一之成功,但此途径与鹄的,经世界急激的演变,愈信吾人所认识是正确的。人类对于这些是急需的。吾人矢愿继续努力,尤愿继起者不断努力,以期最后获得完美的结果。

二、吾人认为人类幸福,将建筑于科学进步之上,同时须使科学为民生利用而发展,今后"原子能"不再用于残杀人类之战争,而用之于增进生产。吾人自始即以增进世界与国家生产力为主要目标之一,愿以科学之发展,为改进人类经济生活之基础,尤愿以仁厚、公平、合作、正义感、责任心,与生活整饬,为服务精神之基本条件。以此精神,来发挥科学功能,使世界于和平中获得进步,因以增进社会生产,而个人亦因以乐业。

三、过去政治未克与吾人工作充分配合,实为工作成功之一大障碍。吾人坚信对于青年,从事于自动与自治的基本教育,养成其自立的合作生活能力,只有这样,才获奠定民主政治的基础。吾人

---

[*] 在此宣言上署名的有黄炎培、杨卫玉、孙起孟、江恒源、何清儒、贾观仁、沈嗣庄。

有至浓厚的国家观念,至忠诚的全人类幸福之祈求,与三十年不已的用力,以此配合政治的促进,继续奋斗,于建筑世界秩序上,不失为有价值的努力。

四、吾人深信人类长于其天赋之各种才能,如果彼所采取修学与就业的途径,能与之为适切的配合,不惟个人奠下幸福的始基,其于社会必且有更多更远大的贡献。以故青年时期,尤其在初中标准年龄时的就学就业指导,在教育上实为必要的前驱的工作,而高中分科与大学专科,如就指定的途径,使学与习一贯地进行实为理想的教育过程若干种中间的一种,吾人矢愿于此继续尽力。

五、吾人积感于劳动者生活之艰苦,与不劳动而生活优越双方享受之不公平,矢愿对于占全民多数之劳动社会,施行适于其生活的教育,俾增进其自身能力,抉破社会习惯性的压迫与鄙视,同时亦不至自鄙弃其劳动生活,以期社会于安定的秩序中,获得公平的生活幸福,并促成社会之进步,此为吾人认定的未来的课题。

六、吾人尝从事于农村教育,因发见农村生活单简,习惯于混合的方式,故主张政治与教育,在统一组织下进行,以期农村整个社会之改进。自经过八年对日抗战,政治上经济上情势不无迁变,要求的条件,今昔亦有异致,吾人仍愿获得机会,斟酌适当的方式,继续努力。

七、自经八年长期苦战之结果,发见妇女失偶失业者特多,失偶结果,直接影响于人口,在民族主义的政治上,应认为重大问题,此际姑不具论。只念此时急须扩大妇女职业教育与训练,使全国未被人平等重视的半数可怜国民中之尤可怜者,尽能自力谋生,兼予以精神安慰,此在政府应定为当前急要措施之一,吾人亦愿就能力所及协助之。

八、吾人认为战后伤残者教育,在人道主义上,在民主主义上,政府急应为有效的措施,吾人亦当量力协助进行。尤以战后失业人数之激增,实为社会严重现象,认为一方急须停止内战,整饬政纪,增进生产事业,扩大就业机会,以容纳失业人民,同时须加强职业训练与指导,以适应需要。

九、自《大西洋宪章》,在政治上提出保证生活不处匮乏之要求,而经我批准之《联合国宪章》,亦有"促成大自由中民生之改善",与"促进全民就业及经济与社会进展"之规定。吾人感到过去人民生活是个人问题,今后使人民不处匮乏,乃是民主政府须尽的责任。过去个人获得职业是一种机遇与幸福,今后乃是现代化国家一个公民应享的基本自由权利,弥感今后教育,必须基此新的认识与政治方针配合进行,吾人愿继续努力,使全民获得自立与合作能力,使世界一切资源,为全民应用。最近读新教育同志会国际会议宣言,吾人尤愿起而响应,共同建立仁厚公平的世界秩序,来追求和平之安全。和平不可分裂,生活安定,有其基本因素,匹夫有责,始终以之。

(原载《大公报》1947年5月6日)

中华职业教育社奋斗三十二年
发见的新生命

前　言

　　一系列的人受了他们广泛的、天真的人道主义和国家民族主义这些思想的驱使,前前后后奋斗了几十年,依他们的方向,找出一条路,自己先走,走通了,希望大家走,来实现他们的理想。不料中间遭遇了连续性的却是不同方向的无数阵的暴风雨,他们自始至终总是植立着,倒借了这些风和雨,磨炼成功了他们相当坚实的体格,还靠了抗毒素的加强,在漫长的岁月里,延续了他们的生命。天气依着规律性大放晴光了。当前呈现出一个新的世界。正是他们所指着的方向,却是他们从前憧憬着还没有清楚地发见的道路。他们兴奋了,将要拔步前进的时候,愿意向着大众,说明他们过去为什么奋斗,怎样奋斗和长期的怎样怎样遭遇艰苦,艰苦到几乎丧失生命而到底没有丧失的种种事实和缘由,以及从今以后,立志把他们所有一切的一切,贡献给新的世界,认为该重定一种新的努力方式,作为他们继续奋斗的范畴。这就是我所写这篇文章的大意。

　　这一系列的人,有已经离开世界的,值得报告一下:沈信卿先生恩孚、袁观澜先生希涛、姚子让先生文楠、杨月如先生保恒、贾季英先生丰臻、顾述之先生倬、黄伯樵先生异、俞抗澜先生泰临、刘湛恩先生、邹韬奋先生、季寒筠先生，当然数是数不尽的。

一、中华职业教育社是怎样产生的呢？

它是公元1917年、中华民国六年五月六日在上海开会宣告成立的。一篇宣言书草案发表后，大得各方同情。署名的，当时教育、实业两界知名人士以外，全国南北名人蔡元培、马良、严修、伍廷芳、张元济等，在宣言书上是首列的。

当时中国的社会，新发生一种矛盾现象。基于民国成立，各省大量推广教育，中学校一县有骤增到一百所以上的，但它的毕业生大都没有出路。江苏省教育会年年公布教育调查统计，中学毕业生升学者仅占25%左右，求事而不得事者，占到半数，甚至半数以上。同时却因世界大战发生，舶来品骤然减少，实业界很想推广制造国货来承乏，而苦于缺少技术人员。它的发起宣言，就针对着这种现象立论。对于大量扩充普通性的中学，认为是无目的、无计划的教育，严切地加以评正；大声疾呼着主张大改革教育政策，必须把教育和生活密切地联系，它愿首先这样尝试、倡导起来。

社章里明确地揭示它的目的，有三点，第一是改良教育的准备，第二是替学生谋服务社会的准备，而第三点，就是替中国和世界谋增加生产的准备。那时候，中国还没有人提到增加生产从教育下手，它是第一声。

它所提出终极的目标，是使无业者有业，使有业者乐业。

明年1918年，民国七年，它在上海创立了一所中华职业学校。

设有铁工、木工、钮扣、珐琅各科。前两者属于教育上手脑并用的基本教练,也是发展一般工业的基本因素;后两者,它从海关输入统计上看出这两种舶来品数量骤增,而实际上倒不难抵制,想从这上边做个国货制造的先导——后来这两种国货,到底抵制住了外货,尤其是珐琅业,上海这类工厂数大增,大都有中华职业学校毕业生在内。它从教育上为中国增加生产的宣言,算初度小小试验有效。

同时,它发行《教育与职业》月刊,编行不少关于职业教育专书,拿来阐明职业教育的理论和方法。

二、它壮大起来了。

职业教育本来在理论上着实站得住的,"后稷教民稼穑",就说明了一部社会发展史。教育不是资产阶级的装饰品,而是在人类生活进化上会起一种领导作用的。就依新的学说,手脑联合训练,确是人类生活教育上最基本的工夫。

但是它呢,很早就和封建社会搏斗,它从产生时起饱受了教育界顽固派的打击。这一派人认为文雅教育才是正统教育,教育而谋解决人类生活问题,还成什么话!所以辱骂职业教育为"作孽教育"。这不是十足的封建作风吗?而它却因实际上能为学生打开出路,大得学生家长同情;手脑联合训练,适合青年期身心发展的自然要求,大得学生同情。而又盛倡教育与实业合作,教育供给实业需求的双方有利,同时职业学校拥有相当规模的机械设备,施行新式的工作实习,用事实来表现,使来观者眼界一新——那时候社会最厌恨空论——尤重要的,它的毕业生大部分确能亲切地供给工商界的要求。因为学生服膺它的校训"劳工神圣"、"利居众后,责在人先"——中华职业学校成立不久,添设商科,尤能与金融界、工商界合作,使企业家与一般生产救国论者笃信职业教育是为公、为私必要的唯一的康庄大道。它从得到了这些助力以后,就在社会上成为蓬蓬勃勃地富于有生力量的一支先锋部队。

中间却因中华职业学校所办机械、木工、钮扣、珐琅各厂同时赔本,负债很多。没办法,想发行一种债券,定期还本付息,拿来减轻债累。债券上须有信用卓著者署名,各债户才肯受抵。就向那时候上海声望最高的金融界领袖宋汉章商请署名,汉章答:"除非让我去查帐,一点不错误,我才愿署名。"某日清早,汉章果到校,耗了半天的时间,查完了校帐。问有错误么?答没有。"宋汉章"三字写上了。从此债券风行,而学校和工厂信誉更坚固。同时把这些踏实的作风,教它一般的学生。

从它成立那年起,把金钱最早捐给它的:(一)菲律宾华侨凑数捐给了一注菲币,(二)南洋华侨领袖陈嘉庚从成立那年起,每年把额定金钱捐给它,连续了五年。它对这些捐金人是用全力维持信用的。到中华职业学校学生有出品时,它就把这些出品运到南洋开展览会,轰动了一时,说明每年捐款并没有白费。

那时候,各方乐于把金钱捐给它的不少。而捐金最多,且继续捐给,几乎无限期的,就是聂云台、徐静仁、穆恕再藕初兄弟、刘柏生等等,都是当时新兴的纺织界巨子。他们多数还委托它设计职业学校,或指定地点委托它创办职业学校。各省教育参观团到上海参观了职业学校,回去以后,纷纷委托设计。职业教育一时成为新的风尚。

1922年，民国十一年，北京政府颁布了新学制，在中等教育阶段，确定了职业教育的地位，职业学校相当于初级和高级中学。

那时候，全国教育会联合会每年轮流在各省开会。它就追随着同时同地——后来不一定同时同地——举行社员大会或职业学校联合会或成绩展览会。

三、它遭遇打击了。

国民政府自始即予它以无情的打击，这中间当然有些复杂的因素，主要倒有一件事实，可以公告的。远在1923年，民国十二年，那时候，它的负责人同时是江苏省教育会负责人。国民党在上海欲从地下展开党的工作，借广设平民学校名义，由汪精卫向这些负责人商请出面，把这些学校都伪作江苏省教育会设立。这些负责人一想，我们的根据地都在上海租界以外，在军阀淫威之下，怎么可以呢？就婉转拒绝了。不久，国民党在上海租界开大会，汪精卫当众骂这些人所办教育是"乡愿教育"。对这些人满肚子不痛快，而指不出这些人的坏处，乡愿教育的名称就是这种心理的表现。同时，就替它一群人起一个名词，叫"学阀"。有等人还创出"不革命即反革命"的口号。

一到1927年，民国十六年，国民革命军到上海，大迫害来了：江苏省教育会被封闭；财产被清算，清算结果，无可指摘，予以没收；同时派暴徒围困社所，迫令工作人员写字据，证明它的负责人是反动，却给工作人员严正拒绝，就捣毁了办公室，把它封闭起来，所有工作人员赶上大车逐出上海郊外。这是四月二十三日的事。

隔一天，又派暴徒到中华职业学校，将手枪指定校长的胸口，逼令交出学校和工厂。校长正坚拒时，大群学生、工人出来了，大呼"这是我们的学校，这是我们的工厂，谁来接收，和谁拼命"。暴徒散去了。

那时候，宁汉已分裂，蒋介石所领导的国民党政府，一天一天，路越走越错。它呢，对内和封建社会作战，在教育上已胜利了。同时对外是主张倡造国货来抵制外货的。还没有到"九一八"，它这群人早看出日本将下手，主张抵抗的。它早不满意于政府纵容帝国主义的侵略，尤其是为了《生活周刊》事件，它虽使尽技巧，求免于迫害，到底无法获得反动政府彻底谅解。

那时候，它的危机虽像过去，这并不等于它就能和国民党政府和谐相处。其中经历的曲折，应付的艰苦，到今天想来，真是不堪回首。冷静地分析一下，它所始终坚持的，是基于政治上看法，和越来越反动的国民党政府的政策无法调和，这是主因。而它所唱出"职业神圣""职业平等"诸口号，虽然还只是资本主义社会里的理想，但这理想有一个很鲜明的前提就是反封建，和国民党越来越支持封建势力的气味，总是不相投的。它一群人主张倡造国货、民族主义，是它一开始就揭示的基本主张，和国民党政府越来越不成话的卖国政策，更是水火不能相容。但是，它一群人从二三十年艰苦奋斗中间磨炼出来的一套做法，正面绝对不通融的，但侧面未始不可以周旋，在趋向相同的某项工作范围内，未始不可以周旋，但立脚点是绝对不动摇的。所以对日抗战八年中间，它和国民党政府曾有过表面的合作，它一群人且曾卖过极高度的气力，例如劝募战时公债，靠私人的力量募到相当多的数量。一到抗战结束，解放战争开始，它已经找到了明确的立场，当然更为当局所侧目。于是它不断的遭遇压迫,它的负责人受到长期的监视。

四、它怎么不会被消灭的呢?

当然,它在社会上积下多少年信誉,国民政府虽然忌恨它,也不敢轻于下手。同时倒也值得检讨一下他们的作风。

我用纯客观的态度,把这群人——包括初时的江苏省教育会负责人和后来它的负责人,在过去45年中间——从清光绪末到现在,很严正地批判他们的长处和短处,一点一点写在下边。

(一)他们有理想的,但他们实现理想的方法,却只有言论和文字,而从来缺乏行动。即有行动,只限于教育性,而缺乏政治性。正确些说来,缺乏革命的政治性——例如前前后后自己教育出来的学生着实不少不少,但从来没有组织——对日抗战是例外的,他们有行动了,他们一群人有组织了。

(二)他们也认识群众,也能联系群众,例如它在昆山徐公桥,在上海西郊等处,能使农村群众跟着他们干实际的抗日工作;它在上海市曾办很多处补习学校,"八一三"以前最盛期间,同时有学生一万多人,但缺乏经常性的组织。

(三)他们每一个人都有特立独行的风格,每一时期都能不受恶势力的威胁和利诱。例如拥戴洪宪皇帝,他们所负责的江苏省教育会首先通电反对,所以袁世凯最痛恨他们,批评他们八个字:"与官不做,遇事生风"。也可见独裁者对富贵不淫、威武不屈的正义派穷于应付,而又特别畏惧他们能生出风来。——但他们虽反对恶势力,从来没有领导推翻恶势力的计划和魄力。

（四）说到教育，他们确能吸收最新的理论和方法，领导一般教育界，加以咀嚼而咽下去的。但他们的缺点，不免偏重方法，而没有能本着空间、时间的基本认识而构成理论体系，拿来做他们的教育根据——职业教育，它有一套理论体系，发表于抗战期间《教育与职业》上边。但把今天我们认识的来对照，只能说是一隙之明，还没有完整。

从上开四点的因，产生了下开三点的果：

一、他们从推翻满清之役起，经过倒袁运动、五四运动，直到人民革命，每一事变，都能认清是非，向着群众路线尽力地配合，尽力地援助，发展成功，却没有发动，没有领导。——对日抗战，它一群人在上海倒是处于发动。而它一群人中间，倒有人处于领导地位的。这是例外。

二、社会在渐变时，他们不失为领导改进的有力分子。——从清末起，在教育上确曾领导全国。——但到突变时，他们不会做主力军。

三、他们就为了一贯地保持着这种作风，才取得三十多年的自存和自全。否则不被屠杀于袁世凯和北洋军阀，必被屠杀于蒋介石，哪还有今日！所以，与其说他们靠这些长处壮大起来，还不如说他们就靠这些短处，掩护着他们的生命。

究竟为什么他们留着这些缺点呢？也得说明一下：

三十年前，中国在半殖民地的环境中，残余的封建势力还存在着，广大的民众，还没有站起来。他们干教育工作，所根据是人道主义，是国家、民族观念。从阶级方面说，他们还是从资产阶级的立场出发的，教育工作者本身当然不是资产阶级，但由于工作的联系，他们不可能不依存资产阶级的支持。同时在无形中他们也就支持了资产阶级。那时候,教育工作者正和这些资产阶级本身一样,分做进步和落后两派,因而工作路线也就分做革命和反动两种。他们使用了全身气力和敌人搏斗,虽对反动派斗争取得胜利,实际上总是跳不出这圈子。这圈子就是资产阶级。他们缺点的去不掉,若问病根所在,应该说就在这上边。

五、它现状怎样呢?

它的社本部在上海,社屋自建,基地自置。它有历年征求得来的社员,社员名卡,积有三万多,但死亡迁移,人事上变更太多了。后来为了环境的恶劣,无法召开社员大会。它的组织有理、监事会,到理、监事任期满了,只有用通讯来选举。

它有研究部,专研究职业教育的理论和方法,同时翻译出版。出版物前后统计有120多种,经常的是《教育与职业》期刊,从它成立之年创始的,现时还在出版。

中华职业学校现设机械科、土木科、商科。今夏共有学生1200多人。前后毕业生共八千几百人。校有基地20多亩,有附设机械工场,有特建的校友会。学生参加人民革命的不少。

因中华职业学校学生学习需要而创设并发展起来的中华铁工厂、中华珐琅厂,都早成为独立的组织,在上海他们的同业里,都已站在前列的地位。

中华工商专科学校,是对日抗战期间,它在重庆因中华职业学校毕业生进修的要求而设立起来的。后来由重庆迁上海,从艰苦中发展。现设工商管理、会计、银行、机械等科。今夏有学生700

多人,前后毕业生有200多人。当反蒋斗争时,被称为上海民主堡垒之一,学生、教师被拘捕的30多人,有被屠杀的。在解放前,参加人民革命工作的有100多人。

比乐中学,是它在抗战结束以后,发现到处都还是普通性中学,毕业生仍然没有出路,但如予以适于一般生活所需要技能和常识的训练,虽没有办职业科,并不是不可以取得企业机关服务机会的,因此,就社本部余屋附设这个中学。现届三年,初中修了,所已经做到的:(一)学生思想上的解放和乐于为公众服务;(二)它所用方法,于班级教学中加强学生的个别辅导,对每个学生的特点,保有经常的调查研究的记录,以此为根据,对学生予以学习和品行的个别指导;(三)还逐渐地实现了学校和学生家庭间密切合作的计划,设家长代表会议,顾问学校财政,提供教学训导的意见,一般私立学校和家长对立的状态大体已消灭。恰值人民解放军南下,这班教师和思想已经解放的学生,纷纷地前去参加解放工作了。

中华职业补习学校,在抗战以前最办得出色,七个补校所在地附近的大小工厂、商店几乎都有它的学生,算得轰轰烈烈了。中间一所补校,就设在中华职业学校内,意在提高工厂一般工人文化水准,亦颇有相当贡献。战后在反动的政权下,没有能一气恢复,但作为基本的第一补校就设在社本部里面。现有学生1000多人,已草有新的计划,正在筹备发展。

职业指导所,是它从23年以前在上海创办起来的。一面指导学生就学,一面介绍就业。这原是市政上一种必要的措施,当时政府没有办,或办得不够,它就办起来了。

伤残重建服务处,是它在战后受"行总"委托而办起来的。伤残重建,在教育上是一种新的理论,事实上在战后确很需要。但在它方面说来，到底是一种临时性的工作。

在它的若干出版物之中，有一种《生活周刊》，在前面第三节里先提到过了。为了抗日，它重新发行一种《国讯》，前后支撑了15年，到民国三十六年终于被迫停刊。它又和一般朋友合办《展望》周刊，解放前一度被封闭，今在继续出版中。

这都是它在上海的工作。这以外，还值得略略报告一些它在内地的一些工作。

国民政府成立以前，它给与各省的职业教育影响，已于第二节说过了，其后终止发展；为了抗战，它才得在国民政府之下，稍微向内地发生些联系。"八一三"战役之结果，淞沪陷落，它就倾它的全力，向着西南发展。川、桂、滇三省都有分社或办事处，都有学校或工厂，且都具有相当规模，给一般人称道。例如重庆白沙沱中华职业学校、灌县都江实用职业学校、昆明中华业余中学、中华小学、柳州中华铁工厂等，都为当时当地推重。抗战结束，它看到政治上有一种新的斗争，且将遭遇新的打击，就将人力、物力向上海集中。到现在，重庆、成都、昆明虽还设有办事处，但地方都还没有解放，一切当然无法进展。

总之，它的第一个十年中间，由萌芽而壮大起来，是很蓬蓬勃勃地发展的。为了国民政府的忌恨，就限制了它的发展。后来，借了抗日斗争，却给它一种旁枝的茁长机会。抗战结束，它的根据地——上海，一片可怜景象，社屋被人占住了，具有相当规模的中华职业学校五分之三的校舍被毁了。它呢，却因人才的集中，社会对它的信誉留下些基础，还得从昏天黑地的现象之下，把旧的复兴起来，新的建设起来，像上面报告的这些。

六、它今后怎样呢？

今后它将怎样呢？这是它一群人认为值得彻头彻尾郑重考虑的问题。

它一群人是有理想的，有抱负的，对教育是有整个计划的。从它创始时不是已向着群众宣布三个目标么？它要改造一般教育；它要使一般学生获得就业机会；它要替国家做一番增加生产的准备功夫。这样地志大言大，难道办了一二所职业学校、一所职业性的专科学校、一所特殊性的中学校、若干职业补习学校和干了若干为社会服务的工作，就算完成它的目标么？当然不是的。它总想自己先立一个榜样，开一些风气，让政府大量推行。可是北洋军阀自然一切都说不上，国民政府始终和它闹别扭。

现在，人民政府成立起来了。对新民主主义下的人民政府的看法，该怎样呢？

人民政府，是人民的政府。新民主主义下的人民政府，是由无产阶级领导者中国共产党领导着，由各方面共同支持着的政府。如果认为这种看法对的话，下开几种观念必须纠正的。

"你们是在朝的，我们是在野的。国家一切事情，当然靠托你们在朝者，在野恕不负责。"这是一种要不得的观念。

在野的也该做一些事。慈善也好，文化教育也好，不必参加整个计划，也不想跟社会需求和国家整个计划密切地配合，只想借这些作为在野者的幌子或个人的消遣方法罢了。这又是一种要不得的观念。

又有一种，把他的事业作为私人所占有。事业的性质，原是为公众谋福利的，结果为了私人立名，甚或为了私人殖产，把公的变为私的，那更万万要不得了。

这些观念，都要彻底予以廓清才好。

职业教育，是今后增加生产、繁荣经济的国策实施时所必要采取的措施。联合政府成立，确定了增加生产大方针。第一件事必需集合专家，经过极慎重的研究，提出一份连续若干年的、全国性的生产总计划，中间必将包括各种农业、各种工业以及水、陆、空交通运输业等等密切地相互配合着，而任何一项，必然需要大量人才。除一部分毕业于大学以外，绝大部分所需要的，必然是受过职业训练的中等技术人员。现有的万万不够，必然需要迅速、切实地重新训练，依技术的性质和需要急迫的程度，定训练期间的长短。这不是职业教育，是什么？职业教育，在今后建国大计的需要上必然地很广大而且很急迫，我所敢坚决认定的。——苏联1938年技术学校、中等医科学校和其他职业学校学生，比革命前增加了26.6倍（见麦丁斯基《苏联教育制度》，庄季铭译本，第90页），此其一例。

还有一点，新社会职业教育，不仅在量的发展上将是空前的，就在质的进化上，亦将史无前例。资本主义社会里的职业教育，表面上是为大量青年解决生计问题——在它已作到一部分的提高劳工文化水准（见前第五节）——实质上总是为资本家增加获得利润的有利条件。新社会的经济成分，主要的是属于以工农为基础的人民大众的国家经济，即使是私人工商业，也是有利于国计民生的经济。因此，为这样经济服务的职业教育，便消失了过去的弱点，而成为建设人民民主国家的重要条件。

既然认清了新民主主义下人民政府的性质，认清了建国大计上需求职业教育的重要而且急迫，又认清了新社会职业教育的特殊意义，那么，对于职业教育积有若干年经验，像它一群人，只有把所有懂得的一些、会得的一些，都贡献给人民的政府，所有已经造成的一些，本不以这一些为满足的，也都拿来贡献给人民的政府，使一部分私人的事业，化为全体人民公共的事业，而永远为全体人民所支持，即永远认全体人民为它的主体。

让我具体说来：

1. 它所创办的学校，依其必要和可能，归之于公家。如改国立，即是若干国立职业性学校的一分子；如改所在市市立，即是若干市立职业性学校的一分子。同时根据它的经验和研究所得，由它协助政府制定一份全国或全市的职业教育计划。

2. 它所附设的其他事业，同样地依必要和可能归之于公家。

3. 它的社本部，改为全国职业教育工作人员和职业教育研究者研究总机构，隶属于人民政府全国教育行政系统之下。

这样，它绝对不是消极，而倒是积极；绝对不是消灭，而倒是发展。这样，才使它依据原定的目标，走上正轨，得以一步一步地完成它所自动地乐于负担的伟大使命。

话还可以回头说一下，它不是很早标榜着要使无业者有业，有业者乐业吗？它不是很早着眼于个人生计问题的解决和社会生产的发展吗？它和新民主主义的社会观，并没有违反的。在当时，它之所以能产生，能壮大，还不是靠那第一次世界大战，帝国主义对中国民族工商业不能不放松一手。这一个时代背景，使中国民族工商业短时期抬了一下头，因而觉悟到旧教育的空虚，不济事，刺激了实用教育——实用教育也是它负责人在它产生前四年，民国二年喊出,而得到全国教育家赞许且接受的——和职业教育的要求,容许它乘时崛起么?可是这机运一霎眼过去了,中国依然在帝国主义、封建主义、官僚资本主义三重压迫之下,国民经济依然得不到健全合理的发展,靠这些做基础的它,自然也无法纳入正轨。由于这些经验和觉醒,它这群人虽然没有参加大革命,毕竟参加了抗日战争、民主运动和爱国自卫的解放战斗。在这三个阶段中,它一群人得到了充分的信心,来迎接新的时代,把最大的兴奋,来参加新民主主义社会的建设。希望早日实现社会主义、共产主义,它一群人并且已经清楚地认识了一点,就是只有实现社会主义和共产主义,才能使人类职业问题获得最实际而美满的解决,才能十足地完成它最伟大的"无业者有业""有业者乐业"的使命。

后　言

有人说:职业教育,是资本制度下的产物,现时这名词是否适用,怕成问题了。我是这样答复的:

我们所争,在实不在名。名只须表达它内在的意义,不过要表达得正确,越正确越好。

职业教育,不但是资本制度下的产物,而且还是封建制度下的产物(中国过去的社会是这两种并存的,而且封建的意味并不较淡于资本。我所感到,是这样的),但它本身是平民化的,是为解决平民生计问题而产生出来的,是进步的。例如问,华莱士是美国人么?不错,华莱士生在美国的,但不是美帝,是美而非帝。若说凡产生在资本社会、封建社会里的东西,都成问题,那么全部教育不都从这些中间产生而演变出来的么？科学不也是这样吗？

话倒要说回头的，踏进了社会主义、共产主义的境界，平民生计不会成问题的。就退一步说，新民主主义到实现了发展生产、繁荣经济的时候，平民生计也不会成问题的。所以职业教育，可以说它应该是过去在特定经济制度下由发展而成长而衰亡的。但这句话只说明了这个名词的过程，若说到它的内容，关于基本是手脑联合训练，关于具体工作，举例说来，硬性的，如机器制造，软性的，如文书的作和写，要训练到做出来的东西正确、精美、经济，这都是这名词的内容。这些怕是任何社会里不可少的。

如果在职业教育以外，找到一个新的名词，能正确表达这些内容，我们是极端欢迎的，并且应该大家寻求的。

（原载《人民日报》，1949年10月15日）

职业教育办学实践和历史发展

财政部补助职业学校经费

本社自成立以来,各处赞成者日众,一切事业如调查、劝导、讲演、出版等均已次第举行。又为便于实地研究起见,组织职业学校。兹正募集经费,着手筹备前月本社黄任之君赴京呈请财政部特赐补助经费,以示提倡。蒙梁总长批准,给予补助费五千元。兹将本社呈文与部批披露于次。

中华职业教育社主任黄炎培敬呈:财政总长钧鉴。窃炎培等鉴于方今吾国最重要、最困难问题无过于生计,而欲求根本解决,惟有从教育下手。必使教育与职业相联络,庶其结果乃能影响于民生。爰偕同志创设中华职业教育社于上海,仰荷总长优加赞许,俯赐题名。一时教育界、实业界闻风响应,不期而赞成入社者数百人。本年五月六日开成立会,随经开列发起情形并录章程呈请教育部核准奉批,优加褒勉,准予备案。计自成立以来,五个月间各地通讯商榷职业教育问题多至140余件,调查32次,发行丛刊、杂志月刊凡一册。除随时讲演外,并在准备关于职业教育之图表、幻灯各物,定期出发讲演。惟查社章规定,应办事业除调查、研究、劝导、讲演、出版事项外,应设职业学校以为实际研究之资,兼备各省观摩之地。爰议先就上海创设,择定南市沪杭车站左近,租用公地一方约计十亩左右。调查该处邻近小学校学生父兄最多数之职业,种类先办铁工、木工两项为主科,而以其他革工、缝工等科为附属。草定计划书、预算表及校舍图，预算建筑校舍、购备机器等项用，最经济之办法约计须开办费二万元。第一第二两年合计经常费约二万元，计共四万元。以后工艺出品当略有收入，可资抵补。炎培等愿奢能薄除，尽力四出劝募外，不揣冒昧拟恳总长俯念兹事重要，直接在谋教育实业之沟通，其间接实于国计民生大有裨益。上海为全国俱瞻之地，行见一校立而千百校随之，下为地方行作始之源，上为政府灭如伤之痛，断非他项团体、他项学校可以比拟。可否特赐补助经费以示提倡？不胜感盼，待命之至。伏候批示。谨呈。计呈社务丛刊四册、杂志一册、职业学校募金启一册。

财政部批呈：悉该主任组织职业学校开办需费，应由本部补助五千元用示提倡，惟呈请事件前经本部规定应贴印花票一角，原呈漏未贴用，仍应补缴以符定章。此批。

（原载《申报》1917 年 12 月 7 日）

设施职业教育新标准

（一）凡合于职业教育性质之机关，得适用本标准。

（二）职业教育机关之设科，宜按照社会状况。就大概言，城市以工商为宜，乡村以农工为宜。

（三）职业教育机关，专收男生或女生，或兼收男女生，视地方情形定之。但男女子不同之职业，其设科必各审所宜。

（四）职业教育机关欲决定设科，首宜从事调查。其方法宜从地方调查，如现有之职业，孰为发达，孰应改良，及未来之职业孰为需要。

（五）职业教育机关调查研究之结果，于农、工、商……各科中决定何科，尤当于一科之中，决定专设何种（如设农科，应视土性所宜，决定何种作物。如设工科，应视地方状况，决定其为机器工或手工；而于机器或手工中，更视地方所产何种原料，需要何种出品，而决定何种工艺。如设商科，应视地方情形而定普通商业或特种商业），宜简单，宜切要。俟其收效，逐渐推广。

（六）职业教育机关设农、工各科时，对于该科必先试验，确已有效，然后招生传习。

（七）职业教育机关斟酌设科时，必先审察学校财力是否能为该科相当之设备。

（八）职业教育机关招收学生，必审察其将来生活需要，是否为是项职业所能供给。

（九）职业教育机关招收学生，必须审察社会需要之分量，以定学额之多寡及按年续招与否。

（十）职业教育机关待遇学生方法，不宜与是项职业社会之环境相距太远。

（十一）职业教育机关之训育，除普通的道德训练外，须切合于是项职业社会所需要。

（十二）职业教育机关修业年限，宜分节，每节宜短。

（十三）职业教育机关为增高实际效能计，其实习组织，宜兼事营业试验，但其营业以独立计算为宜。

（十四）职业教育机关学生毕业后，宜令就职若干时间，察其成绩，然后给予证书。

（原载《教育与职业》第 79 期，1926 年）

办理职业学校之商榷

……昨诵大函,敬悉壹是。时局倥扰至此,而诸君子仍本夙昔之毅力、热诚,维持教育,无任钦佩。承示各节,洞中綮肯,尤深佩仰。既辱垂询,谨就所知,条复如下,至希鉴察为幸。

(一)教育本以适应需要为主,职业教育更不能离此原则。赶速完成应修之课程,进而谋农、商界之联络,注意需要,勤求实用,自是介绍毕业生出路之良法,又足为将来发展之地步,甚好甚好。

(二)职业教育实习是重,租地自设农场,诚为切要之设施。弟去年来绥见实业厅所办农场甚大,最好与之合作。如教育厅能筹得款项,就其基础推广之,似更完备而成效较易。

(三)职业学校学生毕业后即须为社会服务,训练尤为重要。训练之道不一端,而尊见养成耐劳习惯、减低欲望、适应社会三点,实为最要原则。佩甚佩甚!

(四)对于将来设科,亦以因地制宜为是。贵处情形农、工两科确更需要,但工艺在初倡时期,需要人才,似宜备高低数种。三年毕业固好,即一年短期毕业亦可供技手之用,而急求就职者,亦可早谋生活。鄙见如此,事实上能否可通,尚请卓裁。

(五)工科设工厂以资实习,自为必要之设置。但工厂办理极难,成本之筹划、出品之运销、工场之管理、材料之采办,在在有极大之关系,非此道三折肱者不办。故最好与现设之工厂合作,则较易负此责任。此同人积数年之经验,感到此种困难。不知尊意云何?

（六）农科以招收农家子弟为原则,故实在农忙时,即全日停课亦无不可。盖停课所以便利其农作,正所以使之实地练习,惟应有稽考方法耳。

（七）学校本宜为社会之中心,诸君子拟力求与社会接近,使学校为本区职业教育之中心机关,甚善甚善。弟意扩而充之,不特易为毕业生谋服务之地步,且足为社会改进之途径也。

职业教育千端万绪,以上各条,仅就垂询所及,约略究之,不尽一一。嗣后尚希时惠教言,藉此可以相互研究。

（本文是黄炎培给吴栋华的复信。原载《教育与职业》第81期,1927年1月）

职业教育该怎么样办

——中华职业学校十五周年纪念

吾中华职业学校成立以来,十五周年了。校长贾佛如先生用诚恳而略带强迫的精神,要我写一篇文章做纪念。

我哪里有好文章堪以纪念吾学校?只有一个好题目,倒着实可以纪念吾学校。什么题目呢?就是"职业教育该怎么样办"。

我同学诸君,我同教同事诸君,要知吾中华职业学校,就是建筑于这个问题——职业教育该怎么样办——的上面。

当民国六年,中华职业教育社初成立,吾们同事诸君就创一种议论:该把吾们理想的职业教育来实地试验一下。可是当时就有第二种议论:说话是容易,实行不容易。要是亲身试验而失败,不是社会对于吾社的信仰,根本动摇了么?吾说:就为这样,所以要这样。要是吾们的理想,连自己试验都还没有能成功,还能拿出去哄人么?要是我们存了畏难的心,老是说空话,对人家嚷:"你们去干!你们去干!",而自己怕坍台,不去试验,恰等于带兵的将官们不敢上火线。

结果,决定用吾们全部的力量,来干一下。可以说,吾们创办这个学校,惟一目标,就是希望对于这个问题——职业教育该怎么样办——获得一种圆满的答案。

可是问题愈研究愈多了。问职业教育该怎么样办,先反问你要办哪一种职业教育?你在哪一种地方对哪一类人办职业教育?

讨论结果，恍然大悟，我们试验，只能在一个地方试验一种或数种职业教育。比如衣服，替张三先生制，只能恰称张三先生的身段，至于李四、王五、赵六诸先生，不是一定不适用，决不是人人适用，所以最好总得把张、李、王、赵诸先生身段各个量度一下才行。

那么，吾们先就本社所在地——上海来试验一下。上海是工商世界。中国读书人顶怕用手，除掉写字和吃饭、穿衣、上茅厕以外，简直像天没有给他生两手似的。在糊里糊涂中，把社会分做两下：一是号称士大夫，是死读书老不用手的；一是劳动者（很客气的名称称他们做平民。其实只是表示平民以外，还有不平民罢了），是死用手老不读书的。好罢！吾们来矫正一下。要使动手的读书，读书的动手，把读书和做工两下并起家来。要使人们明了，世界文明是人类手和脑两部分联合产生出来的。作工自养，是人们最高尚、最光明的生活。（现今吾校工场"劳工神圣"额，还是最初所题，就是当时所用的口号。）……吾们亲身作工，同时还要用书本来阐发作工的原理和方法。当时最醉心这套理论而且立志实行的，就是顾荫亭先生，所以就公推他做校长。当时吾们对于这一种教育，很有深切的觉悟，曾发表吾们的主张如下：

> 凡平民教育性质之职业学校，最合现今社会所需要。但其一切设施，须使勿远于是种社会之生活状况。否则其结果将与其宗旨日趋而日远。（《中华职业学校五年来之经过》，文载入民国十二年五月所刊行之《中华职业教育社》与《中华职业学校》）

学校渐渐地发达起来了。每学期发问题给学生："作工好么？"

绝大多数答："好。"对学生父兄来参观者，问："教你们子弟这样作工好么？"绝大多数答："好。"对一般参观者问："这样作工好么？"绝大多数答："好。"校舍不够，扩充建筑校舍，教师和学生合力自砌壁，自铺瓦（现今东部有几间屋，还是民国八年第二次建校舍时，师生合力建筑的）；运动场不够，扩充收买场地，教师和学生自平治，全校不用一校役。吾们对外并没有吹，自然而然地使得中外为参观教育来的，父兄为子弟觅学校来的，把吾们学校做注意点。大家以为职业教育该这样办，有的并且认为教育该这样办。

当时吾们很提倡学生自治。全校假设一名称，叫"职业市"，有执行部，设正副市长及各科；有市议会，设正副议长；有检察长及检察；有审判长及推事。皆采民选制，由学生票选，而教师从旁监督指导。又自然而然地做了一般参观人的注意点。大家以为教育该这样办，有的并且认为职业教育该这样办。

这是第一个时期。

晋朝有个卫玠，面貌生得漂亮些，活活地给人家看杀。吾师蔡孑民先生做北京大学校长时，曾在报上登一启事，引用六朝人语："杀君马者道旁儿。"曾问先生真意是什么？他说："吾的真意，是借用道旁儿拍手称赞马跑得好，马因此力尽而死这一句古语，来比喻一般社会鼓励北大，结果和这马一样。"咳！吾们中华职业学校何尝不是这样。当时轰轰烈烈地做了一般人注意的目标，教师和学生大家高兴得了不得。吾们的经费，没有一文钱不是募得来的。打算募足了三年经费，以后自己生产来供给自己。募金启一发表，多承社会的赞助，六七万元一呵而就。先办了铁工科、木工科，又办了钮扣科、珐琅科，还有各种教员养成科，每科附设了工厂。教师以外，请熟手工匠，教学生做工；学生以外，添招艺徒，称乙种学生，白天做工，晚上读书。每个工厂都是一面给学生和艺徒工作，一面将出品出卖。全校教师和学生，天天在热烈的兴趣和活动的空气中过生活。

那知道工厂是不容易办的。吾们以为事事脚踏实地，勤勤恳恳，虽不想多赚钱，总不至于大亏本罢！不料学校在一般人极口称赞，工场出品在各界极端的欢迎中间，只觉得银行往来帐，渐渐地入款存进去的少，而用款增加的多了。原来吾们的工厂，是没有备具基本条件的。这几万元买地，建造校舍，建造厂房，买机器，这些算是资本，而工厂流通金不但没有，并且学校年年还要耗去一大笔经常费，在工厂各项开支以外，不上几年，债额一天高一天。初时由发起人和少数最热心赞助的校董向银行家信用担保，后来债愈积愈多了，渐渐地由困难而进于不灵了。怎么得了！怎么得了！千踌躇，万踌躇，这万万不可以使全校各厂同学、同事、同教诸君知道，不但与事无补，且惹起恐慌，是大不行的。更万万不可以使一般社会知道，内容一揭晓，债权人四面逼拢来，立刻破产，教育界闹一场大笑话。职业教育！职业教育！从此成为一种笑柄，吾们从此成为千古罪人。咳！王阳明先生说："哑子吃苦瓜，苦了说不得，若要你知道，除非你自吃。"老实说，为了这点，不晓得有多少时候昼不得食，夜不得眠，至今痛定还在思痛。可是当时教师和学生是很好的，学校当局是勤勤恳恳，十分卖力，而且酬报很薄，都是吾所十分佩服的。

职业教育该这样办。危险！危险！这是第二个时期。

那么，这个职业学校，怎么还得撑到今天呢？究竟当时用怎么方法渡过这个大难关的呢？想！想！居然想出一种办法。当时吾们先发行过五万元的社债，用校地工场等做抵押担保的。再来发行十万元罢,可是担保品没有,如何是好？巧值民国十年的冬天、十一年的夏天,两次北京政府要我去当教育总长,都没有去。并不是我搭架子,也不是我怕难,实实在在我和同志发起了中华职业教育社,办了中华职业学校,叫喊了几年。结果,还是丢掉了,去做官,良心上实在说不去。忽而计上心来,官是吾不做的了,何勿等到辞绝以后,到北京走一趟,请求政府常年补助职教社一笔经费。把这一笔款做了担保品,来发行十万元社债,不是难关渡过了么？好！试试看,北京走一趟的结果,靠多方的赞助,居然如愿,阁议通过每月国库补助中华职业教育社二千元。可是中央哪里有钱呢？请求指定由江苏拨给,又难得江苏省长和财政厅长的破格赞助,很切实地批准。居然第二次发行债券了。

可是这种债券,在我们是一片至诚,千回百折的干办,到底要人家拿雪白的现金来换,哪里行呢？其中却有一种特殊的信用关系。这券面印有十一位经济校董的大名,个个签名盖章,第一名就是上海著名绝对谨严刚正、不肯丝毫通融苟且的宋汉章先生。宋先生怎么肯署名债券呢？这段事实,倒值得公开报告。

当民国九年,吾校第一次将要发行债券。那时候社债的风气初开,有人说:必得请到中国银行行长像宋汉章一流人署名,才得有效。说这句话的人,在上海很有权威的。吾与宋先生虽认识,但没有深切的交情,如何是好？试试看！到中国银行投刺见宋先生,倾谈之下,很诚恳地提出请求,宋先生瞠目视吾良久！良久！

"我宋汉章三字可以签在你们这种债券上的么？"宋先生很干脆地说。

我不答。

"别的不说,你们学校的会计,靠得住的么？"宋先生又说。

"宋先生！一般学校的会计，吾不敢说，我们中华职业学校的会计，吾敢说靠得住。"我很斩钉截铁地答。

宋先生不语。

"宋先生！吾今天拜访，原是敦请先生当经济校董，署名债券，此层姑且不说，倒是承先生提及对于我们学校会计的感想，吾为表示心迹，恢复信誉起见，无论如何，先要恳求先生查一回帐才是。"吾很和婉而恳切地说。

"你们学校里的帐，可经得吾们去查的吗。"宋先生越干脆地说。

"可以。请先生明天去查也好，得了工夫随时去查也好，今天立刻去查更好。"吾越斩钉截铁地答。

"真的吗？"宋先生问。

"当然真的。"吾答。

先生瞪目视吾良久！良久！"隔一天吾来。"宋先生似稍和婉地说。

吾回去很恭敬地写一封信，请求宋先生到校查帐。某天清晨，职校打电话招我去。则宋先生很庄严地已先到校，正在检查一本一本帐簿。从清早起，一直检查阅到"打！打！……"自鸣钟敲十二下。

"宋先生，这种帐还过得去么？"吾很和婉地问。

"好。"宋先生很沉着而简截地答这一个字。

"宋先生！既承先生看吾们学校的帐还不错，那要恳求先生署名吾校的债券了。"吾一面从袋里取出没有签过名的空白债券，送在宋先生面前，一面说。

不一分钟，尊严无上的"宋汉章"三字图章，从灿烂的朱墨光中,出现于中华职业学校债券上面了。

吾中华职业学校债券,从此一帆风顺地发行。到现今呢,第一回五万元,固经全部还清,即第二回十万元,也快要还清了。中间热心赞助的固然着实不少,岂止宋先生一个?而吾终不能不感激宋先生极端冷峭、严正的态度和行为,实特别大有造于吾校;而以平时处事不稍苟且,不至被斥于极端冷峭而严正的宋先生,才获博得一般社会的信用。隔几年,并以此关系,得以延续吾校垂绝的生命。尤足使吾们郑重纪念的,就是当时校长顾荫亭先生和会计姚仲良先生。

流水般的光阴,忽忽十年了。回想当年,使我恐慌而愁虑的,就为这"职业学校该怎么样办"一问题;使吾感激而安慰的,也就为这"职业学校该怎么样办"一问题。

出险了!出险了!这是第三个时期。

那时候,学校内部正在蝉蜕的进行。原任工科主任黄伯樵先生,已留德学成归国了。顾荫亭先生有志赴欧洲考察,将这千斤重担,移交给新受校长聘书的伯樵先生了。各科早都有毕业生了。各工场以整理之结果,有的认为时势变迁而结束,像钮扣工场(当时邻近产蚌壳地方,此业变做家庭工业);有的集资独立经营,像珐琅工场;有的归并起来,交毕业生集资接办,而学生仍得前去实习,像铁工场和木工场。那时候,学校专办机械科和商科,一座大气盘旋、精彩磅礴的中华职业学校,一变而谨严精核,一切科学化,依公定的教育新方针,打算从学校的课程上、工场的实习上,开辟一条新途径,来解答"职业教育该怎么样办"一问题。这是第四个时期。

时局渐渐地变化了。最可纪念的,民国十六年春,国民革命军初到上海,一群人持枪械蜂拥入学校,把枪指定当时校长潘仰尧先生的胸,追令将学校交出。潘先生不慌不忙,向大众说:"吾们的学校,是学生公共的学校。"诸生闻声毕集,皆挺身出,向大众说:"吾们的学校,是我们学生公共的学校。"围立解。学校的运命,从滔天恶浪中,仰仗平素和平诚恳、万众爱戴,临时强毅坚决的潘校长和全体平素相亲相爱、富有热烈的爱校精神的同学诸君的挺身维护,很侥幸地安全度过。倒又添办文书科、择业预备科起来了。未几而工业专家姚颂馨先生继任校长。那时候,但得平安过日,保留学校一线生机,已是不朽的功绩。其间又添办机械制图科。巍巍校友会会所,就在这风雨飘摇中,由热心校友们募建起来的。又未几而商业专家赵师复先生继任校长,时局已渐渐平稳,于商业教育,很下一番基础计划。对于学校经济上的筹算,更多重要贡献。对"职业学校该怎么样办"一问题,又改变了一种答案。这是第五个时期。

现在是最近的一时期了。今校长贾佛如先生,一切设施,另有详细报告,不用吾来赘述。

咳!办事是不容易的。小小中华职业学校,当时无非感于一般社会对"职业教育该怎么样办"一问题,有尝试解答的必要,因而决心创办;十五年来,千回百折,内忧外患,经历了多少艰难险阻,都只为是这一问题。即今后无尽时期中,安知不有更大的艰难险阻,来尝试当局的热诚、智谋和勇敢?因此愈足以表示解答这一问题的价值和意义的伟大而深远。校长和同教、同事、同学诸君,恍惚站在头道火线,中华职业教育社办事部和校董会诸君,是参谋部的后方总兵站。而我所尤注意的,乃是毕业诸同学。十五年来统计,已达1222人,当然也有一时未能用其所学的,而绝大多数,盖已在社会获得相当地位。诸君啊!果人人能忠于服务,对于当前和未来的艰难险阻,不惟消极的抵抗,并能积极的战胜,在国家和民族生存意义上,直接间接做切实的贡献,这就是"职业教育该怎么样办"一问题最有力的"活答案"。

当吾校初创数年间,上海本市以及各地纷纷仿办,大抵因来校参观,鼓起了热烈的兴趣,认为这样办去,从此职业教育问题解决了。可是仿办的结果,很多没有能满足他们的期望。其中一部分有以实业家资格来倡办,未几而实业停顿,学校因而挫折,当时很多这种现象。而多数不能如所预期的缘故,乃因这样办法,只可以说某地、某时或对某一类人的职业教育问题也许解决,而决不是什么地、什么时,对什么人都可以解决的。记得当时曾依试验的结果,提出一条要义:

> 凡职业学校之设科,须十分注重当地社会状况。乡村与城市不同。即同是乡村,同是城市,其地方状况,亦不尽同。万一设科不合需要,必至影响于他日学生出路。(《中华职业学校五年来之经过》文)

咳!职业教育的难办,就在这一点呀!所以吾想,要是今后办职业学校的,常常自己问自己:

职业教育该怎么样办?

这样办法在这时、在这地、对这一类人究竟对不对?

除掉这样办法以外,还有更好的办法没有?

如果常常这样问,吾敢相信一定会得到一个明确的答案,就是:职业教育该这样办了。只恐停一会儿,疑问又来了。咳!几千万年人类社会的进化,就建筑于重重疑问,剥不尽的蕉、抽不尽的茧上面的呀！吾提出这个问题，并没有说吾们已经解决，是说吾们学校，将永远把这个问题摆在面前，做吾们进行的指导。

末了，不禁使我发无穷的感叹了。吾们为什么创这中华职业学校？为什么在职业学校上面冠以中华两字？当民国六年中华职业教育社初创时，曾发表宣言：

> 兴学二十余年……何以教育较盛之区，饿殍载涂如故？匪盗充斥如故？

> 国中自小学以至大学，学生之毕业于学校而失业于社会者比比。

> 然则教育幸而未普及耳。苟一旦普及，几何不尽驱国人为高等游民，以坐待淘汰于天演？

> 今吾中国至重要、至困难问题，尚有过于生计者乎？

当时吾们看清楚，如果生计问题不解决，如果教育不能从根本上帮助中华来解决生计问题，后患岂堪设想？所谓"谛观现象，默察方来，而不胜其殷忧大惧者也。"

到了民国二十年，苏州举行专家会议的结果，发表宣言：

> 近人恒言，普通教育愈发达，社会失业者愈众。虽因果关系，未必尽然。但毕业高级小学，不能升中学；毕业中学，不能升大学，一岁间无虑数十万。

依教育部最近统计，全国中学1139所，内职业学校149所，仅占百分之十三；全国中学学生234,811万人，内职业学校学生16,641人，仅占百分之七。需要与供给相悬至此，无惑乎求事者未能得事，求才者坐叹无才。

把前后宣言两两对照，匆匆十几年间，社会状况究竟有什么分别呢？吾社、吾校同志诸君能大声疾呼、亲身试验于十几年以前，而不能家喻户晓，尽量推行于十几年以内。到如今，内忧外患，重重叠叠，河山已破碎到不堪了。人民求生不能，求死不得，吾中华国族的运命，真所谓"不绝如线"。吾们还在这里举行中华职业学校十五周年纪念，一提到"中华"两字，惟有痛心。

痛心！痛心！痛死有什么用处？还是大家起来死里求生地干。吾同学诸君，无论已毕业、未毕业，人人须勉为一个复兴国家的新国民，人格好，体格好；人人有一种专长，为社会、国家效用。而吾们同教、同事诸君，苟自信吾们所主张的理论不错，那么大家加倍的鼓起精神来，一面埋头地干，一面虚心地问：

"职业教育该怎么样办？"

（原载《中华职业学校十五周年纪念刊》，1933年）

中华职业教育社创设比乐中学意旨书[*]

为什么办比乐中学？怎样办比乐中学？

中华职业教育社，就是30年前要实验我们对教育上的若干理想，才创立起来的。现时所办职业学校、职业补习学校、职业指导所以及过去所办各地农村改进等等，都是前前后后，凭着理想，在一步一步试验。对日抗战结束了，大家重整旗鼓，现存的事业，都在不断地改进中。

本社办了职业教育算了，何以还要办起普通性的比乐中学来呢？这中间有两大理由，很愿意预先说明的。

第一，吾们中间有参加过25年前讨论并起草现行新学制的。现行新学制，中学本不限于初、高级各三年的一种。但所以采用三三制这一种做标准，中间有一个主要的原因，就是三三制便于在初中三年内施行职业指导。职业指导的施行，本不限于社会性。据世界职业心理专家的测验统计，大多数青年不论男女，到了14岁或15岁，天然地会想到将来生活的寄托，就是择业问题。教育在

---

[*] 在此意旨书上署名的有黄炎培、江恒源、杨卫玉、何清儒、孙起孟。

这个时候，就应该用种种方法明示或暗示各种职业的意义价值和从业的准备等等，使得每个青年不要走向和他天性或天才不相近的道路。这就是职业指导。当时新学制的用意，学生标准年龄13至15的初中，以普通为原则；16至18的高中，以分科为原则。就为是等初中受过职业指导以后，可以按着指导，升入分科高中的缘故。

但是，学制虽如此定法，而实际上按照这样办的初中，各地方还不很多。过去曾采用一种方法，指定若干区域，就这区域的若干初中的三年生，在专家指示之下，同时施行职业指导。这种方法虽好，惜不易于普遍推行。后来，距离新学制的创始，一天一天的远了；了解这些意义的，一天一天的少了。我们怕湮没了当时中外专家创设新学制的好意，特地设立这个中学，按着它本意来试验，尤其觉得向以职业指导为重要使命之一的中华职业教育社，简直是责无旁贷。

第二，依一般现况，高中毕业生中间无力升学的总是多数。这些青年，如果受到职业性高中教育，毕业后便不致失业。可是，办一职业学校或设职业分科的高中，教师、设备、经费种种困难，都是事实，普通中学到底好办得多，所以后者总是多于前者。虽经最高教育行政当局历年严令限制后者的设立，但观最近民三三年教育统计，全国中学有2759所之多，而职业学校还只有424所，将怎样安慰并处置这一大群无力升学的高中青年呢？

想！想！想出一个办法来了。所谓职业，除开专门技术以外，有通常必须备具的几种能力。如果备具了，怕任何职业环境都容易走得进的。是哪几种能力呢？国文无论私函公牍、文言白话，都能应用；英语（在需要区域）无论书信和会话，都能应用，尤重会话；

而于课外特别注重服务（初中本有劳作科），例如关于个人与团体生活的料理，关于机关、人的管理，物的管理，经费的管理（兼略习初步会计），均就时间及环境之允许，酌使练习。在中学六年中间，不变更规定课程而能养成上开各种能力，于升学不致有妨，而于就业取得特别便利。细细考虑一下，这些理想，怕不是做不到的。还有一法，现行中学法第六条规定"中学应视地方需要分别设置职业科目"，那么，如加设商业科或文书、会计、事务管理等，当然都是可以的了。

这条路如果打开，许多普通中学都可以借作参考。许多不一定在经济上有升学能力的青年，借此也许可以取得一条出路。但地方情形不同，这点必须注意到的。

我们还有若干理想，在这个中学里边，愿一并拿来试验的。

其一，学费合作制。私立学校在立校者本无负担学费之义务。我们常想，有耕田的经验和兴趣的，该让他们耕田，可惜他们偏没有田；有办学的经验和兴趣的，该让他们办学，可惜他们偏无力办：都是因为经济能力的缘故。今设一法，学费本来该由学生父兄负担的（公立学校除外）。私立学校，除开办费另筹以外，如果把一学期必不可少的费用分摊在每一个学生身上，开学以前，宣布预算，估定一个数目，令学生分摊照纳，到学期终了，将实支数公布，有余发还，不足补纳，用这种合作办法，公公平平地来解决学费问题，怕一般学生家长不至于不赞成吧！

我们就想在比乐中学里，试办这学费合作制。开办费已另筹有着了。宣布学期预算，估定每生纳费数目，到学期终了，实支有余时，虽少亦必分摊发还。但如不足，或由校另筹，以免补纳的麻烦，亦是一法。

其二，小级制。依吾们实地经验，每级学生数的多少，往往和效率的高低成为反比。为的是每级人数多了，不但教学上不易个个照顾周到，就论教育的精神作用，亦因散漫与复杂，不易取得普遍的反应。若干年前，吾们亲见西洋教育有实施小级制，每级限20余人的，教育的效率确是高。中学殊未能例外。这小级制，本社于抗战期间，在四川灌县办一都江实用职业学校曾采用一下，很见功效。这小级制，当然于普及的目的，不免冲突，但就教育立场说来，求质的精，吾人认为有采用的价值。

比乐中学，就想酌量采用一下。学费既采合作制，那么少收几个学生，多纳一些学费，得益还是在学生方面，在贤明的家长，想来不会反对。但虽因此而或多收些学费，总须在行政当局规定学费数量以内，尽可能求其减少，使家属不致过增负担。

前两点，有间接有关职业教育的。后两点，属于普通而同样适用于职业教育的。此外，关于教学，关于训育等等，我们都有多年积下若干理想的方法，有些部分，并且于现今盛倡民主时期，值得特别重视的，准备都在这比乐中学里，聚精会神地实验一下。

可是，有一点必须郑重提到的，比乐中学暂时就办在上海雁荡路18号，紧靠着复兴公园，学生游息地方是很好的。只不拟办寄宿舍，很想利用学校附近是广大的住宅区，借一律通学的关系，与学生家属间设为种种方法，取得极密切的联系。为的是上开种种，几乎没有一项不是需要和家长合作，得到亲切协助才能收效的缘故。

凡事必先树立起理想来，但到实行时，却又须虚心求进，不宜固执成见，或者为了环境和能力的关系，理想到实行时还要打些折扣。我们愿和在校师长，尽心尽力地一面和家长合作，一面和学生合作，办到某一段落时，准备公表经过情形和所收得的成果，以求社会的公评，并随时欢迎参观赐教。

吾们认为，学校教育如果有一分成就，是学校和一般家长公共的收获，是教师和一般学生合作的功绩。

(原载《教育与职业》第 201 期，1946 年)

民国十年之职业教育

"职业教育"一名词之产生,于今殆不及十年。特立团体——中华职业教育社——之创设,于今亦只四年。而影响逐年推广,至今年由通都而及于腹地,由空论而见诸实事,由浮动之气体而渐变为坚实之固体,由散漫的表见而渐进于系统的团结,请就所知分述之。

一、职业学校联合会之成立　是会发起于今年八月,现正式加入者东至吉林、西至陕西、南至云南、北至直隶,已及50校,继起加入者尚络绎不绝。

二、职业学校之增加　列表如下:

校　别	依中华职业教育社最近调查十年度	依教育部全国实业学校一览表七年度	比较增	比较减
甲种农业学校	74	56	18	
乙种农业学校	311	269	42	
甲种工业学校	34	30	4	
乙种工业学校	62	38	24	
甲种商业学校	35	31	4	
乙种商业学校	107	80	27	
男子职业学校	34	3	31	
女子职业学校	44	21	23	

续表

校　别	依中华职业教育社最近调查十年度	依教育部全国实业学校一览表七年度	比　较	
			增	减
职业补习学校	11		11	
慈善性质之职业学校	6		6	
职业教员易养成所	2	3		1
统　计	719	531	190	1

（说明）中华职业教育社之调查统计内，新疆及热河、察哈尔两特别区未有报告。部表原有甲种实业一校，乙种实业二校并列男职校内，实业教员养成所列入职业教员养成所内。

依上表，三年之间校数由531而增至719，几及五分之二，调查不无遗漏彼此所同，而就表以观进步不可谓不速。

三、职业学校出品展览会之发起　自职业学校联合会成立，即提议举行展览会，分全国为四大部，江苏、浙江、安徽、江西为东部，以上海为集中地；直隶、山东、山西、奉天、吉林、黑龙江为北部，以天津为集中地；湖北、湖南、贵州、四川、河南、陕西、甘肃、新疆为西部，以汉口为集中地；广东、福建、广西、云南为南部，以广州为集中地。每部分年举行，将于十一年二月举行第一届东部展览会。

四、新学制确定职业教育之地位　旧学制系统表尚无关于职业教育之规定，今年十一月，全国教育会联合会开第七次会于广东，议决新学制草案。规定：小学六年后二年，得施职业准备教育，中学六年，初级中学二年设普通科，高级中学三年得设职业科，并得设一年、二年、三年之完全职业科，与渐减普通渐增职业之四、五年职业科。为推行职业教育计，得于高级中学职业科内，设相当期之职业教员养成科,职业教育之地位予以确定。

五、大学对于职业教育之研究 东南大学本设有农、工、商科,其附属中学亦以普通科与职业科并设。今年暑假后,大学教育科并特设职业教育学程,俾大学生注意研究职业教育。

六、中学试办选科 从前提倡中学选科制,殊不得教育部之同意,今岁教育部特刊行中学选科示范一书以示提倡。就江苏一省论,省立中学十一校,已得五校试办选科,他省试办者亦不少,于职业教育殊有直接间接之影响。

七、商业界与教育界之实际联络 上海总商会、上海商科大学、中华职业教育社同发起商业补习教育会,一面调查社会状况,一面实施商业补习教育,聘定专家,切实进行。于本年八月成立中华职业学校,与上海各银行合办商业科,收纳学生半日在校修业,半日在行实习,各地商界巨子创办职业学校或商业学校者日多。

八、僻远地方职业教育之发展 察哈尔农事试验场拟办农村补习学校,第一步先设农业讲习所,预备师资。福建南安县诗山乡,由侨寓菲律宾之巨商捐办职业学校,课男子以木工,课女子以织工。四川永宁道尹杨森君特派专员东下,考察职业学校,以资仿办。

九、军队教育之兴起 军队实行职业教育,养成兵士国民之常识与自立之技能,实为解决裁兵问题之绝好方法。苏常镇守使朱熙君就第二师营房周围隙地,辟为菜圃,督兵士莳植蔬、豆、瓜、蒜之属,营中日常所食,即取给于是。并办公余工厂,教之制鞋、织毛巾、制藤器、制毛刷、糊火柴匣、织袜,出品均甚好。四川永宁道杨道尹兼长该省陆军第二军,对于此点亦极注意,欲有所仿行。两湖巡阅使吴佩孚君特选军人子弟31名,到中华职业学校肄业。

十、研究职业教育同志之大增 中华职业教育社成立之初年社员仅800余人,至去年增至3000。本年举行大征求,加入者益盛,总数乃达4179名。计其占籍殆遍全国,且远及于南洋群岛之华侨,以及英、美、德、法、日本诸国之留学生,通都大邑更多以设支社联络为请。

综上述诸项观之,职业教育已成为全国共同注重之一点,集全国共同之心思材力以赴之,后此发展正未可量。而所谓社会生计问题,国家经济问题,将因此得一透彻之解决。此则述民国十年之职业教育,而尤于未来之职业教育,致其极大之希望与欣慰者也。

(原载《教育与职业》第32期,1922年)

三十五年来中国之职业教育

本文为商务印书馆三十五周年纪念而作,既命名三十五年来之职业教育,当追溯清光绪二十三年即公历1897年以来,迄于现在。但职业教育一名词之盛行,到今未及二十年,而自施行新教育以来,关于职业教育一部分,其创始却又远在三十五年以前,以故本文所叙,初不尽以三十五年来为限。

本文分三节:曰三十五年以前之职业教育,曰自光绪二十三年迄民国五年凡二十年间之职业教育,曰最近十五年间之职业教育。

一、三十五年以前之职业教育

吾国新教育制度之创始,作者认为宜断自清同治初元北京及广东之设同文馆与上海之设广方言馆。而职业教育制度之最初成立,乃在同治六年。

同治六年六月,福州船政局设英文法文学堂,继又设绘事院,驾驶学堂,管输学堂,艺圃。

沈葆桢同治六年八月察看福州海口船坞大概情形折:"外国匠房之左为法国学堂……又左为英国学堂。……船政根

本,在于学堂。因为六月十九日就马尾甄别法学艺童,随及英学艺童。……"(沈文肃公《政书》卷四)

同上七年六月船厂现在情形折:"……各厂分招十五以上十八以下有膂力悟性者,或十余人,或数十人,俾易教导,名曰艺徒。现所招已及百余,又不能无以钤束之,于是复有艺圃之设。……"(同上)

同上十二年正月船政经费支绌折:"……原议学堂两所,后添绘事院、驾驶学堂、管轮学堂、艺圃四所。……原议两学堂艺童六十人,今则艺童艺徒合三百余人。……"(同上)

光绪五年,天津立电报学堂。
(《申报最近之五十年五十年来中国大事表》)
同八年,上海立电报学堂。
(《人文史料五十年来之交通部电信学校》)
同十九年十月,湖广总督张之洞奏设自强学堂于武昌,分设四斋,方言,算学,格致而外,设商务斋。但不久停课。

张之洞招考自强学堂学生告示:"本部堂于光绪十九年十月,奏设自强学堂于武昌省城,分方言、算学、格致、商务四斋。……格致、商务两门,中国既少专书,津沪诸局西人学馆译出诸编,不过略举大概,教者学者无从深求,现将格致商务两门停课。"(《近代中国教育史料》一册一三叶)

同十一年,北洋武备学堂附设铁路班。二十二年江南陆军学堂附设铁路专门班。

光绪二十二年二月两江总督张之洞奏折:"光绪十二年间,天津地方曾设立武备学堂。……今于仪凤门内之和会街地方,创建陆军学堂……从前北洋亦经设有铁路学堂,其学业有成者,曾经臣调用数人,惜为数不多,殊不敷用。今拟另延洋教习三人,招学生九十人,别为铁路专门,附入陆军学堂。……"(《东华续录》一三二卷一八叶)

同二十二年,江西蔡金台等设蚕桑学堂于高安县。

光绪二十二年八月,江西巡抚德寿奏折:"……署两江督臣张之洞奏江西在籍绅士蔡金台等禀请将高安县地方设立蚕桑学堂,考求种植,所购浙湖桑秧蚕种及新出茧丝,均准暂免厘税一折,奉朱批依议钦此。……"(同上一三五卷一三叶)

在此时期,学制初未颁布,大中小各级学堂都未成立,乃竟有职业教育性质之学校,率先举办;且其门类,包括农、工、商、铁路、电报各种,想见当时事实所迫,不得已起而因应。原来一部教育史,全发于人群生活上之需求,不足异也。

当时农、工、商、铁路、电报各种学校之发起,亦只为国家谋所以增进生产,开发交通,而初非注意于为个人推广生计,要此种种,固无一非在职业教育范围也。

二、自光绪二十三年迄民国五年凡二十年间之职业教育

光绪二十三年,时当甲午战败,乙未议和以后,各省方纷纷倡新政,谈新学。鼎鼎有名之湖南时务学堂,实以是秋成立。而在职业教育上,亦复有值得纪念之一事发生,则杭州蚕学馆是也。

> 尹良莹《中国蚕业史》:"……二十三年,杭州太守林迪臣氏,深感我国蚕业之重要……创设蚕学馆于西湖金沙港。初聘江生金氏为教习,继又聘请日人前岛轰木及西原诸氏。……"(《国立中央大学农学院旬刊》第57期)

至二十四年戊戌而入于变政时期,清廷乃依康有为之请,谕各省府州县设立农务学堂。

> 光绪二十四年七月上谕:"……总理各国事务衙门代奏工部主事康有为陈请兴农殖民以富国用一折,训农通商,为富国大端,前经迭谕各省整顿农务工务商务……着于京师设立农工商总局……其各省府州县设立农务学堂,广开农会,刊农报,购农器……"(《东华续录》一四七卷二叶)

此农务学堂,各省尚未及遵旨创办,而清廷政变已作矣。

但清廷认实业为立国根本,颇以缺乏此等人才为虑。至光绪二十五年乃谕令出洋学生分入各国农、工、商等学堂,遂有出洋学

生肄习农工商矿实学章程颁布。

光绪二十五年七月十七日军机大臣面奉谕旨:"向来出洋学生学习水陆武备外,大抵专意语言文字,其余各种学问,均未能涉及。即如农工商及矿务等项,泰西各国讲求有素,夙擅专长。……嗣后出洋学生,应如何分入各国农工商等学堂专门肄业,以备回华传授。……"(《约章成案汇览》乙篇卷三十二上)

至光绪二十八年十一月,山西农林学堂首先成立。

《直省农工商综计表》:"农林学堂,光绪二十八年二月十一日,经前抚宪岑派委严道震在日本聘订农林专门教习各一员……两教习于是年四月到晋,十一月开学。总办奏调山西二品衔存记道姚文栋。"(《山西农务公牍》六卷二十二叶)

至光绪二十九年十一月,张百熙等覆奏重订学堂章程中有实业学堂,分三等,曰高等实业学堂,曰中等实业学堂,曰初等实业学堂,其种类为实业教员讲习所、农业学堂、工业学堂、商业学堂、商船学堂。其水产学堂属农业,艺徒学堂属工业。附学务纲要若干条,其一,各省宜速设实业学堂,以学成后各得治生之计为主云云。奏折中并有国民生计,莫要于农工商实业,兴办实业学堂,有百益而无一弊,最宜注重云云。

(《清教育新法令》第三编及第七编)

当时政府提倡实业教育,虽亦以国民生计为前提,然绝未有职业教育字样。职业教育一名词之见于官文书,以光绪三十年姚文栋《山西农务公牍》为最早。

光绪三十年山西农林学堂总办姚文栋添聘普通教习详文："论教育原理，与国民最有关系者一为普通教育，一为职业教育，二者相成而不相背。……本学堂兼授农林两专门，即是以职业教育为主义。"（《山西农务公牍》一卷十三叶）

同年姚文栋保送游学详文："外洋本以职业教育为最重。谓国有一民，必须予以一民之职业。……"（同上五卷三十叶）

同年姚文栋送农林学生崔潮等游学日本文："职业教育，为东西洋各国所最重，生等出洋后自知之，予不必言也。普通教育与职业教育，相需为用，阙一不可。生等出洋后自知之，予不必言也。"（同上五卷三十二叶）

光绪三十年，上海史家修创设私立上海女子蚕桑学堂，是为女子专科职业教育之嚆矢。

同三十二年五月，学部通令各省举办实业学堂。
（《清教育新法令》第七编）
同三十四年，学部以闽督之奏请，通行各省，限两年之内，每府设中等实业学堂一所，每州县设初等实业学堂一所，每所收学生百名。
（清宣统元年刊行《学部奏咨辑要》）
宣统元年，学部行各省提学司整顿各等实业学堂。
（《清教育新法令》第七编）
光宣之间，各省实业学堂数及学生数统计如下：

类别	学堂及学生数		年份 光绪三十三年（1907年）	光绪三十四年（1908年）	宣统元年（1909年）
农业	高等	学堂	4	5	5
		学生	459	493	530
	中等	学堂	25	30	31
		学生	1,681	2,602	3,226
	初等	学堂	22	33	59
		学生	726	1,504	2,272
工业	高等	学堂	3	7	7
		学生	449	1,184	1,136
	中等	学堂	7	12	10
		学生	698	1,080	1,141
	初等	学堂	36	45	47
		学生	1,653	2,381	2,558
商业	高等	学堂		1	1
		学生		213	24
	中等	学堂	9	9	10
		学生	754	635	973
	初等	学堂	8	10	17
		学生	363	619	751
实业预计及地理		学堂	23	37	67
		学生	1,910	2,905	4,038
总　计		学堂	137	189	254
		学生	8,693	13,616	16,649
一般教育总计		学堂	37,672	47,532	58,896
		学生	1,013,571	1,284,965	1,626,720

续表

学堂及学生数 类别	年份	光绪三十三年（1907年）	光绪三十四年（1908年）	宣统元年（1909年）
实业教育对一般教育百分比	学堂	0.36%	0.39%	0.3%
	学生	0.85%	1.50%	1.02%

（学部第一次第二次第三次统计图表，以后未经发表。）

实业学堂数由137，而189，而254；学生数由8693，而13,616，而16,649，皆与年俱增。其对于一般教育百分比，大体上亦与年俱增。惟宣统元年学生稍减，就实业教育方面看来，不能不说是好现象。

民国成立，以二年八月公布实业学校令，分实业学校为甲乙两种，其种类为农业学校、工业学校、商业学校、商船学校、实业补习学校。其第三条第四项规定女子职业学校，得就地方情形，与其性质所宜，参照各项实业学校规程办理。职业学校一名词之见于法规，始此。

（《教育法规汇编》第五类二百五十一叶）

民国初年，全国甲乙种农工商实业学堂数及学生数，统计如下：

类别	学堂及学生数		元年	二年	三年	四年	五年
乙种实业	农	学校	219	244	270	288	282
		学生	9,526	10,952	12,736	11,521	11,500
	工	学校	90	105	105	91	59
		学生	5,192	5,455	5,699	4,706	3,238
	商	学校	37	50	68	110	100
		学生	2,539	3,127	3,637	4,440	4,827
	计	学校	346	399	443	489	441
		学生	17,257	19,534	22,064	20,667	19,575
甲种实业	农	学校	39	42	41	42	41
		学生	4,512	4,698	4,698	4,659	4,982
	工	学校	22	20	22	30	21
		学生	8,128	3,442	3,207	3,923	3,436
	商	学校	18	20	19	24	22
		学生	1,829	2,116	1,695	1,969	2,106
	计	学校	79	82	82	96	84
		学生	14,469	10,256	9,600	10,551	10,524
总计		学校	425	481	525	585	525
		学生	31,726	29,790	31,664	31,218	30,099
一般教育总计		学校	87,272	108,448	122,286	129,739	121,119
		学生	2,933,387	3,643,206	4,075,338	4,294,251	3,974,454
实业教育对一般教育百分比		学校	0.48%	0.44%	0.42%	0.45%	0.43%
		学生	0.108%	0.081%	0.077%	0.072%	0.075%

（中华民国第一次、第二次、第三次、第四次、第五次教育统计图表，以后未经发表。）

民国五年，甲乙种实业学校数、学生数，乃至一般学校数、学生数，均较上年为减，检是年统计图表例言称四川、贵州、广西三省统计未经造报到部，则是年统计不足据。至元二三四年实业学校数由425，而481，而525，而585，逐年递增，其对一般学校百分比，由0.48而0.44而0.42而0.45，前三年皆减，惟末年增。学生数由31,726，而29,790，减，而31,664，增，而31,218，又减，其对一般学生百分比，由0.108，而0.081，而0.077，而0.072，无年不减，此可见职业教育，尚未能与一般教育，为同速度的进展，其情状已显著于若干数目字间矣。女子职业学校，在历年统计表中，未有地位，无从查悉。

总之，自清光绪二十三年至民国五年凡二十年间之职业教育，虽以事实上之需要，略有进展，而尚未为一般当局和社会所重视。在教育统计上，对于一般教育，并百分之一之地位而未曾取得，则其不发达之状况，概可知矣。

三、最近十五年间之职业教育

至民国六年五月，全国南北教育家，发起创设中华职业教育社于上海。社章第二条规定目的：甲、推广职业教育，乙、改良职业教育，丙、改良普通教育，俾为适于生活之准备。第三条事业第一类分调查、研究、劝导、指示、讲演、出版、表扬、通讯、答问。第二类设立职业学校等。第三类设职业介绍部。其宣言书有云：

  兴学二十余年，全国学校，亦既有十万八千余所，何以教育较盛之区,饿殍载涂如故,匪盗充斥如故……学生之毕业于学校,而失业于社会者比比……全国中学403所,而甲种实业学校仅94,高等小学7315,而乙种实业学校仅230,夫中学毕业力能升学者或不及十分之一,高等小学毕业力能升学者或不及二十分之一,数若是其少,谋生者数若是其多,乃为学生升学地之中学、高等小学数若是其多,为学生谋生地之实业学校数若是其少,供求不相剂若此,职业教育之推广,其可缓耶?……吾侪所深知确信而敢断言者,曰今吾中国至重要至困难问题,厥惟生计,曰求根本上解决生计问题,厥惟教育,曰吾中国现时之教育,决无解决生计问题之希望,曰吾中国现时之教育,不惟不能解决生计问题,且将重予关于解决生计问题之莫大障碍。(《教育与职业》第1期)

同年十月,教育部召集全国实业学校校长会议。

同年同月,全国教育会联合会第三届大会通过职业教育进行计划案:一、调查及研究;二、培养师资;三、实施职业补习教育;四、促设女子职业学校;五、小学校注重实用,呈请教育部采行。并决定以职业教育为下年度提案大方针之一。

七年,中华职业教育社宣布职业教育之目的如下:

(一)为个人谋生之准备——使无业者有业,使有业者乐业。

(二)为个人服务社会之准备。

(三)为国家及世界增进生产力之准备。

既,该社宣布职业教育之定义如下:

用教育方法,使人人获得生活的供给和乐趣,同时尽其对群之义务,名曰职业教育。

既,该社宣布职业教育之分类如下:

(一)农业教育

(二)工业教育

(三)商业教育

(四)家事教育

(五)专门职业教育

(以上《实施职业教育要览》)

同年五月,中华职业教育社就第一届年会场,举行职业学校成绩品展览会。与会者27校。

(《教育与职业》第7期)

本年度,教育部调查全国甲乙种男女子农工商职业学校,职业教员养成所,共531所。

(《教育与职业》第32期)

九年五月,中华职业教育社年会附开职业教育图表展览会。

(《教育与职业》第115期)

十年八月,全国职业学校联合会成立于上海。

(《教育与职业》第28期)

十一年二月,第一届职业学校出品展览会开会于上海,参加者八省五十校,出品3039件。

(《教育与职业》第34期)

同年四月,中华职业教育社调查上年度全国职业学校得842所。内包甲乙种农工商业学校、职业补习学校、慈善性质之职业学校。以种别,农48%、商18%、工12%,余为其他。以性别,男

88%、女11%,余为男女未知。以省区别,百校以上,江苏、山东;50校以上,河南、山西、湖南;25校以上,直隶、安徽、浙江、云南、湖北、陕西;余为未满25校者。以地址别,城市79%强,乡村20%强。全国职业教育书籍,部数368,内农类52%、商18%、工16%,余为总论及其他。此为新学制未颁行以前之职业教育实况。

(《教育与职业》第35期及第37期)

同年七月,全国职业学校联合会第一次开会于济南,出席者42机关,代表61人。

(《教育与职业》第37期)

同年十一月,大总统以教令公布学校系统改革令:小学课程,得于较高年级,斟酌地方情形,增置职业准备之教育。初级中学,施行普通教育,但得视地方需要,兼设各种职业科。高级中学,分……农工商……家事等科,但得酌量地方情形,单设一科,或兼设数科。大学及专门学校,得附设专修科,年限不等,凡志愿修习某种……职业,而有相当程度者入之,为推广职业教育计,得于相当学校内,酌设职业教员养成所。依旧制设立之甲种实业学校,改为职业学校,或高级中学农工商等科。依旧制设立之乙种实业学校,酌改为职业学校,收受高级小学毕业生,亦得收受相当年龄之修了初级小学学生。职业教育在学制上取得确定之位置,始此。

(《教育公报》第9年第10期)

本年中华职业教育社调查全国职业学校得1209所。

(《教育与职业》第40期)

十二年五月,全国职业学校联合会第二次开会于上海,出席37机关,代表60人。通过两要案:(一)各种职业教育机关之认定,凡分十种。(二)规定各种职业学校非职业学科之种类及分量,职业学校非职业学科至少应有下列三科：一、关于公民者，二、关于体育者，三、关于音乐等艺术者，其教学总时间，至少应占全时间20％。

（《教育与职业》第46期）

同年八月，第二届职业学校出品展览会开会于北京。参加者9省，58机关，出品2602件。

（《教育与职业》第49期）

十三年五月，全国职业学校联合会第三次开会于武汉，出席代表一百人。同时举行第三届职业学校出品展览会，参加者11省区，158机关，1934件。

（《职业教育与武汉》）

同年同月，中华职业教育社年会宣布职业教育设施标准六条。又宣布职业训育标准五项二十条。

（《实施职业教育要览》）

同年九月，职业科课程标准草案脱稿。先是十二年十月全国教育会联合会议订新学制师范及职业科课程标准，组织委员会，公举袁希涛、段育华、金曾澄、王希禹、黄炎培为委员，而以职业课程属诸中华职业教育社，由社推定朱经农、邹秉文、王舜成、黄异、赵师复、杨鄂联为委员，分任起草，至本年五月，全部告竣，函征各专家意见，至此斟酌修正定稿。

（《教育与职业》第60期）

十四年五月，全国职业学校联合会第四次开会于南京，与江苏实业学校联合会合并举行。

（《教育与职业》第66期）

同年八月，中华教育改进社开年会于太原，山西省当局接受黄炎培划区试办乡村职业教育计划，委托黄偕赵叔愚、冯锐调查晋南北农村,拟具进行办法,卒以时局影响中止。黄、赵、冯散归南北,觅地试办,农村改进事业始此。

(《教育与职业》第 69 期)

同年十二月,中华职业教育社发表全国职业教育机关统计,职业学校包括旧制甲乙种实业学校 1006,职业传习所及讲习所 167,设有职业科之中学校 42,设有职业准备科之小学校 41,设有职业专修科之大学及专门学校 77,职业补习学校及补习科 86,职业教师养成机关 8,实业机关附设之职业教育 18,慈善或感化职业教育 99,军队职业教育 4,都凡 1548 所。

(《教育与职业》第 71 期)

十五年五月,中华职业教育社发表全国职业教育机关统计,农、工、商、家事等职业学校 846,职业传习所及讲习所 196,设有职业科之中学校 57,设有职业准备科之小学校 37,设有职业专修科之大学及专门学校 113,职业补习学校及补习科 99,职业教师养成机关 8,实业机关附设之职业教育 24,慈善或感化职业教育 132,军队职业教育 6,都凡 1518 所。

(《教育与职业》第 85 期)

同年同月,全国职业学校联合会第五次开会于杭州,出席者 36 机关,代表 48 人。

(《杭州职业教育大会报告》)

同年十月,中华职业教育社发表修正职业教育设施标准十四条。

(《教育与职业》第 79 期)

十七年五月,全国教育学校联合会第六次开会于苏州,出席者 50 人。

(《教育与职业》96 期)

十八年八月,全国职业学校联合会第七次开会于杭州,出席者48 机关,87 人。

(《教育与职业》107 期)

同年,教育部公布全国职业学校数 194 所。

(《教育与职业》121 期)

二十年二月,中华职业教育社在苏州举行专家会议之结果,发表极沉痛之宣言,其要语云:

> 毕业高级小学,不能升中学,毕业中学,不能升大学,一岁间无虑数十万。依教育部最近统计,全国中学 1139 所,内职业学校 149 所,仅占 13%,全国中学学生 234,811 人,内职业学校学生 16,641 人,仅占 7%。本届会议有人报告,土匪十之九皆为兵士,共产党十之九皆为学校毕业生,目所共见,心实为危。

宣言之末,提出办法十四条,希望政府社会分别采行。

(《教育与职业》122 期)

同年四月,教育部通令:

> 自二十年度起,各省应酌量情形,添办高初级农工科职业学校。
>
> 自二十年度起,各县立中学应逐渐改组为职业学校,或乡村师范学校。其办法即自二十年度起,停招普通中学生,改招职业或乡师学生。

自二十年度起，各普通中学应一律添设职业科目或附设职业科。

自二十年度起，各县市及私人呈请设立普通中学者，应分别督促或劝令改办农工等科职业学校。（《教育公报》）

同年五月，国民会议第五次大会议决确定教育设施案：

一、（略）

二、中小学校教育，应体察当地之社会情况，一律以养成独立生活之技能，与增加生产之能力为中心，务使大多数不能升学之学生，皆有自立之能力。

三、社会教育，应以增加生产为中心目标，就人民现有之程度与实际生活，补助其生产智识与技能之增进。

四、尽量增设职业学校，及各种职业补习学校，职业教育之制度科目，应使富有弹性，并接近固有之经济状况。私人筹设职业学校者，国家应特别奖励之。

五、尽量增设各种有关产业及国民生计之专科学校。

六、大学教育，以注重自然科学及实用科学为原则。（《教育与职业》125期）

综观中华职业教育社成立以来十五年间之职业教育，就学校数量论，民国五年甲乙种实业学校525所，七年加入职业教员养成所得531所，十年各种职业教育机关并计得842所，十一年得1209所，十四年得1548所，十五年得1518所，此五年间，不得谓无相当之进步。乃自十六年后，全国无教育统计可言，至二十年而教育部发表职业学校，仅149所，并民国初年而不如远甚，乃至并前清光宣之间而亦复不如，可谓一落千丈矣。就教育影响论，民国二十年中华职业教育社宣言所痛述，以视十五年前，即民国六年该社宣言所痛述，有何分别？但见青年失业，匪徒横行，有加无已耳。否极泰来，乃有最近教育部之通令，国民会议教育设施方针之确定，意者，职业教育前途，以后或将有以大慰吾人之期望乎！

民国二十年六月二十二日

（收入庄俞、贺圣鼐编辑：《最近三十五年之中国教育》，商务印书馆1931年版）

中国职业教育简史

职业教育的历史,可以说很长。因为人群之有教育已久,而教育实很早与职业有连也。但也可以说很短。因为中国职业教育一名词之发见,固犹未满三十年也。今请略述之。

第一节　中国职业教育的来源

先就事实来讲,中国古时没有职业教育之名称,而很早有职业教育之事实。有两书可以作证:

其一,《孟子·滕文公》章:

> 后稷教民稼穑,树艺五谷,五谷熟而民人育。

这不是职业教育中之农业教育么?

其二,《管子·小匡篇》:《齐语》略同。

> ……是故圣王之处士必于间燕,处农必就田野,处工必就官府,处商必就市井。今夫士,群萃而州处,间燕,则父与父言义,子与子言孝,其事君者言敬,长者言爱,幼者言弟。旦昔从

事于此以教其子弟,少而习焉,其心安焉,不见异物而迁焉。是故其父兄之教,不肃而成,其子弟之学,不劳而能,夫是故士之子常为士。今夫农,群萃而州处,审其四时权节,具备其械器用,比耒耜谷芨,及寒,击橐除田,以待时乃耕,深耕,均种,疾耰,先雨芸耨,以待时雨。时雨既至,挟其枪刈耨镈,以旦暮从事于田野,税衣就功,别苗莠,列疏遬,首戴苎蒲,身服??,沾体涂足,暴其发肤,尽其四支之力,以疾从事于田野,少而习焉,其心安焉,不见异物而迁焉,是故其父兄之教,不肃而成,其子弟之学,不劳而能。是故农之子常为农,朴野而不慝。其秀才之能为士者,则足赖也。故以耕则多粟,以仕则多贤,是以圣王敬畏戚农。有司见者之而不以告,其罪五,有司已于事而竣。今夫工,群萃而州处,相其良材,审其四时,辨其功苦,权节其用,论比计制,断器尚完利,相语以事,相示以功,相陈以巧,相高以知事,旦昔从事于此,以教其子弟,少而习焉,其心安焉,不见异物而迁焉。是故其父兄之教,不肃而成;其子弟之学,不劳而能,夫是故工之子常为工。今夫商,群萃而州处,观凶饥,审国变,察其四时,而监其乡之货,以知其市之贾,负任担荷,服牛辂马,以周四方,料多少,计贵贱,以其所有,易其所无,买贱鬻贵,是以羽旄不求而至,竹箭有余于国,奇怪时来,珍异物聚,旦昔从事于此,以教其子弟。相语以利,相示以时,相陈以知贾,少而习焉,其心安焉,不见异物而迁焉,是故其父兄之教,不肃而成,其了弟之学,不劳而能,夫是故商之子常为商,相地而衰其政,则民不移矣。……

这是当时士、农、工、商四种职业教育方法。《管子》一书,虽极驳杂,试与《齐语》对看,总可以看出二千二三百年前中国各项职业,都有相当的教育,至少在今山东一带地方是这样的。

若就名词上说来,则今文《尚书·尧曰》篇:

> 帝曰,夔,命汝典乐,教育子。

这怕是"教育"二字最初发见处。(详见拙著《中国教育史要》)再读《鲁语》:

> 齐侯见使者曰:鲁国恐乎!对曰:小人恐矣,君子则不。公曰:室如悬磬,野无青草,何恃而不恐?对曰:恃二先君之所职业。

这怕是"职业"两字最初发见处。至于"职业教育"一名词之最初发见,就吾考得,则为清光绪三十年姚文栋《山西农务公牍》:

> 论教育原理,与国民最有关系者,一为普通教育,一为职业教育,二者相成而不相背……普通务广,职业务专……本学堂当授农林两专门,即是以职业教育为主义。(山西农林学堂经济普通教育习详文)
>
> 外洋本以职业教育为最重。谓国有一民,必须予以一民之职业。(保送出洋游学详文)

职业教育一名词,居然见诸公牍。其时奏定学堂章程初颁布,尚为新式教育萌芽时期,而已有见及此者。

第二节　中国旧教育时代的职业教育

教育本无所谓新旧，不过中国最近几十年来，受世界思潮的影响，一切都呈剧烈的变化，教育当然不能例外。盖后者为学校，为分级编制，为教科书，而前者则为科举，为官私塾，为四书五经也。秦火以前，一切典章文物，政教习俗，大都出自汉儒口头笔头所传述，在文字上很少绝对可信的证据。但吾人可以推想而知者，人群生活的演进，甲创一法，乙丙因之，未几而仿遍全群，所谓"利之所在，人尽趋之"，这是一方式。其又一方式，则父教其子，兄教其弟，因为世其业，所以精其技，专其识，世其官，乃至以其所能、所职，定为姓氏，传之子孙，古书传说，此种证据，信手可得。上文《管子》《齐语》所传述，大概是当时一般现象。既以世业的专家，当这种官职，便靠政治的权能，来推进一下。他们的方法，无非一方是教导，一方是传习，这就是孟子所说后稷教民稼穑的一套工作，也是当时普通的现象。不过后稷的方法很行，所以很得一般农民的信仰。至于人格教育，还是后一层，是生活问题差不多解决以后的事。所以孟子接下去说：

　　……五谷熟而民人育。人之有道也，饱食暖衣、逸居而无教，则近于禽兽。圣人有忧之，使契为司徒，教以人伦……

契的伦理教育，还在后稷的农业教育之后，不是很明白的么？《管子》这篇中间有几句很值得特别注意的，就是说"朴野而不懑",其秀才之能为士者,则足赖也,故"以耕则多粟,以仕则多贤"(《齐语》略异),这可见当时社会,有农业教育,做他们生活的基本,进而从政,退而耕读,绰然有余裕,是何等平安快乐的景象?

从此吾们对于先秦时代的职业教育,可以作如下之推定:

一、职业教育,是当时一般的教育。

二、职业教育,占其他教育之先。

三、职业教育,是他们生活的基本。

到了秦汉以后,职业教育,几乎没有了。原来秦焚诗书,在教育上生一极大变化。《周礼》:"大司徒以乡三物教万民而宾兴之,一曰六德,二曰六行,三曰六艺。"六艺是怎么?就是礼、乐、射、御、书、数。这六件,都属于技能方面。孔子虽拒绝樊迟学稼学圃的请求,但师生都还从事于射御。就是秦火以后,汉武帝表章六经,尊重儒术,从此所谓教,所谓学,完全偏向于经术。以专攻一经或数经为高。其人则书生。其物则书本。所谓教育,几几乎为儒生所独占了。

两汉学风,虽然兴学与劝农并重,耕稼、渔樵、慵保,乃至鬻漆、采药、牧豕,皆为学者所不耻,然而治生与治学,到底是两件事。教农教工,仅仅发现一二事耳。

> 任延为九真太守……俗不知牛耕……乃令铸作田器,教之垦辟田畴。(《后汉书·任延传》)
>
> 皇甫隆为敦煌太守……教作楼犁,又教使灌溉。(《晋书·食货志》)

这都是边地教农的善政。其在腹地,自"农之子恒为农"以后,

"服先畴之畎亩",并不觉得有这么问题了。

黄初中,济北颜斐为京兆太守,课百姓,令闲月取车材,转相教匠。(《晋书·食货志》)

这是仅见之木工教育。

中山恭王衮……教勅妃妾纺绩织纴,习为家人之事。(《三国·魏志》卷二十)

这是女子工艺教育,和家事教育。

自隋以后,科举盛行,职业教育,当然谈不到。但是隋于国子寺设书算学(《隋书·百官志》),唐增律学,设律学馆、书学馆、算学馆,以及太乐署、太医署、习艺馆(《旧唐书·职官志》),宋徽宗崇宁三年,置画学。大抵一种艺术,经政府提倡以后,总有多少表现。唐之书,宋之书,未始非政府特别提倡之力,但其性质俱偏于艺术。

宋胡瑗设教苏湖间二十余年,提倡实学,设经义、治事两篇,教人明经而外,兼治水利、兵、农、算、数,一人专治一事,又兼治一事(《通鉴续编》),这是科举时代经义教育的第一反动者。

以后反动力最烈者,要算清初颜(元)李(塨)一派。他们诋宋儒说:"朱陆两先生倘有一人守孔子下学之成法,而身习夫礼、乐、射、御、书、数,以及兵、农、钱、谷、水、火、工、虞之属而精之,凡弟子从游者,则令某也学礼,某也学乐,某也兵农,某也水火,某也兼数艺,某也尤精几艺,则及门皆通儒……人已事物一致也。……惟其不出于此,故既卑汉唐之训诂,而复事训诂,斥佛老之虚无,而终蹈虚无。"(《颜元存学编》)他和王法乾论学,王说:"射御之类,有司事,不足学。须如三公坐论。"颜说:"人皆三公,孰为有司?学正是学作有司耳……"王说:"礼乐自宜学,射御粗下人事。"颜说:"但美礼乐名目,未必见到。若见到,自不分精粗。"(同上《学辩一》)这种见解,完全是后来职业教育精神。只没有这种名称,也没有能普遍耳。

所以吾们对于两汉以来,也可以作下之推定:

(一)自尊经术、行科举以来,也可后,便没有职业教育。

(二)虽有一二迫于环境的要求,或想到,或稍稍做到,并没有普遍的影响。

第三节　清季新教育初期的职业教育

中国新教育之最初产生,应追溯到清同治初年北京广东先后创设同文馆、广方言馆,这真是接受世界新思潮之第一声。那时候并没有职业教育的名称,而却有职业教育的事实。今就这时期考查职业教育逐步进展的痕迹,来分类叙述一下。

最早产生的,是工艺教育。清同治七年六月,福州船政局设艺圃。嗣又设绘事院、驾驶学堂、管轮学堂。

> 沈葆桢同治七年六月,奏陈船厂现在情形折:"各厂分招十五以上,十八以下,有膂力悟性者,或十余人,或数十人,俾易教导,名曰艺徒。现所招及百余,又不能无以铃束之,于是后有艺圃之设。"(《沈文肃公政书》四卷)

十二年正月，奏陈船政经费支绌摺：……原议学堂两所，后添绘事院、驾驶学堂、管轮学堂、艺圃四所。（同上）

其后北洋设铁路学堂。旋附入陆军学堂，设铁路专门班。

光绪二十二年二月，两江总督张之洞奏设陆军学堂折"……从前北洋亦经设有铁路学堂……今拟另延洋教习二人，招学生九十人，别为铁路专门，附入陆军学堂。"（《东华续录》一三二卷一八页）

比工艺教育稍后些，倒是商业教育。光绪十九年十月，湖广总督张之洞奏设自强学堂于武昌。方言、算学、格致三斋外，设商务斋。但商务与算学格致三斋，不久停课，或改设。

张之洞招考自强学堂告示：

本部当于光绪十九年十月，奏设自强学堂于武昌省城。分方言、算学、格致、商务四斋。……历年循办在案。……算学一门……于上年五月，改为两湖书院另行讲习。……其格致商务两门，中国既少专书，津沪诸局西人学馆课出诸编，不过略举大概，教者学者无从深求，现将格致、商务两门停课……即可自行诵课探讨。……（《近代中国教育史料》一册一三页）

更后些，乃是农桑教育。光绪二十二年，江西蔡金台等设蚕桑学堂于高安县。

　　光绪二十二年八月,江西巡抚德寿奏折:"署两江督臣张之洞奏:江西在籍绅士蔡金台等呈请在高安县地方设立蚕桑学堂,考求种植,所购浙湖桑秧蚕种及新出茧丝,均准暂免厘税一折,奉朱批:依议,钦此。……"(《东华续录》一三五卷一三页)

至光绪二十三年,浙江乃有蚕学馆之设立。

　　尹良莹《中国蚕业史》:"……二十三年,杭州太守林迪臣氏,创设蚕学馆于西湖金沙港。聘江生金氏为教习。……"(《国立中央大学农学院旬刊》第57期)

至光绪二十八年,山西乃有农林学堂之设立。

　　《直省农工商综计表》:"农林学堂,光绪二十八年二月十一日,经前抚宪岑派委严道震在日本聘订农林专门教习各一员,是年四月到晋,十一月开学。总办,奏调山西二品衔存记道姚文栋。"(《山西农务公牍》六卷二十二页)

至光绪三十年,上海史家修创设私立女子蚕桑学堂。
　　凡此皆在清设立学部以前。盖光绪二十九年,始有所谓奏定学堂章程,三十一年十月,始成立学部也。而职业教育,却早在有意无意间,下了不少的种子。

第四节　清季学部时代的职业教育

光绪三十二年五月,学部通令各省举办实业学堂。(《清教育新法令》第七编)三十四年,学部通令各省限两年内每府设中等实业学堂一所,每州县设初等实业学堂一所,第所收学生百名。(《清宣统元年学部奏咨辑要》)盖光绪二十九年所颁布之奏定学堂章程,中有实业学堂,分三等,曰高等实业学堂,曰中等实业学堂,曰初等实业学堂,虽经明白规定,而设立者还不多,所以一再通令督促设立。

当时所称实业学堂,即属职业教育性质。重订学堂章程规定实业学堂种类,为实业教员讲习所,为农业学堂,工业学堂,商业学堂,商船学堂。而以水产学堂附于农业,艺徒学堂附于工业。章程附学务纲要若干条,其一,各省宜速设实业学堂,以学成后各得治生之计为主等语。可见当时所提倡,确是职业教育,毫无疑义。

宣统三年六月,学部召集中央教育会于北京。学部交议女子职业学堂办法案,未及列议,不知为何缘故,忽然撤回。(《中央教育会议事录》第二十一页)所以终满清一朝,法令上未见职业学堂字样。

清季全国各等实业学堂统计

（根据学部公布历年学各统计图表）

类别		年度	光绪三十三年	光绪三十四年	宣统元年
农业	高等	学堂	4	5	5
		学生	459	493	530
	中等	学堂	25	30	31
		学生	1,681	2,602	3,226
	初等	学堂	22	33	59
		学生	726	1,504	2,272
工业	高等	学堂	3	7	7
		学生	449	1,184	1,136
	中等	学堂	7	12	10
		学生	698	1,080	1,141
	初等	学堂	36	45	47
		学生	1,653	2,381	2,558
商业	高等	学堂		1	1
		学生		213	24
	中等	学堂	9	9	10
		学生	754	635	973
	初等	学堂	8	10	17
		学生	363	619	751
实用预科及他项		学堂	23	37	67
		学生		213	24
共计		学堂	137	189	254
		学生	8,693	13,616	16,649

续表

类别 \ 年度		光绪三十三年	光绪三十四年	宣统元年
一般教育统计	学堂	37,672	47,532	58,896
	学生	1,013,571	1,284,965	1,626,720
实业教育对一般教育百分比	学堂	0.36%	0.39%	0.43%
	学生	0.85%	1.05%	1.02%

全国实业学堂总数，不足300，学生总数，不足20,000，诚不为多，但学堂由137，而189，而254，学生由8693，而13,616，而16,649，不能算没有进步。可是对于一般教育百分比，就最多之年计算，学堂数占百分之一而还不足，学生数占百分之一而仅仅有余，亦太可怜了。

第五节 民国二十年来之职业教育

自民国成立，二年八月，公布实业学校令，分实业学校为甲乙二种。其类别，为农业学校、工业学校、商业学校、商船学校、实业补习学校。第三条第四项，规定女子职业学校，得就地方情形，与其性质所宜，参照各项实业学校规程办理。中国职业学校一名词之见于法规，实从女子教育开始。但农工商业商船学校，其性质亦是职业学校。

全国教育界之集会，始自清宣统三年学部召集之中央教育会。民国元年，教育部亦有临时教育会议之召集。其时职业教育，固未见有此名词,即实业教育,亦未为人注意。民国四年以后,全国教育会联合会,每年十月举行一次。兹将历届议决案,关于实业教育、职业教育或农村教育,汇列如下:

第一届　民国四年　天津

《实业教育进行计划案》(上教育部)

其理由,有"实业不振,生计艰窘";"中学不升学者,少经营生计之能力,尚难恃以自立"等语,可见其用意固在职业教育。其办法,有"各省中学暂缓扩充,即以增筹学款,添办甲种实业学校";"各省所设甲种实业学校之数,当略与所设中学校为比例,务占两种学校总数十分之三以上";"甲种实业学校,应设何科,务以地方需要及设备略能足用,学生程度能及者为断";"各县地方实业学校,宜就工厂及农事试验场等所在地筹设之,其有特别物产之采制及贸易者,亦宜就所需要而设实业学校"等语。

第二届　民国五年　北京

《各特区域应速设实业学校案》(上教育部)

第三届　民国六年　杭州

《职业教育进行计划案》(上教育部)

这案理由书:"已受教育者,无从得相当之职业,已得职业者,又未受相当之教育",说得更为透切。其办法:(一)调查及研究;(二)培养师资;(三)实施职业补习教育;(四)促设女子职业学校;(五)小学校应注重实用。该案由教育部通令各省区照办。

这一届,并议决下届提案方针,除道德教育为最紧要外,提出三问题:一义务教育,二体育,第三项就是职业教育。

中华职业教育社先于那年五月间成立,此时正在提倡及研究,故对职业教育,不惟旗帜鲜明,空气亦特别浓厚。那年十月,教育部召集全国实业学校校长会议于北京。

第四届　民国七年　上海

《提倡职业教育意见书》

这案由广东省教育会代表金曾澄提出,其办法:(一)使教育界认职业教育为救助今日不二方策;(二)详查社会经济状况,以为规划职业教育之基础;(三)沟通农工商各界及速复地方自治,以为职业教育着手及划区之准备;(四)国家先办职业学校,以为模范。

第五届　民国八年　太原

《中等以下教育宜注重工艺案》(上教育部)

《普通教育应注重职业科目及实施方法案》(函各省区教育会)

第七届　民国十年　广州

《倡办职工教育案》(函各省区教育会)

那时讨论精神,集中于新学制草案,而职业教育,已确定为新制一要素。

第八届　民国十一年　济南

《倡农村教育案》(函各省区交新学制课程起草委员会)

那年九月,教育部召集学制会议。至十一月而公布学校系统改革案,即是历届讨论的结果。所以那时济南集会,已进而注意于新学制课程之起草。本案内容要点:(一)农村儿童,须服务田园,以补助父兄农事;(二)课程加入乡土、农业大要、农事;(三)农事实习,即以学生家庭之田园为场所;(四)各省区师范学校,应附设农村教育讲习科。那年济南先于七月间,举行全国职业学校联合会。

第九届　民国十二年　云南

《请各省区教育实业官厅积极提倡职业教育并确定计划指拨专款组设全省区总机关案》(函各省区)

这案内容：（一）确定职业教育系统计划；（二）设全国省区总机关并拨专款；（三）设职业教育指导专员；（四）中等学校注重职业指导；（五）举行职业教育研究会。那时职业教育，学制早有根据，舆论亦已一致。故进一步及于行政方面之负责实施，而职业指导，先经清华学校及东南大学附属小学之试验，中华职业教育社之设会研究，正在最初提倡时期。

那年云南会议，设新学制师范及职业科课程标准委员会，公举袁希涛、段育华、金曾澄、王希禹、黄炎培为委员。而以职业科课程，委托中华职业教育社担任起草。

第十届　民国十三年　开封

《促各省区按上届议决案组织职业教育总机关案》（函各省区）

《各省区设小学职业教员养成所案》（同上）

《促进农村教育案》（同上）

中华职业教育社既受托拟订职业科课程，推朱经农、邹秉文、王舜成、黄异、赵师复、杨鄂联为委员，分任起草，并征集专家意见，斟酌修订。至那年九月，定稿发表。

就上列十年间，全国教育会联合会历届议案（根据《历届全国教育联合会议案分类汇编》），可以看出职业教育逐步发展之经过了。但活动的中心，总在社会。政府除公布学校系统改革案，采及职业教育以外，殊无实际上的设施，并文告上的督促，也不多见。

直至民国二十年四月，国民政府教育部，始发有力的命令。通令：“全国自二十年度起，各省应酌量情形，添办高初级农工科职业学校。”“自二十年度起，各县立中学，应逐渐改组为职业学校，或乡村师范学校。其办法，即自二十年度起，停招普通中学生，改招职业或乡师学生。……自二十年度起，各普通中学，应一律添设职业科目,或附设职业科。""自二十年度起,各县市及私人呈请设立普通中学者,应分别督促或劝令改办农工等科职业学校。"(《教育公报》)

同年五月,国民会议第五次大会,议决确定教育设施案,第二条:"中小学校教育,应体察当地之社会情况,一律以养成独立生活之技能,与增加生产之能力为中心。务使大多数不能升学之学生,皆有自立之能力。"第三条:"社会教育,应以增加生产为中心目标。就人民现有之程度,与实际生活,补助其生产知识,与技能之增进。"第四条:"尽量增设职业学校,及各种职业补习学校,职业教育之制度科目,应使富有弹性。并接近固有之经济状况。私人筹设职业学校者,国家应特别奖励之。"第五条:"尽量增设各种有关产业及国民生计之专科学校。"等语,文告上的能力算已竭尽了。

右表,元年至五年根据教育部公布中华民国第一次至第五次教育统计图表,观职业教育对一般教育之比较,历年学校仅占千分之四而有余,学生则元年占千分之一而仅仅有余,二年至五年,皆并千分之一而不足,可见当时职业教育,尚未能与一般教育,受相当的重视。七年,学校数根据教育部调查。十年,根据中华职业教育社调查。(均见《教育与职业》第37期黄炎培《读最近职业教育统计》)自十一年至十五年,均根据中华职业教育社调查。每年者有增加,几及1700校。(《教育与职业》第85期孙祖基《十年来中国之职业教育》)乃至十八年,国民政府教育部调查全国职业学校数(根据二十年八月教育部出版《全国中等教育概况总表》[一]之一部,未备案之私立学校并入,系自十七年八月至十八年七月间之调查统计),不及150校。虽其中必有遗漏,然其一落千丈的现象,大略可见。而职业学校,对一般学校百分比之锐减,尤为可惊。不

民国二十年来全国职业教育统计

类别 年度	乙种农工商业 学校	乙种农工商业 学生	甲种农工商业 学校	甲种农工商业 学生	共计 学校	共计 学生	一般教育总计 学校	一般教育总计 学生	职业教育对一般教育百分比 学校	职业教育对一般教育百分比 学生
元年	345	17,257	79	14,469	425	31,726	87,272	2,933,387	0.48	0.108
二年	399	19,534	82	10,256	481	29,790	108,448	3,643,206	0.44	0.81
三年	443	22,064	82	9,600	525	31,664	122,286	4,075,338	0.42	0.77
四年	489	20,667	96	10,551	858	31,218	129,739	4,294,251	0.45	0.72
五年	441	19,575	84	10,524	525	30,099	121,119	3,974,454	0.43	0.75
七年					531					
十年					842					
十一年					822					
十二年					1,194					
十三年					1,548					
十四年					1,666					
十五年					1,695					
十八年					149	16,641	213,810	9,170,298	0.06%	0.181%

知从二十年四月教育部通令发出以后,有无新发展?教育部且于二十年九月,召集职业教育设计委员会(《教育与职业》第129期),或者数量减退,而品质增进,也是值得吾人注意的事。

第六节　中华职业教育社简史

民国六年五月,南北教育家及实业家,连名发起中华职业教育社。设社所于上海,社章第二条,规定目的:(甲)推广职业教育,(乙)改良职业教育,(丙)改良普通教育,俾为适于生活之准备。宣言书所叙理由:

> 兴学二十余年,全国学校,亦既有十万八千余所。何以教育较盛之区,饿莩载涂如故,匪盗充斥如故?……自小学以至大学,学生之毕业于学校,而失业于社会者,比比。……全国中学403所,而甲种实业学校,仅94;高等小学7315所,而乙种实业学校,仅230,夫中学毕业,力能升学者,或不及十分之一,高等小学毕业,力能升学者,或不及二十分之一,数若是其少,谋生者若是其多;乃为学生升学地之中学、高等小学,数若是其多,为学生谋生地之实业学校,数若是其少,供求不相济若此,职业教育之推广,其或缓邪?又况甲种实业学校,固未足括职业教育,而尽给社会分业之所需也。……吾侪所深知确信而敢断言者,曰:今吾中国至重要至困难问题,厥惟生计。曰:求根本上解决生计问题,厥惟教育。曰:吾中国现时之教育,决无能解决生计问题之希望。曰:吾中国现时之教育,不

惟不能解决生计问题,且将重予关于解决生计问题之莫大障碍。

社章第三条规定社务,第一类,调查、研究、劝导、指示、讲演、出版、表扬、通讯、答问;第二类,设立职业学校等;第三类设职业介绍部。(《中华职业教育社社务丛刊》第一册)

民国七年,中华职业教育社重订职业教育目的如下:"(一)为个人谋生之准备。——使无业者有业,使有业者乐业。(二)为个人服务社会这准备。(三)为世界及国家增进生产力之准备。"旋又宣布职业教育之定义如下:"用教育方法,使人人获得生活的供给和乐趣,同时尽其对群之义务,名曰职业教育。"又宣布职业教育之分类如下:(一)农业教育,(二)工业教育,(三)商业教育,(四)家事教育,(五)专门职业教育。(《实施职业教育要览》)

中华职业教育社自民国六年成立后,差不多每年总有集会或其他重要工作。今制表如下:

中华职业教育社历年集会及重要工作一览

民国年次	立社年次	集会	重要工作	备注
六	一	五月,在上海举行成立大会。	本社开办,借上海江苏省教育会为社所,始发行《教育与职业》杂志。	
七	二	五月,在上海举行第一次年会。演讲以外,举行辩论会。征求社员赠言,揭示于会场,附设职业学校成绩品展览会,与会者27校。(《教育与职业》第7期)	上海中华职业学校开办。本社办事部主任黄炎培、总书记蒋梦麟赴奉吉黑三省,及朝鲜青岛调查讲演。(《教育与职业》第8期《社务丛录》)	

续表

民国年次	立社年次	集会	重要工作	备注
八	三	五月,在上海中华职业学校举行第二次年会。补行该校开幕式及募金纪念品赠与式。会场陈列该校铁工、木工、钮扣、珐琅各科制作品(《教育与职业》第14期)	依年会之议决设职业指导部。中华职业学校增设职业教师养成所,与北京大学南京高等师范学校暨南学校江苏省教育会合组新教育共进社,发行《新教育》杂志。(均《教育与职业》第14期年会报告)偕上海留法俭学会组织留法勤工俭学预备科。(《教育与职业》第15期《社务丛录》)	
九	四	五月,在上海举行第三次年会,附设玩具展览会、职业教育图表展览会。九月,就南京高等师范学校举行职业教育展览会。(同上第22期《社务丛录》)	职业指导部成立,设委员会,发表宣言。(同上第19期)中华职业学校添设商科。(同上第25期《社务丛录》)设农业教育研究会。推员调查各地农校实况,发表宣言。(同上第32期《社务丛录》)计划创设职工教育馆,发表旨趣书。(同上第24期《社务丛录》)	
十	五	六月,在上海举行第四次年会。附行中华职业学校小图书馆开幕式,并成绩展览会。(同上第27期《社务丛录》)八月,职业学校联合会成立。(同上第28期)同月,与上海商科大学上海市商会等合组商业补习教育研究会。(同上)	农业教育研究会发表改革乙种农校意见书。(同上第25期)发表自制职业心理测验器7种。(同上)商定国内外重要都市39家报纸特约通讯。(同上第29期《社务丛录》)筹办全国职业学校出品展览会,分东西南北四部,分年举行。(同上)	

续表

民国年次	立社年次	集会	重要工作	备注
十一	六	二月,在上海举行第一个(东部)职业学校出品展览会。参加陈列者8省50校3039件。(《教育与职业》第34期)五月,在上海举行第五次年会,并举行全国职业学校联合会第一次年会。(同上第37期)七月,在济南开全国职业学校联合会临时会。(同上第37期)	中华职业学校商科,试行商学合作制。(《教育与职业》第34期《社务丛录》)	
十二	七	五月,在上海举行第六次年会,附开全国职业学校联合会第二次年会。(同上第46期)八月,在北京举行第二届(北部)职业学校出品展览会。参加陈列者9省58机关2602件。(同上第49期)	与东南大学合办暑期学校职业教育组。(同上第47期)就上海市场中心,创设业余补习学校。(同上第50期)与全国教育会联合会协订职业学校课程标准。(同上第60期第579页)	
十三	八	五月,在武汉举行第七次年会。同时举行第二届(西部)职业教育出品展览会。参加陈列者11省区158机关6525件,并举行全国职业学校联合会第三次年会。(同上第58期379页)	在上海、南京、济南、武昌举行职业指导运动。(同上第57期第197页)始公布全国职业教育统计报告。与东南大学等合办南京暑期学校,中设职业教育组。(同上第509页)职业科课程告标准,编订告成。(同上第582页)中华职业学校试办择业预备科。(同上第61期第48页)及文书科。(同上第62期第119页)创设南京女子职业传习所。(同上第64期第289页)	

续表

民国年次	立社年次	集会	重要工作	备注
十四	九	五月,在南京举行第八次年会,同时举行全国职业学校联合会第四次年会,及中华职业学校成绩展览会。(《教育与职业》第66期415页及453页)	依第八次年会之议决,募立百年基金。(《教育与职业》上第66期456页)受山西省当局之委托,调查计晋南北划区试办乡村职业教育。(同上第69期635页)始编行《生活周刊》。	
十五	十	二月,举行专家会议于苏州。(同上第74期)五月,在杭州举行第九次年会议决以后年会每年举行一次。附开江浙两省出品展览会,并举行职业学校联合会第五次年会。(《杭州职业教育大会报告》)	始举行每周经济商学讲演。(同上第78期第527页)联合中华教育改进社中华平民教育促进会东南大学教育科农科就昆山徐公桥试办改进农村生活。(同上第76期第391页及78期第527页)创设镇江女子职业学校。(同上第76期第397页及第79期第584页)	
十六	十一	一月,举行专家会议于嘉定。	成立上海职业指导所,发表宣言。(同上89期第403页)	
十七	十二	五月,在苏州举行第十次社员大会,附开全国职业学校联合会第六次年会,及苏州职业学校成绩展览会。(《教育与职业》第96期)	成立南京职业指导所。(同上第91期第61页)继续举办徐公桥试验改进农村生活,改由本社专任。(同上第92期第126页)与晓庄乡村师范学校合设舍儿冈中心木作店及中心茶园。(同上第96期第382页)中华职业学校上海职业指导所合设文书讲习所。(同上第93期第183页)与上海职业指导所合设佣工训练所。(同上第95期第335页)与上海青年会合办暑期职业指导讲习所。(同上第96期第44页)	

续表

民国年次	立社年次	集会	重要工作	备注
十八	十三	二月，举行专家会议于无锡。（《教育与职业》第102期）八月在杭州举行全国职业学校联合会第七次年会。（同上第107期）	与南京市教育局合组南京职业指导所。（《教育与职业》第101期《社务报告》）公表江苏18县581户农民生计调查报告。始附设职业专修学校。（同上第105期《社务报告》）及职工专修晨校。（同上第109期《社务报告》）受江苏农矿厅之委托，成立黄墟农村改进试验区。（同上第110期《社务提要》）附设新农具推行所。（同上）	
十九	十四	二月，举行专家会议于南翔。（同上第112期《社务述要》）七月，举行上海环龙路新社所落成式，即在新社所举行第十一次社员大会，全国职业学校联合会第八次年会，及职业教育成绩展览会。（同上第106期"比乐专号"）九月，全国职业指导机关联合会开成立会。	始设通问学塾。（同上第111期社务述要）始公布社旗式。（同上"比乐专号"）就徐公桥设1乡村改进讲习所。（同上第117期）始创三益改良蚕种制造场。（同上118期大事记）始委托代办绍兴善庆农村小学校。始设学术讲座。十月，业余图书馆开幕。（同上第119期大事记）	
二十	十五	二月，举行专家会议于苏州，发表宣言。（同上第122期）八月，在镇江开全国职业教育讨论会。（同上第128期）	受三友实业社之委托，代办女子缝纫传习所。始发行《通问月刊》。杨鄂联、江恒源、黄炎培、潘文安先后赴日本考察职业专育。始成立吴县善人桥乡村改进试验区。始受托代办秦县顾高庄改进区，余姚诸家桥农村试验小学校，及宁波白沙村改进区。偕兽医教育促进会，设兽医专修科。鉴于"九一八"事变后抵制日货之重要，附设国货指导所。	

续表

民国年次	立社年次	集会	重要工作	备注
二十一	十六	五月,举行本社成立第十五周年纪念大会。八月,在福州举行第十二次社员大会。同时举行全国职业教育讨论会,及福建职业学校成绩展览会。	"一·二八"淞沪抗日战役中,特组临时救济会,办理后方接济,及受伤者救济事宜。襄助上海市民地方维持会救济组,办理职业指导。受托代办昆山陆景农村小学校。就上海市场中心,创设职业补习学校。设国难问题讲座。设教育学讲座。	

该社组织,分董事、评议、办事三部。有附设、代办、合作、特约各机关。有个人及团体社员共 10,235 人。

二十一年十一月

二十年来服务职业教育的回想

当清光绪季年,任职浦东中学。第一班学生毕业,某生的父亲来校,对吾说:"吾的儿子毕业了。升学,吾力不够;做生意,珠算不熟,英语不够说,英文不够写,国文能写,但不很能应用。请问先生该怎么办?"吾就把中学是普通的,毕业后不是预备进商界的这一套话来对付他。虽然如此,总不能不想到这种普通的中学,至少给某一类学生以毕业后走投无路的痛苦。

吾对当时学校制度的疑念,越积越深。到民国元二年,就根据事实的要求,提出一种主张——实用主义的教育,发表了多少理论,列举了多少方法,要教育界同志们对他表示赞否,结果纷纷投函表示赞成。可是怀疑于旧制度而别寻出路的念头,虽一天一天明朗化、具体化,到底胸中还少成竹。

民国四年,公历1915年,游美国。因多年服务中学,特别注意中学教育。结果,参观了18个中学,倒有17个中学是农、工、商、师范、家事分科。归途过旧金山,穆德博士邀我朝餐,问:"能以一句话概括说明君所见美国教育的特点么?"余答:"能。美国就是教育和生活不分离。"穆德博士说:"很是很是。"从此吾脑海里留下不少职业性中学的印象。

民国六年,教育部资遣考察菲律宾教育。他们的教育制度,是根据一般学者最新的理想,就是尽力沟通学校和社会。他们全部的教育制度,是把职业教育做中心的。那时候,吾们已经联合了全国南北教育界、实业界领袖,想发起中华职业教育社。在菲岛和郭秉文博士向华侨诸君演述,得他们实力的援助。归来,就在那年五月六日,在上海开会,宣告成立。

天下事,"难与图始",古人的话是不错的。当时和社会接近的教育家,极端表示赞成职业教育。可是有一班学者,认教育的使命,何等重大!不应该仅仅拿来解决生活问题。更有一种不明世界大势,带几分迂腐气息的,还以为个人生活问题算什么一回事!若把天地万物所托命的教育,拿来做个人生活问题的工具,成什么话呢?所以在职业教育社初期,很受谤议,有的还笑吾们所倡是吃饭教育。可是吾们最初所下职业教育的定义"用教育方法使人人获得生活的供给和乐趣,同时尽其对群的义务,称职业教育",盖当时吾所认识的"职业"一名词,包含对己谋生与对群服务,实是一物两面。故职业教育,于整个的人生修养上乃至于国家观念、民族意义之培养上,不但毫无抵触,而且有很大的贡献。

请把那时候吾的人生观说一下:吾在青年时代,饱受外患的戟刺,痛恨满清政治的腐败,精神上是很奋激的,很不平和的。可是觉悟到干燥的奋激,没有什么用处,只有努力干。从先儒遗言上得到的教训,凡吾所知的,应是吾所干的。自从二十岁左右,读了《天演论》,早觉悟到世界是整个的。虽然很忧惧着劣败者被汰于天行的凄惨,无可幸免,同时却也笃信到努力一分,必可占取一分优胜的成分,减却一分劣败的成分,真是佛经所说"福不唐捐"的。积这种种觉悟,以为一个国族的复兴,须有人从最高层用力,还须无数人从中层、下层用力。而彼此所用之力,须相应的。我呢?很愿意在中下层用力。因为愿站在高层者多,而高层需要人数反少,中下层需要反多。譬如坐船,大家趋向左舷,我须站在右舷,因为船的需要是平衡。失去了平衡,船立刻倾覆,结果惟有同归于尽。所以民国成立之初年,我就不愿服务中央教育行政,而愿任地方。到民国十年、十一年,我更谢却中枢教育行政的使命,而矢愿委身职业教育。因为并没有觉得在野的贡献为渺小,而且深信职业教育,实是整个国族生命上所急需,初不限于个人生计。即论个人生计,在全群里,积起来亦已着实够大,够严重了。

虽然,职业教育在实际上是否真能解决个人生计问题呢?空言是不能引起人信仰的。自从民国六年成立了本社,那年就提议设立职业学校。当时很有人替本社担忧,说职业学校是很不好办的。办得不好,从此没有人信仰职业教育,连空言的地位都削光。说这话的人,倒是真实了解职业教育的。吾们下了大决心,情愿冒着危险来干一下。终于在民七下半年成立了中华职业学校。这一点,就本社的立场,不能不感谢到职校初期顾荫亭、黄伯樵诸先生的卖力,而各方的热烈赞助,确也足以使吾人兴奋。当七年九月宣布募金创设职业学校,预计募足六万元,仅一个月,就募得 66,700 余元。复因贾季英先生的绍介,南洋陈嘉庚先生慨捐本社每年二千元,五年,合一万元。当时内部的努力,沈信卿先生曾担任办事部临时主任,蒋梦麟先生担任总秘书兼《教育与职业》月刊总编辑。而聂云台、史量才、杨翼之、穆恕斋、藕初诸先生,或实力扶植,或精神鼓励;而尤可纪念,莫如宋汉章先生肯以银行领袖资格首先署名于中华职业学校所发行之先后五万元、十万元两次债券;王儒堂先生在他的国务总理任内,经国务会议通过,准许补助本社每月二千元;今江苏省政府继续补助,从没有间断。此二十年间,真不知经过在朝、在野、海内、海外多少热心家的扶助,才得有今日。

自从中华职业学校章程宣布后，首先表示赞成的，是学生家属。很顾虑到青年自身，欢喜读书，不欢喜做工。不到几天，纷纷告退。不料工作却越做越高兴。参观者更络绎而来，当做一件教育界新闻。聂云台先生有湖南旅沪职业学校的创设；徐静仁先生在他的当涂故乡，发起职业学校；实业界诸领袖拟创设棉铁工业学校，都委托我们设计；各省委托计划职业教育的，每年总有几起，所有计划书，都披露在《教育与职业》月刊。于是就中华职业学校内先后附设职业教育养成科、职业师范科。民国九年三月，就本社设职业指导部，其后改设委员会，创制职业心理测验器，与各地中等学校当局合作，试行职业指导；与实业界合作，于民国十三年创设南京女子职业传习所；乃有许唐夫人投书捐赠奁田于本社，托为筹设镇江女子职业学校，厥后以冷御秋先生之力而成立。于是工商教育、女子职业教育，都获到实验机会，就是农村职业教育，还没有着手。乃创以教育为中心的农村改进计划，宣布于十四年秋太原大会，经阎百川省长邀请，就晋南北各县计划，草案告成，格于兵事，不能开办。乃以十五年夏，就江苏昆山徐公桥组织农村改进实验区，所有学说的研究，工作的试验，根据多年经验，辑成实施职业教育要览一小册，作为本社结晶的贡献。此中又不知经多少教育学者、多少教育家的指导和赞助，才有这些些的结果。

民国十六年，上海一度的纷扰。本社给暴徒打毁，其间不绝如缕的生命，卒获延续以有今日，全恃杨卫玉先生之力。十七年五月二十六日，偕卫玉先生及同事黄竹铭先生赴徐公桥，路经安亭，吃茶少息，谈到本社前途。那时候吾正谢绝一切，作闭门读书计划，感觉到本社中枢力量没有充实，卫玉、竹铭建议，请江问渔先生来主本社。时江先生才从河南教育厅长卸职归来，经董事会评议会和办事部全体同人极恳切、极坚决的敦请,慨允就职。从此又经过了江、杨二先生和在事同人十年间的努力,才得有蓬蓬勃勃的今天。

今天呢？世界战云,正在一步一步的展开,吾中华被破碎的河山、被蹂躏的国权,还没有回复完整。同人所辛苦二十年的中华职业教育社,惟有继续努力,矢愿在国族复兴大方策之下,根据整个的经济建设计划,就自给的目的,来训练生产需要人才;就自卫的目的,来训练国防需要人才。"十年教训",愿更在三十周年纪念会中,一检讨本社所贡献的有无多少。

(原载《中华职业教育社二十周年纪念特刊》,
第15—18页,1937年)

《中国职业教育三十年来大事表》弁言*

职业教育,在过去三十年间,进步可云甚微,然因经过世界两次大战,与中国八年抗日苦战,物质的毁坏,民生的凋残,愈感到今后教育方针,万不该忽略到这一点。同时人类思潮的演变,觉悟到多数人的苦痛,往往成于少数人专断的行为,于是基于人道主义的呼吁,和民主主义的要求,重新提出政治方针,将生活不虞匮乏的保证,列作国际间公共信条之一,于是人民职业,不仅仅看做个人或家庭生计关系,而扩展做民主政治执行人的重要课题与现代化国家的公民基本自由权利。从此,职业教育的意义更辉煌了。职业教育者的使命更庄严了,更伟大了。世界是整个的,社会是整个的。国与世界不可分,教育与政治不可分,这些大原则,早给眼前种种事实,予以有力证明。职业教育,当然更无孤立的可能。因此制成本表,分列一般教育、国内大事与世界大事于职业教育之下,断自民国六年五月中华职业教育社之成立,而冠以期前概况。这三十年事迹,横里可以看出演进速度,直里可以看出因果关系。可以检讨过去,还可以策勉将来。如有疏舛,希望读者教正。

(1947年5月6日刊印)

---

* 本文由黄炎培与孙运仁、麦伯祥合写。

黄炎培先生学术年表[*]

1878 年（光绪四年）

10月1日（农历九月初六日），出生在江苏省川沙县（今上海市浦东区川沙新镇）。

1887 年（光绪十三年）

在东野草堂就读，在外祖父孟荫余的指导下，熟读"四书""五经"等传统典籍。

1899 年（光绪二十五年）

应松江府试，考中秀才。

与王纠思结婚。

1901 年（光绪二十七年）

考入南洋公学特班，选读外交科。在总教习蔡元培的指导下，学习政治、法律、外交、财政、教育、哲学、科学、英文、日文等，间习体操。

1902 年（光绪二十八年）

秋，应江南乡试，中举人。

11月，南洋公学因"墨水瓶事件"掀起学潮，包括黄炎培在内的特班部分学生选择退学，特班解散。

---

* 本年表由谢长法编撰。

1903年（光绪二十九年）

6月23日，为宣传新学，提倡民主，和顾次英、张志鹤在南汇新场进行演说。知县戴运寅为邀功请赏，将他们三人和前来听演说的张尚思逮捕，污蔑其为革命党。

1905年（光绪三十一年）

9月，由蔡元培介绍加入同盟会。

11月，和张謇、沈恩孚、杨廷栋等人在上海集会，与江苏学会负责人商议在江苏学会的基础上筹建江苏学务总会，并公决暂定章程。

1907年（光绪三十三年）

3月8日，浦东中学开学，任监督。

1908年（光绪三十四年）

6月8日、9日，在《申报》发表《杨斯盛先生言行记》。

1911年（宣统三年）

4月至5月，和沈恩孚、杨保恒作为江苏省代表参加"各省教育总会联合会"成立大会。

1912年

7月10日，上午9时，全国临时教育会议开幕，58人与会。和秦汾、庄俞、张伯苓、王劭廉、汤尔和、顾实、陈幌、顾琅、张缉光、徐炯、叶翰清、贾丰臻、俞子夷、伍达、刘宝慈等作为教育部延请议员参加全国临时教育会议。

12月20日，被任命为江苏省公署教育司长。

1913年

1月，在《江苏教育行政月报》第1号发表《江苏今后五年间教育计划书》。

6月,在《东方杂志》第9卷第12号发表《教育前途危险之现象》。

8月,所作《学校教育采用实用主义之商榷》由中华职业教育社和江苏省教育会共同出版单行本。

1914年

1月29日,《申报》刊登辞去江苏教育司长呈文。

2月22日,开始对安徽、江西、浙江三省进行考察。

3月10日,和杨保恒辑译的《实用主义小学教育法》由江苏省教育会教育研究部出版。

8月26日,在江苏省教育会第十次常年大会上当选为副会长,张謇当选为会长。

9月13日,由上海出发,赴山东、直隶进行教育调查。

1915年

3月,在《教育研究》第21期上发表《实用主义之真谛与一年间之实施状况》。

4月9日,随"游美实业团"赴美考察教育。

6月30日,返旧金山。实业团解散,决定留在美国一个月参观万国博览会。

1916年

1月15日,在《教育杂志》第8卷第1号发表《东西两大陆教育不同之根本谈》。

9月12日,联合沈恩孚、庄俞、郭秉文等人于江苏省教育会中附设职业教育研究会,任研究会主任。

1917年

1月8日,与郭秉文、蒋维乔、陈宝泉、张渲、韩振华等赴日本、菲律宾考察教育。

3月25日,在《环球》第2卷第1期上发表《中华职业教育社宣言书》,并和伍廷芳、袁希涛、张伯苓、邓萃英、梁启超、张元济等44人联名发表《中华职业教育社组织大纲》。

5月6日,"中华职业教育社"成立大会于上海假西门外林荫路江苏省教育会举行。会上作"教育界与实业界联络之必要"的演说。

10月29日,教育部令黄炎培在上海筹办暨南学校。

1918年

3月7日,教育部委任赵正平为暨南学校校长,同时令黄炎培会同赵正平筹划校务。

6月15日,出席中华职业学校立础纪念式,并报告中华职业学校设立的原因及筹募经费的情形。

6月16日,和职教社总书记蒋梦麟赴东三省调查教育状况,并携带图表、幻灯片等,讲演职业教育,同时征集社员。

9月12日,和蒋梦麟、顾树森联合在《申报》发布《创设中华职业学校募金启》,号召各界"仁人君子"为中华职业学校解囊捐款,以"玉成之"。

1919年

1月25日,和韩希琦等赴新加坡、仰光等处为中华职业教育社征求特别赞助社员,并考察侨民教育。

7月20日,应陈嘉庚之邀,赴厦门参观陈嘉庚所办的集美学校,并商榷相关事宜。

1920年

3月13日,中华职业教育社职业指导部正式成立,并组织委员会,和陆规亮、顾树森、潘文安、秦翰才、沈恩孚等人被办事部推定为委员(陆规亮为主任),全面负责职业指导的领导与落实工作。

12月16日,在教育部的批复下,"东南大学筹备处"正式成立。"筹备处"成立后,首先拟定了校董会章程和董事人选,和穆藕初、蔡元培、张謇、蒋梦麟等15人(后增至17人)被教育部核准为国立东南大学的校董。

1921年

1月30日,和王志莘赴南洋考察。

8月,和张一麟、范源濂、严修、梁启超、张謇、袁希涛、郭秉文、陈宝泉、张伯苓、蒋梦麟、金邦正、凌冰、邓萃英等发起组织实际教育调查社。

12月21日,中华教育改进社在北京召开成立大会,通过简章(草案)。

12月25日,被任命为教育总长,未就。

1922年

2月10日,在《申报》上发表《督促并计划扩充全国教育案》,该案为中等教育改进社之提案。

2月23日,作《我对于新学制的希望》,该文刊于《教育杂志》第14卷"号外"。

7月4日,全国农业讨论会在济南开幕,和梁启超、张一麟、袁希涛等300余人与会。

7月17日,在《申报》刊发《复黎黄陂电》,坚辞教育总长。

9月20日至29日,出席学制会议。

10月11日,出席于济南召开的全国教育会联合会第八届年会。

1923 年

8月20—25日，出席于北京举行的中华教育改进社第二届年会。

10月22日—11月5日，出席于昆明举行的全国教育会联合会第九届年会。

1924 年

2月19日、20日，在《申报》上发表和杨卫玉合写的《江苏职业教育推行计划书》。

4月23日，在《教育丛刊》第5卷第2集上和熊希龄、颜惠庆、范源濂、袁希涛、蒋梦麟、张伯苓、丁文江等22人联名发表《对于日本在我国办理文化事业之宣言》。

9月13日，北京政府决定设中华教育文化基金董事会作为保管及处置美国第二次"退还"庚款的机关。和颜惠庆、顾维钧、施肇基、范源濂、蒋梦麟、张伯苓、郭秉文、周诒春等人被派定为中方董事，美方董事为孟禄、杜威、贝克、贝诺德、顾林。

1925 年

8月17日，出席中华教育改进社第四届年会。

10月11日，《生活》杂志由中华职业教育社在上海创办，王志莘主编。在第1卷第1期首页刊登了黄炎培撰写的《创刊词》。

1926 年

1月1日，在《教育与职业》第71期发表《提出大职业教育主义征求同志意见》。

5月15日，出席联合改进农村生活董事会第一次会议，和杨卫玉代表职教社与会。会议讨论通过了《联合改进农村生活董事会章程》，选举黄炎培、陶行知为董事会正、副会长。

9月20日,出席中华职业教育社组织淞沪工业补习教育委员会举行成立大会,并报告了职教社提倡补习教育及组织委员会的宗旨。

1927年

5月19日,因被国民政府目为"学阀",离开上海,避居大连。

6月29日,出席中华教育文化基金董事会第三次董事年会。会议同意黄炎培、丁文江辞去董事职务,并选举蔡元培、胡适为继任董事。

1928年

1月,所著《南满洲朝鲜职业教育之一斑》由中华职业教育社出版。

6月25日,在中华职业教育社评议员会即将召开之际,向评议会提交了辞去办事部主任一职的呈文。

10月18日,出席职业学校职业教育讨论会,演讲"吾人为何从事职业教育"。

1929年

1月15日,在《教育与职业》第100期发表《我来整理整理职业教育的理论和方法》。

9月19日,和金道一赴杭州参加西湖博览会,作详细的考察,并拟编成有系统之报告。

1930年

1月1日,为中华职业学校作校歌。

4月1日,在《教育与职业》第113期上发表《职业教育机关惟一的生命是怎么》。

10月,所著《中国教育史要》由商务印书馆出版。

1931 年

2月21日,出席中华职业教育社第五次专家会议(又称"苏州会议")。会后和蔡元培、胡庶华、刘湛恩等42人联名发表《中华职业教育社宣言》。

3月19日,和江恒源、潘文安赴东北考察职业教育。

6月22日,应商务印书馆举行35周年纪念之约,写就《三十五年来中国之职业教育》。

12月23日,《救国通讯》创刊,撰文倡导"高尚纯洁的人格""博爱互助的精神""侠义勇敢地气概"和"刻苦耐劳的习惯"四种基本修养。

1932 年

1月6日,在《救国通讯》第3号发表《为什么救国要有高尚纯洁的人格》。

1月13日,在《救国通讯》第4号发表《为什么救国要有博爱的精神》。

1月31日,和史量才、杜月笙、王晓籁、张公权等发起成立上海地方维协会。

1933 年

2月2日,出席中华职业教育社第七次专家会议。

2月,职教社为纪念立社十五周年,由陈选善主编的《职业指导之理论与实际》一书由中华职业教育社出版,收入黄炎培所作《中国职业教育简史》和该书"结论"。

3月25日,出席上海职业教育补习教育研究会在中华职业教育社举行的成立大会。会议通过了研究会会章,并决定调查上海市职业补习学校。

1934 年

1 月 10 日,从第 61 号起,《救国通讯》改为《国讯》,由不定期刊改为半月刊。在该号上发表《我们救国该什么样的修养》。

2 月 24 日,出席中华职业教育社第八次专家会议。会上,提出应设民族复兴教育设计委员会案,经议决通过。

8 月 31 日,为《教育杂志》作《从六年半的徐公桥得到改进乡村的小小经验》。

9 月 18 日,在中华职业学校演讲"促成中国自力生存的'九一八'"。

1935 年

2 月 9 日,中华职业教育社第九次专家会议及评议员联席会议举行,讨论通过了《复兴民族目标下之职业训练具体方案》。

1936 年

1 月 29 日,应民生公司总经理卢作孚之邀,离开上海,至四川考察。

3 月 17 日,在重庆市商会通惠中学讲演"国难中之职业教育"。

1937 年

2 月 13 日,出席中华职业教育社第十一届专家及评议员联席会议。

7 月 30 日,在上海《大公报》上发表《吊南开大学》一文,严正谴责日本轰炸南开、毁灭文化机关的暴行,认为"这是'一·二八'焚毁上海东方图书馆后,第二次毁灭文化机关的暴行的铁证"。

1938 年

7 月 6 日至 15 日,出席国民参政会于汉口举行的第一届第一次会议。

7月19日,和江恒源等至重庆,主持职教社工作。

12月20日,在重庆南温泉作《我之人生观与吾人从事职业教育之基本理论》。该文刊于1939年1月15日《国讯》第193期,文中再次肯定了职业教育对个人和社会的重要作用。

12月29日,位于桂林的中华职业教育社总社社址和中华职业补习学校被敌机炸毁。

1939年

3月1日至9日,出席于重庆召开的第三次全国教育会议。

4月16日,出席中华职业教育社在昆明举行的工作讨论会。

11月23日,出席统一建国同志会成立大会。

1940年

3月6日,和职教社办事部正副主任江恒源、杨卫玉及中华职业学校校长贾观仁、在渝职教社全体同人,联合电蔡无忌,痛悼职业教育社评议员会主席蔡元培逝世。

7月1日,在《教育与职业》复刊第192期发表《复刊词》。文中,他将职业教育喻为"一个婴儿",将《教育与职业》喻为"一位忠诚而慈爱的保姆",认为正是通过《教育与职业》这个保姆的"提携保抱",职业教育才不断发展。

11月3日,在重庆中华职业补习学校"职业青年星期讲座"上演讲"我对于抗战的透视",分析了欧战形势,号召"敌来不怖,敌去不惰,只要努力自求进步,坚持抗战到底,我们的前途是乐观的"。

12月15日,王纠思因脑溢血在上海病逝。

1941年

3月19日,中国民主政团同盟成立。

3月15日,在中央政治学校讲演"对战时劝募公债应有的认识"。

3月24日,在中央大学纪念周上讲演"大学生与战时公债"。

5月5日,在《国讯》第268期发表和杨卫玉、江恒源、孙起孟合写的《从困勉中得来——为纪念中华职业教育社二十四周年作》。

8月13日,在重庆防空洞中组织"战时公债劝募委员会中华职业教育社'八一三'四周年纪念会"。

1942年

2月17日,为加强组织、充实力量,《国讯》社举行年会,推选黄炎培为社长,杨卫玉为副社长,江恒源为编辑委员会主席。

2月20日,在重庆新运服务所"社会服务学术讲座"中讲演"自述四十年来服务社会所得的甘苦",该讲演内容于5月15日、25日分别刊于《国讯》第302、303期。

4月2日,出席教育部在重庆中央图书馆举行的师范教育座谈会,讨论"如何增加师范生来源""如何改进师范生训练"和"如何确立计划的师范教育"的问题。

6月30日,在华西大学演讲"中国当前之艰险与死里求生之可能"。

8月5日,出席第十六届全国职业教育讨论会,主要讨论《职业教育实施标准》。

8月16日,和姚维钧在重庆张家花园巴蜀小学内举行婚礼。

12月28日,出席职教社受教育部委托主办的事务管理人员第一届训练班在巴蜀小学大礼堂举行的结业典礼,并以"理必求真、事必求是、言必守信、行必踏实"勉励毕业生。

1943年

1月10日,中华职业教育社集会庆祝黄炎培、江恒源、杨卫玉服务职业教育各二十五、十三和二十年,特撰文《服务职业教育二十年的杨卫玉先生》。

2月15日,在重庆交通大学讲演"四十年前在校求学之所得",演讲内容刊于《国讯》第333期。

4月13日,中华职业教育社奉令将董事、评议和办事三部改设理事、监事两会。

4月14日,据为中华职业教育社事务管理训练班所讲内容,作《职业教育基本理论纲要》。

12月5日,在《国讯》第354期发表《试重估本刊十二年前公定信条的价值》。

1944年

1月1日,《宪政》月刊创刊,任发行人。

1月,所著《中华复兴十讲》由重庆国讯书店出版。

2月9日,赴成都视察,并转灌县,出席都江实业职业学校立校典礼。

7月,和卢作孚、晏阳初、梁漱溟等发布《勉仁书院、中学增募基金捐启》。

9月1日,和张志让、杨卫玉、褚辅成、卢作孚等30余人联名发表《民主与胜利献言》。

9月19日,中国民主同盟成立。

1945年

1月1日,和杨卫玉、江恒源、褚辅成等64人发表《为转捩当前局势献言》。

4月6日,参加中国教育学会教育问题座谈会,作《沦陷区收复后的教育》,提出"沦陷区的教育,应包在整个的政治计划中间"。

5月1日,在《教育与职业》第200期发表《中华职业教育社今后五年间建设大计》。

7月1—5日,和褚辅成、冷遹、章伯钧、左舜生、傅斯年赴延安考察。

9月20日,出席在重庆开幕的全国教育善后复员会议。

12月6日,在《新华日报》上发表《从一个"情"字出发——为武训纪念写》。

1946年

1月10日,政治协商会议在重庆开幕,以民盟代表身份参加。

7月31日,作《哭陶行知先生》诗:"秀绝金陵第一声,行知当日号知行;杜威北美开新派,刘廖南高并盛名;合一晓庄'教学做',成群淞沪小先生;不堪闻李成仁后,天夺良师万泪并。"

8月,和江恒源、杨卫玉、何清儒和孙起孟五人共同拟定《中华职业教育社创办比乐中学意旨书》。

9月12日,出席比乐中学第一次开学典礼并致辞,讲述本校创办的意义,以"大家老老实实快快乐乐,靠自己的力量来学做人"勉励同学。

10月20日,出席由重庆迁至上海的中华工商专科学校的开学仪式。

1947年

1月11日,在《新华日报》发表《民主是要修养的》一文,纪念该报创刊九周年。

3月22日,作《问题不在教育》一文。

5月,所著《中华职业教育三十年来大事表》由中华职业教育社出版,包括《中华职业教育三十年来大事记(1917—1947年)》、

《中华职业教育社三十周年宣言》和《中华职业教育社三十年简史》。

1948年

3月21日,在中华工商专科学校演讲《坚定地和是是非非的群众站在一起》,该演讲稿刊于同年出版的《国讯》第456期。

10月,作《战后职业教育重估价》,后发表于《教育与职业》第204期。

1949年

6月6日,华北高等教育委员会举行第一次会议,被任命为华北人民政府华北高等教育委员会委员。

7月9日,出席中华职业教育社理监事会、校董会联席会议,被推为中华工商专科学校和中华职业学校董事长。

8月27日,所作《中华职业教育社奋斗三十二年发见的新生命》出版单行本,印一千本。

10月19日,出席中央人民政府委员会第三次会议,被中央人民政府任命为政务院副总理兼轻工业部部长。

1950年

4月5—11日,出席中华职业教育社举行的全国工作讨论会。

4月19日,出席中共中央统战部组织,邀请中国民主建国会、中国民主促进会、中华职业教育社部分领导人召开的座谈会。

6月1日,出席在北京开幕的第一届全国高等教育会议。

1951年

5月6日,出席中华职业教育社举行立社三十四周年纪念会,并致辞回顾了职教社的历史,号召广大社员和中华职业学校的校友站稳劳动人民立场,全心全意为开展业余教育和技术教育,为建设新民主主义社会而奋斗。

6月13日,出席全国中等技术教育会议座谈会。

1952年

4月24日,在《社讯》第63期上发表《立社三十五周年纪念日一封公开信》,对职教社历程做了简单的回顾,并提出:"希望大家做好一种新的心理上的准备,即今后我社原有事业一步一步地化私为公,一方面接受政府新的使命,继续为了国家和人民所需要的教育工作而始终不懈地努力。"

1954年

7月,《红桑》由展望周刊社出版。

9月15—27日,全国人民代表大会在北京举行,在一届一次会议上当选为全国人民代表大会常务委员会委员长。

12月25日,在中国人民政治协商会议第二届全国委员会第五次全体会议上当选为全国政协副主席。

1955年

5月6日,在《社讯》第86期发表《我们应有的认识和努力——中华职业教育社成立三十八周年纪念》。

1957年

5月5日,出席中华职业教育社在上海举行的成立四十周年纪念会,致开幕词说,这次纪念会除了总结过去四十年经验以外,还将确定今后的任务:继续举办函授师范教育、基本生产技术教育等,并将开办学校,吸收中小学生入学。

5月7日,出席中华职业学校建校三十九周年纪念会,并致辞。

5月26日,中华职业教育社在北京政协文化俱乐部举行立社四十周年纪念会。政务院总理周恩来在会上讲话,强调每个人都必须进行自我改造。黄炎培介绍了立社四十年的历史。

1958 年

10月1日,开始撰写《八十年来》。

1965 年

1月3日,在第三届全国人民代表大会上当选为副委员长。

1月5日,在政治协商会议第四届全国委员会第一次会议上当选为副主席。

12月21日凌晨4时34分,在北京逝世。

黄炎培：为职业教育与时俱进的一生

谢长法

黄炎培（1878—1965），字韧之、任之，号楚南，笔名抱一，江苏省川沙县（今属上海市浦东新区）人，我国近代著名的爱国主义者、教育家和政治活动家。作为职业教育的重要开拓者和奠基人，为了改革中国传统教育之弊，使自己的同胞能够"无业者有业""有业者乐业"，使贫穷落后、灾难深重的祖国不再政治不良、经济不达，他创榛辟莽，引入职业教育，在现实的宣传、理论的创建和实践的推行等等方面，做出了突出贡献。他的一生，是为职业教育与时俱进的一生。

一、职业教育的引入：从实用教育到职业教育

"职业教育"一词，早在清末即出现了，但它实质性地被引入，则是在民初由黄炎培实现的。

1903年8月，由于"新场党狱"，黄炎培被迫亡命日本，直至1904年初春回国，之后，无论是1907年间主持浦东中学使学校声名远扬，还是1910年至1911年间任江苏教育总会常任调查员调查苏南学界冲突，黄炎培的关注点都在普通教育方面。所以，在民国成立后，虽然因种种原因，他没有接受教育总长蔡元培的邀请，到

北京受任教育部普通教育司长一职,但于1912年7月受邀出席全国临时教育会议时,黄炎培不仅参与讨论《教育系统案》《小学校令案》《中学校令案》,还被指定为《小学校令案》的审查员。正是因为对普通教育的熟悉,是年12月被任命为江苏教育司司长后,黄炎培对江苏中小学教育的改革提出了诸多建议。特别是针对学校尤其是普通中学中,学生所学多脱离实际生活,以致毕业后多不能适社会之需、应社会之用的现状,他于1913年8月作《学校教育采用实用主义之商榷》一文,主张学校的各种教科都应以实用为目的,以现实生活所需为内容,加强与个人生活和社会现实的联系,并于1914年3月和杨保恒辑译出版了《实用主义小学教育法》,1915年1月撰写刊行了《小学实用主义表解》等书,促使实用主义教育成为一种教育思潮,激荡于教育界。

黄炎培对实用主义教育的倡导,虽然使得"实用"逐渐深入人心,但是,人们认为,要真正使得实用主义教育付诸实行,产生有效的作用,还必须考察学校中种种不适于实用的病源,进而对症下药。因此,鉴于教育经费棘手,加之不满袁世凯的独裁统治,黄炎培于1914年1月毅然决定辞去江苏省教育司司长,并于是年2月22日至5月27日和9月14日至10月21日,对安徽、江西、浙江和山东、直隶进行考察时,不时地对实用主义教育加以宣传。一年间,教育界实用主义取得了"突飞之进步",且已"罕闻异议矣";"鼓吹之声愈唱愈高,响应之区渐推而渐广",[①]并"脱离商榷采用

---

① 黄炎培:《实用主义产出之第一年》,《教育杂志》第7卷第1号,1915年1月。

时代,进而入于研究实施时代"。①

两次国内教育考察,使黄炎培对中国教育的症结问题有了更为明确、清醒的认识,这个症结就是中国教育和实际相脱离,不能适应社会的需求。虽然在考察间,他没有明言要通过在中国发展职业教育来改变中国教育的窘状,但是他在考察过程中所提出的社会生计问题,学校毕业生特别是中学校毕业生的出路问题等,实际上又反映出他已经开始致力寻求一种更好形式的教育。黄炎培将目光转向了国外,因为在他看来,"外国考察,读方书也;内国考察,寻病源也"。② 所以,当1915年4月,黄炎培受聘担任记者、随游美实业团赴美时,将调查美国教育作为自己此行的重要任务,并希望寻找到解决中国教育问题的"方书"。虽然在黄炎培心中,这个方书并没有预想就是"职业教育",但经过两个月参观考察美国52所学校,特别是19所中学校,以及和当地教育行政部门有关人员、学校负责人士接洽,向他们了解当地教育的发展情形,征询他们对中国教育改革的意见后,黄炎培的教育认识与来美之前有了一个质的飞跃。当他看到"美国教育,凡所设施,无一非实用",③及美国政府对职业教育的重视和美国职业教育的发达,他由最初至美不久所认为中国教育"惟冀普通教育与职业教育同时并进",方可逐渐"救生计之穷",④转而基于对中美两国教育的巨大差异的认识,决定舶来"职业教育"这一东方词典向所没有的词汇。这

---

① 黄炎培:《叙》,《教育杂志》第6卷"临时增刊",1914年7月。
② 黄炎培:《黄炎培考察教育日记》第一集,商务印书馆1914年版,第1页。
③ 黄炎培:《实用主义产出之第二年》,《教育杂志》第8卷第1号,1916年1月。
④ 黄炎培:《新大陆之教育》上编,商务印书馆1917年版,第141页。

一结果,看似偶然,实则水到渠成,是黄炎培长期思考中国教育改革之途的必然。

8月25日,带着发展职业教育的希望,黄炎培愉悦地回到国内。然而,对于"职业教育"这一新生事物,对于它的内涵、意义以及其在整个教育体系中的地位,国内知之者甚少。所以黄炎培从美国回国之初,在宣传和提倡职业教育的同时,提出"宜先从调查入手",并在1916年9月和沈恩孚、郭秉文、庄俞等在江苏省教育会发起组织了我国最早的职业教育研究机构——职业教育研究会,"专事研究各种职业教育之设施以及提倡推广方法"。① 并根据调查沪海道属各县教育状况和研究所得,在1917年初写就《职业教育实施之希望》和《实用主义产出之第三年》两文,于1月20日,同时刊登在《教育杂志》上。文中,不仅提出实施职业教育的指导方针和宏观理论,一在确立职业教育制度,一在审择职业的种类及其性质;而且认为"实用主义教育产出之第三年,谓是职业教育萌生之第一年",如今"职业教育之声喧腾众口矣","语以抽象的实用教育,不若语以具体的职业教育之警心动目"。② 两文同时刊出,绝非偶然,实是有意为之:既是表明职业教育已经在中国萌芽,也要向众人说明职业教育和实用教育虽有一定相同之处,但更有根本的区别,对它的提倡、实施,既必要,也是必然的。

正是基于以上认识,黄炎培决定联合全国教育界、实业界著名人士,发起成立"职业教育社",希望通过组织团体的力量,扩张职

---

① 《记事:江苏省教育会研究职业教育》,《教育杂志》第8卷第10号,1916年10月。

② 黄炎培:《实用主义产出之第三年》,《教育杂志》第9卷第1号,1917年1月。

业教育的影响，加强对职业教育的宣传、研究乃至实践。并在自美回国后，向当时代理教育部部务的教育部次长袁希涛提出考察菲律宾教育的建议，之后得到同意。于是，1917年1月至3月，黄炎培和蒋维乔、郭秉文、陈宝泉等赴日本、菲律宾考察教育。由于心中钟情职业教育，黄炎培这次考察的主题就是职业教育，同时在菲律宾华侨中为即将成立的职业教育社募集经费。因之，他不仅对两国职业教育进行考察，参观了多所职业学校，就有关职业教育问题与两国教育家交换意见，而且，不时在多地就职业教育发表演讲。

日本、菲律宾之行不仅使黄炎培更加坚定了发展职业教育的信念，而且由于募集到一定的经费，5月6日，包括黄炎培在内的共44名教育界、实业界著名人士具名发起成立了中国历史上第一个专门倡导、研究和实施职业教育的团体——中华职业教育社。至此，职业教育在黄炎培倡导和努力下，在一大批有识之士的支持下，进入一个新的发展阶段。

二、职业教育理论的探讨：适应时势和因地制宜

从欧美国家舶来的职业教育，在当时无疑是一个新生事物，所以，要使政府特别是广大社会民众真正从内心认同、接受，还有赖于宣传和推行。中华职业教育社成立后，黄炎培对在中国发展职业教育一事给予了极大的热情、期望和信心。然而，在职教社成立之初，不仅广大的民众对职业教育及其理论相当模糊，而且，即便是职教社的大部分发起人，对职业教育的内涵、意义，以及其在整

个教育体系中的地位，也没有太多深刻的认识。在社会上，不少人对职业教育还存在很深的偏见，有的人认为普通教育不应涉及职业教育，也有的以为职业教育与实业教育"名异而实同"；特别是，由于职业教育关注生计，有人即认为，接受职业教育，仅仅只是为将来谋得一个饭碗，故将职业教育视为"饭碗教育""吃饭教育""饭桶教育"；更有的人将职业教育鄙视为舶来的"奴隶教育"，或利用谐音，称之为"作孽教育"。种种不实、不当之词，不一而足。职教社成立后，基于对中国传统教育弊端的深刻认识，和对西方职业教育的熟谙及崇尚，黄炎培通过讲演等形式，大力宣传职业教育；积极开展调查活动，以明晰中国社会实际发展情况，和教育的具体现状，阐明职业教育在中国实施的必要性和可能性。

宣传职业教育，主要是通过演讲的形式。在职教社成立之初，黄炎培在各地特别是上海附近的学校多次演讲职业教育，并在寰球中国学生会年会、江苏省教育行政会议、各地暑期讲习会，及南京高等师范学校暑期学校，多次对职业教育进行了全方位的解读，使更多人明了职业教育的一些基本原理，以及提倡职业教育的意义所在。1918年6月，黄炎培和职教社总书记蒋梦麟以职教社名义，赴东三省调查教育状况，并携带图表、幻灯片等，讲演职业教育，同时征集社员；1919年1月和1921年1月又先后两次赴南洋，在宣传职业教育的同时为职教社征求社员、募集经费。

1917年10月，黄炎培又创办《教育与职业》杂志，作为职教社的机关刊物和开展职业教育理论探讨的主要阵地，在积极投身于职业教育宣传和调查活动的同时，结合职业教育在中国的实际推行情况和发展情形，就职业教育的涵义、目的、意义、内容，乃至实施方法等，进行了筚路蓝缕的理论探索和研究。1917年11月和

1918年1月至5月,他先后在《教育杂志》和《教育与职业》上发表《职业教育析疑》和《职业教育谈》两文,前者从澄清职业教育与实业教育的区别入手,阐明职业教育的涵义所在,后者则从职业教育的宗旨出发,意在消除人们对职业教育的偏见。

在参与职教社年会开展职业教育理论研讨,并发起创办了中华职业学校后,黄炎培积极投入当时的学制改革运动之中,先后于1921年10月至11月、1922年7月、1922年9月和1922年10月出席了全国教育会联合会第七届年会、中华教育改进社第一届年会、学制会议和全国教育会联合会第七届年会,对1922年11月"壬戌学制"确立职业教育制度做出了重要贡献。

"新学制"从法律上确立了职业教育的地位,这让黄炎培兴奋不已,但是,他又深知,要真正使得职业教育深入人心,还需要进一步的宣传和倡导。不过,值得指出的是,"新学制"颁布施行后,黄炎培对职业教育制度的关注与讨论与此前有所不同。如果说在"新学制"颁布前,黄炎培主要是通过倡导、宣传职业教育的意义和重要性等,以确立职业教育制度为鹄的的话,那么在新学制实施的同时,他所关注的则是"施行新学制以后的职业教育问题",包括职业教育如何实施、如何通过实践加以检验、如何推广职业教育制度,等等。

"新学制"的颁布虽然从法律上规定了职业教育的具体兴办要求,但由于各地区经济发展不平衡,各省市在遵行"新学制"关于职业教育有关规定的同时,也必须采取各种措施,制定本地区职业教育发展的相关计划。为了充分发挥新学制在职业教育方面的"弹性",使之在实施过程中产生实效,黄炎培就各地职业教育的发展进行了规划,特别是对河南、江苏、安徽等省职业教育的发展提出了具体的指导。于 1925 年 8 至 9 月基于对山西和绥远的考察,提出"划区"实施职业教育的理论,并于是年 12 月提出了"大职业教育主义"的理论,为当时职教社推进职业教育的发展开辟了新的道路,同时也标志着职教社对职业教育理论的探讨进入了一个新的阶段。

三、职业教育的反思:理论的深化及与抗战救国的结合

自 1925 年 12 月黄炎培首次提出"大职业教育主义"的理论后,职教界反应强烈。在"大职业教育主义"理论的指导下,1926 年 5 月,黄炎培和陶行知、邹秉文、王志莘等组织的联合改进农村董事会成立,黄炎培任会长。在他的领导下,建立了徐公桥乡村改进试验区,开展农村职业教育试验,并加强对农村教育理论的探讨。1926 年 9 月,他又联合杨卫玉、潘文安、魏师达等,成立淞沪工业补习教育委员会,积极推进职业补习教育。

然而,正当黄炎培更加努力专注地为职业教育奔走时,1927 年 7 月,国民党中央政治会议上海临时分会将其宣布为"学阀","请中央政治会议明令褫夺公权,并令各教育及其他机关永远不许延用"。① 这使得他不得不去当时被日本占领的大连避难,并于 1927 年 10 月至 11 月和 1931 年 4 月两赴朝鲜、1931 年 4 月赴日本考察。期间,虽然在 1928 年 6 月辞去职教社办事部主任一职,但正如黄炎

---

① 《民国日报》,1927 年 7 月 2 日;《政治分会第三十八次会议纪》,《申报》1927 年 7 月 2 日,第 14 版。

培自己所言,既然自己"以终身服务职业教育自勉,但绝对不以长期主任本社办事部为然";即使"充一普通职员",仍会"随同服务"。① 事实也正如黄炎培所言,在辞去办事部主任到1931年"九一八事变"爆发前,黄炎培仍然孜孜于职业教育。这不仅表现在他时时关心、"服务"于他所钟爱的职教社,而且在实践"大职业教育主义"理论的同时,不时地对职业教育进行了一些深层的思考。这些思考不仅深入,而且涉及面极广。

如1928年9月29日,黄炎培完成《吾人为何从事职业教育》一文,认为虽然社会上无业者和不乐业者甚多有政治、经济多方面的原因,不能全部归咎于教育本身,但教育界自应负起相当的责任;况且,通过何种途径培养知能,使大批的无业者得到就业,确是职业教育所要探讨和解决的重要问题。1929年1月1日,《教育与职业》辟第100期为"百期纪念专号",黄炎培发表《我来整理整理职业教育的理论和方法》。该文既是对此前职业教育理论的一个总结,同时也是对未来职业教育的实施的理论指引。文中黄炎培说,职业教育,就是一方面要用科学来解决职业教育问题,一方面要用职业教育来解决平民问题。对后一方面而言,黄炎培认为农民、工人、商人、妇女、残废者、军队等的教育问题,乃至全部的农村问题和劳动问题,无一不是将平民作为对象,也无一不在职业教育的范围之内。1930年3月24日,他又作《职业教育机关惟一的生命是怎么》特别指出,办职业学校,首先考虑的是设什么科,而由于职业学校的基础是"筑于社会的需要上",所以职业学校的设科,

---

① 《黄炎培辞职原文》,《教育与职业》第96期,1928年7月1日。

"完全须根据那时候当地的状况"。①

值得指出的是,朝鲜之行虽使黄炎培对以职业教育促进国家发展抱以巨大的信心,但也更让黄炎培敏锐地意识到日本正在加紧侵华步伐。而从日本考察回国后,他又不时在不同场合介绍此次日本之行的经过,特别是日本对职业教育的重视和发展情况,号召国人进行借鉴。不仅如此,在演讲之余,黄炎培很快将考察朝鲜、日本的经过及感悟,整理成《黄海环游记》一书,于1932年1月出版。在书中,黄炎培用生动犀利的文笔,不仅记述了他在日本的考察所得,而且揭示了日本处心积虑以谋取中国的险恶用心。

"九一八事变"后,在积极投入抗战救国活动的同时,黄炎培仍积极参与有关职业教育的舆论宣传、理论探讨和实践活动。只是和此前不同的是,此时在黄炎培心中,"职教救国"已经有了更为丰富的新内涵,这就是:职业教育必须与抗日救亡紧密结合起来。因为,"抗战救国为目前惟一的任务!"

1933年7月9日,在出席中华职业教育社第十三届社员大会暨第十一届全国职业教育讨论会时,黄炎培言道:"社会是整个的。欲解决任何社会问题,决不能专求于一方面";就职业教育而言,"要知道职业教育,不是职业教育的教育,而是和人家极有关系的教育,与其他各机关都有连带的关系"。② 1934年2月,在旨于确定职教社一年工作方针的该社第八次专家会议上,讨论通过了黄炎培提出的《复兴民族精神训练教材方案》。会后,黄炎培于3月

---

① 黄炎培:《职业教育机关惟一的生命是怎么》,《教育与职业》第113期,1930年4月。
② 《大会开幕式纪事:主席黄任之君致答词》,《教育与职业》第147期,1933年8月。

26日写就《中华职业教育社宣言》,在4月以"中华职业教育社"的名义发表。"宣言"指出:十多年来,民生日益困窘,实业日益衰落,失业者日益增多,学校教育日益彷徨无措;而近来强敌入侵,国土沦亡,"举国人民,蒙空前之奇耻大辱而未由振拔";而"立国之道,首在民心,次在民力",所以必须以"自治治人,自养养群,自卫卫国"的教育原则,组织"民族复兴教育设计委员会",联合各方力量,群策群力,全体动员,方能完成救国大业。

1936年1月至4月,黄炎培应民生公司总经理卢作孚之邀,至四川考察。虽见四川物产之富、精神之美,但让他感触最深的,还是人民生活之"惨"。国难日重,如何让占全国人口十分之一的五千余万四川民众生活富足,对此黄炎培十分忧心。因此,他在各地演讲时,所涉内容不仅广泛,而且对象既有学生,也有军人,更有广大的民众。其中对学生所作的演讲,其中心已经不再是宣传、倡导"职教救国",鼓励学生有业、乐业;而是多号召拯救国难。可以说,此时在黄炎培的思想意识中,国家的前途、民族的命运乃他心之所系,梦之所萦!因为在国破家亡之时,职业教育的力量是那么地微弱!3月17日,他在重庆市商会通惠中学所作的名为"国难中之职业教育"的讲演,也是希望同学们"发挥爱国的精神",如此则"中国不但不会灭亡,中国将永远存在,永远光荣!"[①]

[①] 黄炎培:《国难中之职业教育》,《教育与职业》第176期,1936年6月。

四、战时和战后的职业教育追求：职业教育的不了情

在抗战全面爆发前，无论是黄炎培，还是职教社同仁，对职教社使命的认识，由主要强调扩大职业教育的范围，使职业教育和抗战救国紧密结合，进而发展至以职业教育服务于抗战救亡。但1937年7月全面抗战爆发后，黄炎培彻底抛弃了"职业救国"的理想。

当时，和职教社同仁一样，黄炎培认为："生产分子的训练和对从业员的深加教育，俾对抗战建国的力量有所增肌，都是在职业教育范围内中。"①随着抗战的全面爆发，战争给国人也包括职教界同人带来深重灾难，为了策励未来的工作方针，1939年4月16日至5月7日，职教社在昆明召开了为时三周的工作讨论会，即昆明会议。出席会议的18名人员均由黄炎培亲自选定。虽然当时黄炎培正在率领川康建设考察团在川南考察，但因本次会议特别重要，他还是抽出时间由川飞滇，于4月22日至4月27日专程与会。最终会议不仅决定将总社迁至重庆，而且确定了职教社新的努力目标："以最高的积极性参与抗战建国的努力"，进而"实现一个民生幸福的社会"；在这个社会里，真正达到"无业者有业，有业者乐业"的目的。可见，职教社已经开始抛弃"职教救国"的理想。此后，黄炎培和广大同仁一起，紧紧将职业教育的宣传和实践与抗战大业联系起来，充分发挥职业教育在抗战中的重要作用；同时，也将更

---

① 《战时职业教育特辑"编者按"》，《国讯》第187期，1938年11月。

多的时间和精力投入到抗战建国的事业之中。

1940年7月1日,《教育与职业》复刊出版第192期,黄炎培在所作《复刊词》中,将职业教育喻为"一个婴儿",将《教育与职业》喻为"一位忠诚而慈爱的保姆",认为正是通过《教育与职业》这个保姆的"提携保抱",职业教育才得以不断发展。1941年12月,他在《我的工作和教育》一文中,再次强调"战时教育,不论是哪一种教育工作,范围不能不求其广,内容不能不求其适符当前的形势……只有一个目标,是救国第一";"教育必须随着救国的统一目标,完全以工作来适应当前态势";"生活就是教育,教育就是救国!"[①]1942年8月5日,第十六届全国职业教育讨论会在重庆中央工业专科职业学校召开,作为大会主席的黄炎培在开幕式上发表讲话,提出抗战要求发展职业教育,然而,在这方面,职业教育对于抗战新要求的满足,做得还不够,所以,如何满足抗战的新要求,不仅是今后的责任,也是本次会议讨论的中心;而要达此目标,促使职业教育的发展,又必须深刻地研究职业教育的理论与方法。他希望职教社同仁,要将眼光放远,不仅要看到战时,也要考虑到战后,因为"战后职业教育的使命比现在更大,更应以新精神来达到新使命"。[②]

抗战胜利后,1946年2月,黄炎培由重庆返沪,在继续为团结、和平、民主、统一而奋斗的同时,他对于职业教育在战后的作用进行了新的探讨。对于教育,特别是对于职业教育,他有着永远的不

---

① 黄炎培:《我的工作和教育》,《教育研究》(中山大学)第100期,1942年2月。

② 黄炎培:《致词》,《职业教育设施纲领》,中华职业教育社1942年版。

了情。因为,无论何时,职业教育都是萦绕在他内心深处永不泯灭的梦!

1947年5月底,在国民参政会第四届第三次大会上,黄炎培特提出关于职业教育的提案,并获通过。之后,他一方面出席职教社理监事会、工作检讨会、专家会议、常务理事会等有关会议,对职业教育提出指导意见;另一方面,则十分关心中华职业学校的发展。1948年10月16日,基于对职业教育的理解,和对战后社会形势的分析,黄炎培写了《战后职业教育重估价》,认为:战争结束后,需要生产的恢复和增益,所以对职业教育的需求更大,因此,职业教育在两次大规模的世界战争后,价值只会更高。

五、在政治与教育之间:不弃职业教育

黄炎培既是一个教育家,也是一个政治活动家。早在清末,他即受蔡元培等革命党人和民族革命思想的影响,积极投入革命洪流中。如于1905年9月初加入同盟会,1909年9月成为江苏省咨议局常驻议员,1911年11月到苏州劝说江苏巡抚程德全反正。"九一八事变"后,全国各地、各阶层的抗日情绪异常高涨,职教社同仁也深深认识到:"国族不存,何所托命?欲求幸福,先应救亡。"[①]而此时的黄炎培,在总结多年来职业教育发展的状况和国难日亟的现实后,也开始认定:"仅服务社会,办理教育,所发挥的力量还不够,所以将主要事业交付朋友,自己进一步的参加抗日救亡

---

① 黄炎培等:《代贺年柬》,《国讯》第117期。

工作",①开始积极参与组织了一系列抗日团体,将大量的时间由原来专注于职业教育,转而投入救亡运动之中。1931年9月,他和江恒源、杨卫玉等组织了"抗日救国联合会";12月3日,和马相伯、唐文治等人组织"江苏省国难救济会";1932年1月,为了支援十九路军进行"淞沪抗战",和史量才、虞洽卿等发起组织成立了"上海地方维持会";是年7月至翌年2月,三次北行,赞助办理救济救护各项事宜,支持华北抗战。与此同时,他还在1931年12月创刊《救国通讯》(1934年1月10日,从第61号起,改名《国讯》),以唤起民众、倡导团结御侮为指导方针,致力于报道国难的消息,刊登有关救国运动的文字,并多次在各地机关特别是学校演讲抗日问题,号召青年坚定爱国、奋起救国。

全面抗战爆发后,彻底抛弃"职教救国"理想的黄炎培,以《国讯》为武器,撰写抗战文论,大力宣传抗战,反对投降,并在奔赴各地劝募战时公债的同时,号召民众抗战到底、抗战必胜、抗战建国。期间,通过参加国民参政会、发起成立"民盟"、创办《宪政》月刊、奔赴延安考察等形式,不遗余力地为和平、团结、统一而奔波。1945年8月抗战胜利后,更是主张和平,反对内战。当毛泽东来到重庆参加国共谈判时,黄炎培非常高兴,并对谈判充满了期望。期间,出于反对内战、渴望和平的强烈愿望,出于调和国共两党使之团结建国的决心,他和毛泽东、周恩来、王若飞等中共领导人多次接触,不失时机地表达自己对谈判的看法。之后,为了争取和平,他又组织"民建",出席政治协商会议,极力反对内战,希求民主的到来。

---

① 《黄炎培教育文选》,上海教育出版社1985年版,第3页。

但是，在黄炎培的一生中，虽然从清末到新中国成立前，不少时间从事着政治事务，但发展职业教育始终是他心中不灭的梦。从清末"教育救国"，到20世纪一二十年代的"职教救国"，再到20世纪三四十年代的职业教育和抗战救国的结合，与时俱进的黄炎培，无时不在推进职业教育理论的发展，并将相当一部分精力投入到职业教育的实践之中。

早在1909年6月10日，当上海地方自治研究会举行欢迎会，欢迎松江府属新议员黄炎培、秦砚畦、雷奋、穆湘瑶等人。黄炎培在演说中曾言道："炎培自投身教育界以来七年矣，窃自抱定一宗旨，且常自勖以勤恕二字，今忽以乡父老之委托，将厕身政治界，实与炎培性情习惯均非所长。"①也正是因此，在清末最后几年，他一直在为"教育救国"奔波。不仅在1911年4月至5月和7月至8月作为江苏教育总会的代表，分别出席了各省教育总会联合会成立大会和中央教育会议，而且在是年11月16日被委任为江苏省民政司总务科长兼学务科长。民国成立后，虽然辞去江苏教育司司长职务，却长期担任江苏省教育会副会长，并任中华职业教育社办事部主任之职一直到1928年6月。期间，不仅在1917年9月不就直隶省教育厅厅长，而且在1921年12月和1922年7月两次拒绝北洋政府委任他担任教育总长的任命。其因，乃"不忍中途抛弃""方努力进行"的职业教育；"志不可渝，义不可舍"，"矢愿以在野之身，为职业教育略效奔走"，"稍谋社会国家根本补救"。②

---

① 《欢迎松属新议员纪事》，《申报》1909年6月11日，第2张第2版。
② 《黄炎培来函》，《申报》1921年12月26日，第12版；《黄炎培坚辞教长电：复京同乡电》，《申报》1922年7月17日，第13版。

在整个抗战时期,黄炎培认识到:"在我们中国这样一个政治上、经济上受着种种枷锁的国家,所谓社会问题的解决,必须统一于国家民族的解放。"①因此,开始积极投入到抗战救国的活动之中,相应地,对职业教育的地位和作用,也开始进行重新的审视和界定。但作为一个曾经的"教育救国"论者,黄炎培不可能释怀教育。1941年12月,他曾言曰:"炎培是教育界的一个'老兵',四十年来没有脱离过教育生活,近年虽因救国事大,奔走各方,却依然和教育事业结不解缘,'老兵'并未就此'退伍',也不想'退伍'。……在他人看来,以为黄某已跳出教育工作的圈子,事实上却大不为然。"②所以,抗战爆发后,针对新的形势要求,职教社逐渐改变了原来的目标,开始将职业教育与抗战大业结合起来,黄炎培也在从事抗战救亡工作的同时,不时开展战时职业教育理论的探讨,积极从事职业教育的办学实践。在办学过程中,他也越来越认识到"教育与政治,本无划分之可能,办教育,办职业教育,更不能自外于政治"。③所以在战时,在努力调解国共关系的同时,黄炎培不仅在1939年3月出席了在重庆召开第三次全国教育会议,1942年3月至4月,参与第一届"推进师范教育运动周",而且于1942年8月主持第十六届全国职业教育讨论会,帮助会议顺利通过了职业教育发展的纲领性文件——《职业教育设施纲领》。此后,并联合张群、宋汉章、陈光甫等人创办中华工商专科学校,联合陆叔

---

① 黄炎培等:《从困勉中得来——为纪念中华职业教育社二十四周年作》,《国讯》第268期,1941年5月。
② 黄炎培:《我的工作和教育》,《教育研究》(中山大学)第100期,1942年2月。
③ 黄炎培:《我们为什么这样努力办〈国讯〉》,《国讯》第367期,1944年5月。

昂、贾观仁等人,并在沈钧儒、刘航琛等人的鼎力相助下,创办灌县、都江实用职业学校。两校先后于1943年9月和1944年2月开学。

抗战胜利后,虽然黄炎培将大量时间投入于政治,但也抽出相当时间从事教育活动,并对教育的基本理论问题和职业教育的地位做了新的探讨。黄炎培没有也不可能离开教育,离开职业教育,正如他自己所言:之所以"抛开教育,参与政治,是被动的","为了救火",因为"政治不上轨道,哪里办得成好教育呢?"①

1949年9月16日,在新政治协商会议第六次常务会议上讨论《共同纲领》之"教育"章时,黄炎培极力主张"加入职业教育一点",会议经过甚烈的争辩,"最后调停结果,加一句'注重技术教育'"。②虽然这样的结果让他稍感遗憾,但并没有减弱他对职业教育发展的信心和对职教社未来使命的希望,因为他看到了职业教育和职教社生命的原动力,这一原动力,就是即将诞生的人民共和国。所以,1949年后,高兴地做了"人民政府"的"人民的官"的黄炎培,虽已年届古稀,但他老当益壮,兢兢业业,夙兴夜寐,献计献策,在为巩固、发展党的统一战线,为新中国的经济建设工作做出重要贡献的同时,有步骤地将职教社所办事业"化私为公",使职教社的各项事业全部纳入国家事业之中,并时时关注着"技术教育"和职教社,号召广大社员和中华职业学校的校友站稳劳动人民立场,全心全意开展业余教育和技术教育,为建设新民主主义社会而奋斗。

---

① 黄炎培:《不想与不忍》,《教育与职业》第203期,1947年12月。
② 黄炎培:《黄炎培日记》(第10卷),华文出版社2008年版,第279页。

1955年5月,黄炎培在《我们应有的认识和努力》一文中宣告:"'职业教育'已经是一个历史上的名词了",但是他对于职业教育和职教社却深情无限,永远不能释怀。1957年5月5日,中华职业教育社在上海举行成立四十周年纪念会,黄炎培在纪念会上致开幕词说,这次纪念会除了总结过去40年的经验以外,还将确定今后的任务:继续举办函授师范教育、基本生产技术教育等,并将开办学校,吸收中小学生入学。[1] 会议经过讨论,进一步明确职教社是一个教育团体,它的任务是协助政府研究和举办一些教育事业,今后的主要工作是:进一步开展函授师范教育;继续研究和试验基本生产技术教育;响应政府号召,鼓励和推动民办学校,并将根据相应条件举办示范性民办中学和业余补习学校。[2]

综上,早年的黄炎培立志"教育救国",引入职业教育后,又曾很长一段时期坚信并坚持"职教救国"。然而,在一个国将不国的时代,无论是"教育救国"抑或"职教救国",都只能是一个美丽的梦呓!然而,可贵的是,作为一个与时俱进的教育家,在爱国主义的信念下,终黄炎培之一生,职业教育的梦想在他心中一刻也没有停止过。作为一个爱国的民主主义者,他的一生,也是为职业教育与时俱进的一生!

---

[1] 《中华职业教育社在上海举行四十周年纪念会》,《人民日报》1957年5月6日,第2版。
[2] 参见《中华职业教育社确定今后工作》,《文汇报》1957年5月7日,第4版。